CITTÀDIMILANO
Giorgio Andreotta Calò

CITTÀDIMILANO
Giorgio Andreotta Calò

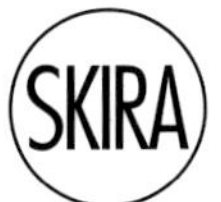

Pirelli HangarBicocca

La personale "CITTÀDIMILANO" è la più ampia selezione di opere scultoree mai presentata da Giorgio Andreotta Calò. La mostra è stata realizzata successivamente all'ambizioso intervento ambientale che l'artista ha concepito nel 2017 per il Padiglione Italia in occasione della 57. Biennale di Venezia.

Costante punto di partenza della pratica di Andreotta Calò è il contesto di indagine: se Venezia, dove è nato e cresciuto, rappresenta il paesaggio che fin dagli esordi ha condizionato la visione dell'artista, per l'esposizione presso Pirelli HangarBicocca è Milano la dimensione che ha nutrito la sua ricerca in modo concreto e, al contempo, metaforico. Alcuni aspetti della storia di Pirelli, infatti, hanno fornito degli spunti per il progetto di mostra che l'artista ha saputo integrare nel proprio linguaggio e nella propria poetica in maniera organica. In particolare, la veduta dello *skyline* dal Grattacielo Pirelli, edificio commissionato da Alberto Pirelli all'inizio degli anni cinquanta e che fino al 1978 ha ospitato la sede dell'azienda, ha dato vita a una prospettiva insolita sulla città attraverso l'imponente stampa stenopeica dal titolo *Città di Milano*. Realizzata trasformando il trentunesimo piano del grattacielo in una camera oscura, l'opera è stata appositamente prodotta per la mostra presso Pirelli HangarBicocca e successivamente donata dall'artista al Museo del Novecento di Milano, a testimonianza di uno sguardo inedito sulla città.

L'intenzione di trasmettere l'esperienza immersiva creata da Giorgio Andreotta Calò in "CITTÀDIMILANO" attraverso un libro dedicato alla mostra è l'occasione per sottolineare la visione di Pirelli che prende le mosse dal passato per guardare al futuro.

Marco Tronchetti Provera
Presidente
Pirelli HangarBicocca

The solo show entitled "CITTÀDIMILANO" constituted the widest selection of sculptural works ever presented by Giorgio Andreotta Calò. The exhibition was realized in the wake of the ambitious environmental installation that the artist conceived in 2017 as part of the Italian Pavilion at the 57th Venice Biennale.

A constant departure point in the practice of Andreotta Calò is the context of exploration: while Venice, where he was born and raised, represents the landscape that from the outset has conditioned his vision, for the exhibition at Pirelli HangarBicocca it was Milan that fuelled his research, both tangibly and metaphorically. Indeed, certain aspects of the history of the Pirelli company provided inspiration for the exhibition project; aspects that the artist successfully integrated into his own language and poetics. In particular, the view of the skyline from the Pirelli skyscraper—a building that was commissioned by Alberto Pirelli in the early 1950s and which housed the company's headquarters until 1978—gave rise to an unusual perspective on the city in the form of the impressive pinhole-camera print entitled *Città di Milano* [City of Milan]. Created by transforming the 31st floor of the skyscraper into a camera obscura, the work was produced specifically for the exhibition at Pirelli HangarBicocca and subsequently donated by the artist to the Museo del Novecento in Milan, offering a previously unseen view of the city.

Following the immersive experience created by Giorgio Andreotta Calò with "CITTÀDIMILANO", this book reflects Pirelli's vision, which draws its inspiration from the past in order to look towards the future.

Marco Tronchetti Provera
Chairman
Pirelli HangarBicocca

La pubblicazione *CITTÀDIMILANO* è realizzata in occasione dell'omonima personale di Giorgio Andreotta Calò presso Pirelli HangarBicocca e, come la mostra, si focalizza sulla sua pratica scultorea e sulla ricerca sullo spazio. Il volume presenta una selezione di opere concepite nell'arco di vent'anni e si apre con tre saggi che ne approfondiscono i temi principali: un contributo di Mara Ambrožič ed Emanuele Quinz che, come un contrappunto tra due voci che si alternano, approfondisce i concetti di spazialità, relitto e latenza nel lavoro dell'artista; un intervento di Riccardo Venturi, che pone l'accento sulla natura geologica e temporale intrinseca nelle sculture di Andreotta Calò; un testo del curatore della mostra Roberta Tenconi che assimila il progetto espositivo a uno spazio interiore. Seguono schede dettagliate per ciascuna opera e serie scultorea a cura di Mirco Bimbi, Fiammetta Griccioli e Mariagiulia Leuzzi, intercalate da un ricco apparato iconografico con immagini dei lavori esposti presso Pirelli HangarBicocca e materiali inediti e di archivio.

Il progetto editoriale mette in luce l'idea di discesa ed emersione, offrendo al lettore la possibilità di "navigare" tra i lavori attraverso i loro molteplici collegamenti e rimandi intertestuali. La sequenza delle vedute delle installazioni e le schede delle opere seguono la narrazione dell'esposizione "CITTÀDIMILANO" e, al contempo, riflettono la variazione della luce durante l'arco di una giornata: il lettore viene progressivamente accompagnato in una transizione dall'oscurità e da una dimensione sospesa – che caratterizzano l'ambiente della mostra nelle ore notturne – a una condizione di luminosità durante il giorno. In prossimità del momento di passaggio tra la condizione notturna e quella diurna un testo di Mariagiulia Leuzzi riflette sul ruolo della luce nella pratica di Giorgio Andreotta Calò. Infine, in un'intima corrispondenza con il progetto espositivo, anche la copertina del volume evoca l'idea di immersione, riproducendo un'immagine della discesa verso il relitto del piroscafo *Città di Milano*.

The publication *CITTÀDIMILANO* has been realized in occasion of the homonym solo exhibition by Giorgio Andreotta Calò at Pirelli HangarBicocca and, like the show, focuses on his sculptural work and research into space. The volume presents a selection of works conceived over the course of twenty years and opens with three essays that explore their main themes: a text by Mara Ambrožič and Emanuele Quinz that, in a contrapuntal dialogue between two alternating voices, analyzes the concepts of spatiality, wreckage and latency in the artist's work; a contribution from Riccardo Venturi, who places the accent on the intrinsically geological and temporal nature of Andreotta Calò's sculptures; and a text by the show's curator Roberta Tenconi that likens the exhibition project to an inner space. They are followed by detailed entries on each work and series of sculptures compiled by Mirco Bimbi, Fiammetta Griccioli and Mariagiulia Leuzzi, interspersed with a lavish set of illustrations that includes images of the works on display at Pirelli HangarBicocca as well as previously unpublished and archive materials.

The editorial project highlights the idea of descent and resurfacing, offering the reader the possibility to "navigate" amongst the works through their multiple intertextual connections and cross-references. The sequence of installation views and entries on the works follows the narration of the exhibition "CITTÀDIMILANO" and, at the same time, reflects the variation of the light over the course of a day: the reader is accompanied on a progressive transition from darkness and a dimension of suspension—which characterize the setting of the exhibition at nighttime—to a luminous state during the day. In proximity of the moment of passage between the nocturnal condition and the diurnal one, a text by Mariagiulia Leuzzi reflects on the role of light in Giorgio Andreotta Calò's practice. Finally, in an intimate correspondence with the exhibition project, the cover of the book also evokes the idea of immersion, reproducing an image of the descent towards the wreck of the steamship *Città di Milano*.

Sommario
Table of Contents

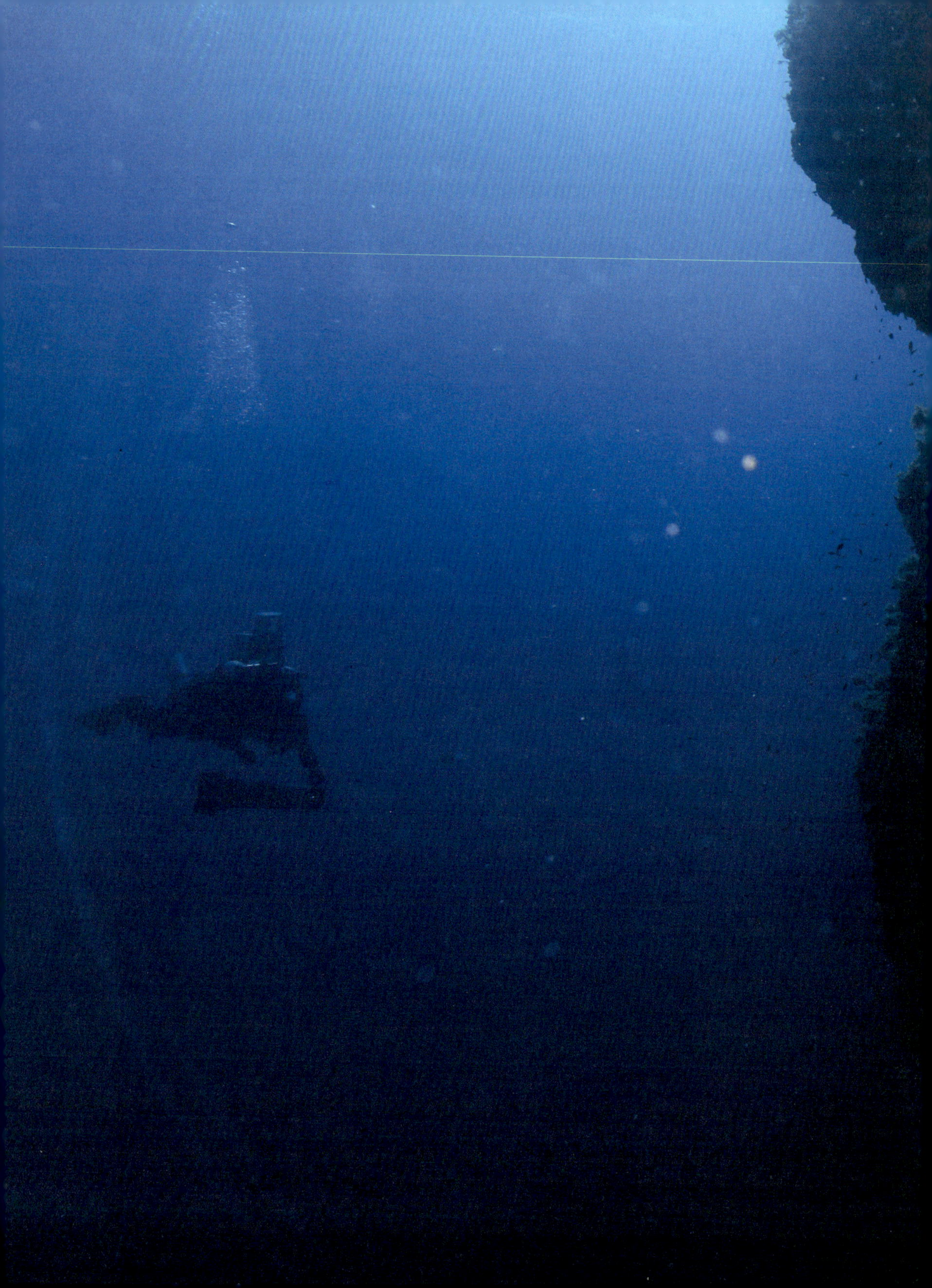

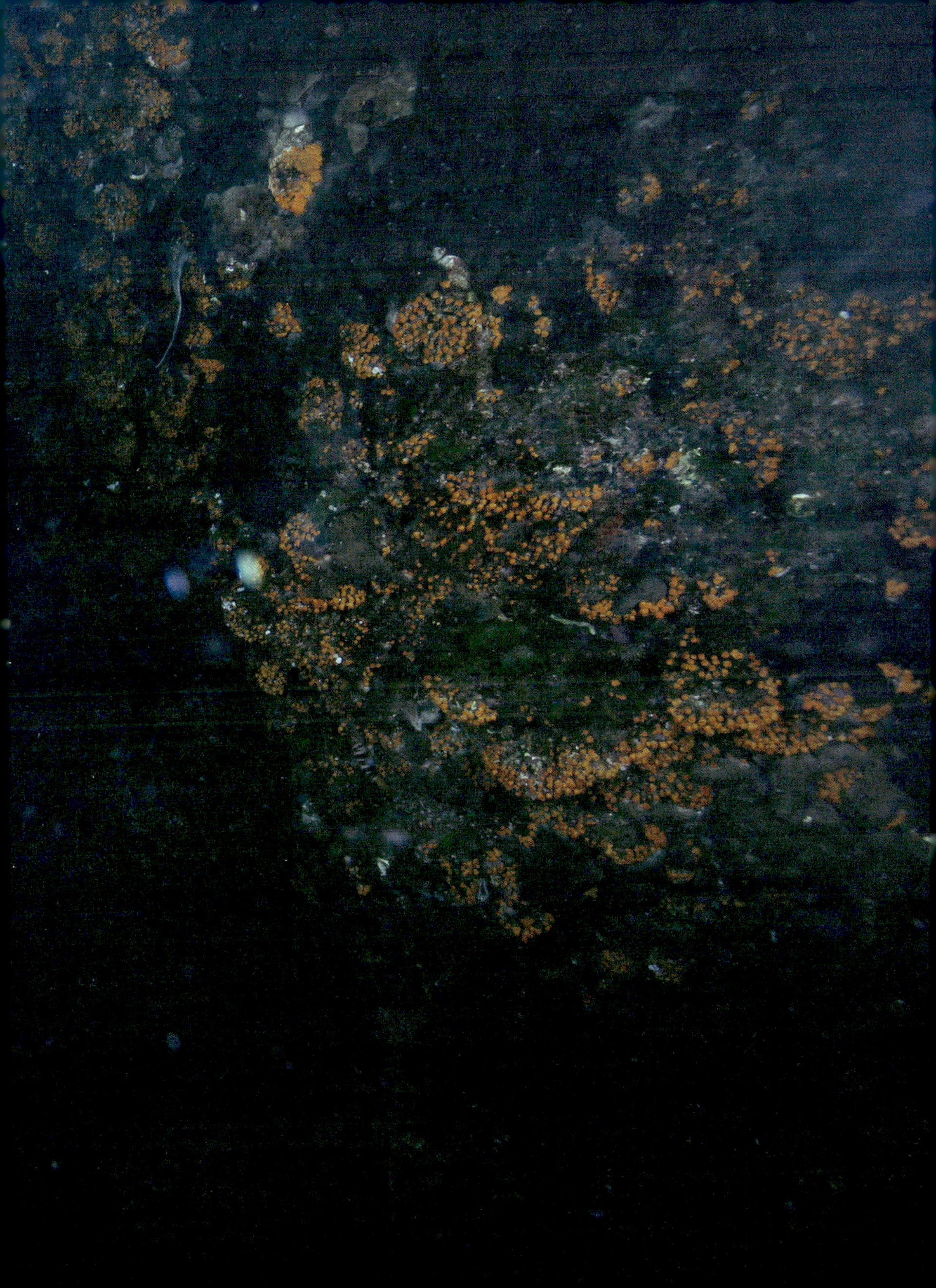

La creazione di uno *spazio psicologico*
Roberta Tenconi

> *Vorrei parlare del* presente, *di ciò che possiamo vivere ed esperire. Vorrei farlo parlando di un artista che non c'è più. Morto giovane. Di un'opera stessa, che sostanzialmente non è più* presente. *Dopo la lettura qualcuno potrebbe essere spinto a cercarne le tracce come ho fatto anch'io, ripetendo per due anni ossessivamente una metodologia di lavoro. Si può parlarne, avvicinarsi il più possibile nel tentativo di trasmetterne il senso. Analizzarla. Ma in ogni caso bisogna rassegnarsi di fronte all'impossibilità di coglierla completamente.Questo forse succede sempre di fronte a un capolavoro. Ma in questo caso particolare non ci è data nemmeno la possibilità di esperirlo.*
> *Gordon Matta-Clark muore il 27 agosto 1978. Aveva trentacinque anni. Nel 1968 consegue la laurea in architettura all'università di Cornell, NY e nello stesso anno realizza anche la sua prima opera. Un ponte di corde sospeso su un precipizio. Cogliere il suo lavoro è un po' come attraversare quel ponte sospeso.*
> Giorgio Andreotta Calò[1]

"Allora lei mi ha guardato con un lieve sorriso e poiché sapeva che ero uno che andava a piedi e perciò indifeso, mi ha compreso. Per un solo istante, senza peso, per il mio corpo esausto è passato come un soffio di dolcezza. Ho detto: apra la finestra, da qualche giorno io so volare."[2] Con queste parole si chiude *Sentieri nel ghiaccio*, storia di un viaggio epico compiuto dal regista Werner Herzog per recarsi a piedi da Monaco di Baviera a Parigi. Un viaggio visionario e taumaturgico – intrapreso per andare a trovare un'amica malata con l'idea che questa impresa l'avrebbe tenuta in vita –, che nel solitario procedere di Herzog e nel suo prendere coscienza dei limiti della propria resistenza fisica e morale assume la forma di un rito iniziatico, in cui fondamentale è il percorso, più che la meta da raggiungere. Lo stesso accade nell'opera di Giorgio Andreotta Calò, che ha fatto di un gesto semplice e arcaico come quello del camminare uno strumento basilare nella sua pratica artistica: un "percorso esperienziale di ricerca" – come osserva Giuliana Bruno[3] – che gli permette di calarsi in una condizione meditativa e di distacco, empirica tanto quanto metafisica; una situazione unica e individuale attraverso la quale indagare il sé e la realtà; un momento che per sua natura non può essere rappresentato, che di riflesso suscita nel pubblico un sentimento di mancanza, ma anche un desiderio di coinvolgimento, di divenire parte del processo e di seguire l'artista trasportati altrove[4].

A partire dai primi cammini, come quello lungo la vecchia ferrovia costiera libanese (*Beirut-Tripoli*, 2007), o attraverso Francia, Spagna, e Portogallo per 1600 chilometri (*Prodigioso Cristo di Limpias*, 2008), fino a quello concepito per la Biennale di Venezia nel 2011, che ha visto l'artista compiere un viaggio di ritorno da Amsterdam verso Venezia, la sua città d'origine (*Ritorno*, 2011), o, più recentemente, al cammino compiuto in occasione del terzo anniversario del sisma che nel 2016 ha colpito il Centro Italia e che lo vede impegnato per oltre quaranta giorni da Venezia verso Amatrice, percorrendo il crinale della faglia sismica Gloria che solca la penisola (*Senza titolo [Gloria]*, 2019), Giorgio Andreotta Calò utilizza l'azione del procedere a piedi come mezzo per indagare un contesto. Nella lentezza e solitudine legge il paesaggio a partire dai segni lasciati dalla presenza umana, individua (e spesso preleva) frammenti di realtà a cui conferisce una dimensione aulica, e che poi traduce in opere. In un coinvolgimento fisico quanto contemplativo, l'esperienza dell'attraversamento diventa "al contempo azione e mezzo espressivo."[5] Ed è proprio nella dicotomia tra un tempo e uno spazio reale e uno mentale che si inscrive il lavoro di Giorgio Andreotta Calò. La sua opera

The Creation of a *Psychological Space*
Roberta Tenconi

I'd like to talk about the present, *about that which we can live and accomplish. I want to do it by talking about an artist who is no longer here. Who died young. About an actual artwork that is fundamentally no longer* present. *After reading this, someone might feel the urge to look for its tracks, like I did, obsessively reenacting a working method for two years. You can talk about it; get as close as possible in the attempt to transmit its meaning; analyze it. But in any case you have to resign yourself to the fact that it can't be fully captured. Maybe that's always true of a masterpiece. But in this particular case, we don't even have the possibility of experiencing it.*
Gordon Matta-Clark dies on the 27th of August 1978. He is 35 years old. In 1968, he obtains a degree in architecture from the University of Cornell and in that same year he also completes his first art piece. A bridge of ropes suspended over a cliff edge. Understanding his work is a bit like crossing that suspended bridge.
Giorgio Andreotta Calò[1]

"Then she looked at me and smiled very delicately, and since she knew that I was someone on foot and therefore unprotected, she understood me. For one splendid, fleeting moment, something mellow flowed through my deadly tired body. I said to her, open the window, from these last days onward I can fly."[2] Citing the closing lines from *Of Walking in Ice*, the tale of an epic voyage undertaken by the film director Werner Herzog, which saw him walk from Munich to Paris. It was a visionary and thaumaturgic journey—made in order to visit a friend in failing health in the hope that this exploit would keep her alive—which in Herzog's solitary progress and in his becoming aware of the limits of his own physical and moral resistance, takes on the form of an initiation rite, the fundamental part being the journey, not the destination. The same occurs in the work of Giorgio Andreotta Calò, who has turned a simple, archaic gesture like walking into a basic tool of his artistic practice: an "experiential path of research"—as Giuliana Bruno observes[3]—that allows him to lower himself into a meditative, detached condition, as empirical as it is metaphysical; a unique and individual situation through which to investigate the self and reality. It is a moment that by its very nature cannot be represented, and which in turn gives rise in the public to a sense of absence, but also to a desire to be involved, to become part of the process, following the artist and being transported elsewhere.[4]

Starting from his earliest walks, such as that along the old coastal railway of Lebanon (*Beirut-Tripoli*, 2007), or that across 1600 km through France, Spain and Portugal (*Prodigioso Cristo di Limpias* [*Prodigious Christ of Limpias*], 2008), all the way to that conceived for the 2011 Venice Biennale, which saw the artist travel back from Amsterdam to his hometown of Venice (*Ritorno* [*Return*], 2011), or more recently, the journey made to mark the third anniversary of the earthquake that in 2016 hit the central region of Italy, which saw him walk for more than forty days from Venice to Amatrice along the ridge of the seismic Gloria Fault that extends across the Peninsula (*Senza titolo [Gloria]* [Untitled (Glory)], 2019), Andreotta Calò uses the action of proceeding on foot as a way to investigate a context. In the slowness and solitude, he reads the landscape starting from the signs left by the human presence, he identifies (and often gathers) fragments of reality on which to confer a solemn dimension, which he then translates into works. In an engagement that is both physical and contemplative, the experience of traversing becomes "both action and expressive medium".[5] And it is

si manifesta come un'esperienza *presente* ma dalla forte carica emotiva e in grado di generare uno spostamento dello sguardo altrove – una dislocazione, per usare le sue parole. Un'opera che per sua natura richiede di essere esperita fisicamente e con la stessa lentezza con la quale è stata generata, rifuggendo qualsiasi fruizione rapida. Nella stessa ottica si colloca la natura spesso effimera e aleatoria caratteristica di molte opere e progetti, che si accompagna, in un apparente contrasto, alla grandiosità che caratterizza invece certe sculture, installazioni e interventi architettonici su ampia scala[6].

La mostra "CITTÀDIMILANO" presso Pirelli HangarBicocca segue temporalmente il progetto concepito da Giorgio Andreotta Calò per il Padiglione Italia in occasione della 57. Biennale di Venezia, *Senza titolo (La fine del mondo)* (2017), una monumentale installazione ambientale che divideva lo spazio lo spazio delle Tese delle Vergini dell'Arsenale in due livelli sovrapposti collegati da una scalinata. L'opera dava origine a due mondi separati e complementari: un primo ambiente da percorrere nella quasi oscurità, attraverso una costellazione di tubi in acciaio tra i quali si mimetizzavano sculture della serie *Pinna Nobilis*; e un secondo spazio, sorretto dal ponteggio sottostante e visibile attraverso una tribuna al limite della scalinata, che si svelava come una maestosa distesa d'acqua. Il riflesso del soffitto del padiglione sullo spettro d'acqua creava una visione ribaltata e specchiata dell'ambiente, generando l'illusione di una nuova architettura. L'intervento è stato descritto dall'artista come un'immagine della città di Venezia (luogo doppiamente sospeso, sia nello spazio, oscillante sull'acqua, sia tra una visione del passato e la necessità della città di confrontarsi con il tempo futuro), così come la rappresentazione della "nostra condizione sospesa tra un corpo fisico materiale e una pura dimensione spirituale"[7]. A questo si può aggiungere l'alludere dell'intera costruzione a un tema largamente indagato da Andreotta Calò, quello del doppio, che per l'appunto ricreava nell'installazione una forma speculare e simile a quella di una mastodontica conchiglia di Pinna Nobilis.

Con queste premesse ha origine la mostra "CITTÀDIMILANO", un progetto sviluppato in modo complementare a quello del Padiglione Italia e per certi versi simmetrico per il quale l'artista si è astenuto dall'idea di un intervento architettonico spettacolare, lasciando invece emergere una parte più silenziosa e intima del lavoro[8]. La scelta di approfondire una metodologia e una pratica scultorea maturata in oltre vent'anni – presentando le celebri serie di sculture *Clessidra* (1999 - in corso), *Carotaggi* (2014 - in corso), *Meduse* (2013 - in corso), *Pinna Nobilis* (2014 - in corso) – e la volontà di non intervenire in modo radicale sull'architettura dello spazio, non ha tuttavia impedito la creazione un ambiente immersivo e che l'intera mostra si trasformasse in un dispositivo speculare. Interventi quasi impercettibili – come la costruzione di una parete di ingresso leggermente inclinata rispetto all'asse longitudinale dello spazio e usata per proiettare un film visibile da entrambi i lati, la collocazione quasi mimetica delle opere sul pavimento o tra le strutture esistenti dei pilastri e del soffitto, e la visione di un evanescente e misterioso paesaggio ribaltato come orizzonte e punto focale dell'intera mostra – hanno infatti investito lo spazio concorrendo alla creazione di un ambiente unico e avvolgente; mentre i rimandi concettuali e geografici delle opere a luoghi reali e immaginari, così come la riflessione sullo scorrere del tempo, sono stati oggetto e soggetto di "CITTÀDIMILANO", trasformando la mostra in una metaopera. Entrando nello spazio, gli spettatori si immergono idealmente in un abisso: il relitto del vascello affondato visibile nel film *Senza titolo (Jona)* (2019), inutilizzato per anni, torna a essere un mezzo di trasporto, veicolando un nuovo viaggio. L'intera mostra diventa essa stessa un relitto, testimone di condizioni passate diverse da quelle attuali (e non è casuale che il luogo che la ospita abbia subito a sua volta una trasformazione, essendo stato riconfigurato rispetto alla sua precedente natura industriale). Le opere appaiono sedimentarsi su un fondale, quasi sprofondassero sotto una coltre d'acqua, e in quest'ottica anche l'elemento della luce assume una valenza concettuale. L'artista ha infatti sapientemente utilizzato la luce come materiale capace di alterare la percezione dello spazio e del tempo, concependo un sistema di illuminazione naturale allo zenit, sostenuto esclusivamente da un esiguo numero di impercettibili luci al neon (le stesse

precisely in the dichotomy between a real time and space and a mental one that the work of Andreotta Calò is inscribed. His work manifests itself as a *present* experience but with a strong emotional component and the capacity to generate a shifting of the perspective elsewhere—a displacement, in his own words. It is a work that by its nature has to be carried out physically and with the same slowness with which it was generated, shunning any rapid fruition. Viewed from the same perspective is the often ephemeral and aleatory characteristic of many of his works and projects, which is accompanied, in an apparent contrast, by the grandiose nature that is a feature of some of his sculptures, installations and architectural operations on a large scale.[6]

In temporal terms, the exhibition "CITTÀDIMILANO" [City of Milan] at Pirelli HangarBicocca follows the project conceived by Andreotta Calò for the Italian Pavilion at the 57th Venice Biennale, *Senza titolo (La fine del mondo)* [Untitled (The end of the world)] (2017), a monumental environmental installation that divided the Tese delle Vergini space of the Arsenale into two overlaid levels connected by a staircase. The work gave rise to two separate and complementary worlds: an initial space to be traversed in almost total darkness, across a constellation of steel tubes amongst which sculptures from the series entitled *Pinna Nobilis* were camouflaged; and a second space, held aloft by the scaffolding below and visible through a platform at the edge of the staircase, which unveiled a majestic stretch of water. The reflection of the ceiling of the pavilion on the water's surface created an overturned, mirrored vision of the space, generating the illusion of a new complete architecture. The intervention has been described by the artist as an image of the city of Venice (a place doubly suspended, both in space, fluctuating on water, and between a vision of the past and the city's requirement to deal with the future), like the representation of "our suspended condition between a physical material body and a pure spiritual dimension".[7] To this we can add the alluding of the entire construction to the theme of the double, widely investigated by Andreotta Calò, who recreated in the installation a specular form similar to that of a colossal Pinna Nobilis shell.

This laid the basis for the exhibition "CITTÀDIMILANO", a project developed in a complementary way to that for the Italian Pavilion (and in a certain sense symmetrical to that project), for which the artist abstained from the idea of a spectacular architectural intervention, preferring to allow a more silent and intimate part of the work to emerge.[8] The decision to further explore a methodology and a sculptural practice matured over the course of more than twenty years—presenting the renowned series of sculptures *Clessidra* [Hourglass] (1999 – ongoing), *Carotaggi* [Core samples] (2014 – ongoing), *Meduse* [Jellyfishes] (2013 – ongoing), *Pinna Nobilis* (2014 – ongoing)—and the desire to avoid a radical intervention on the architecture of the space, has not however prevented the creation of an immersive environment and the transformation of the entire exhibition into a speculative device. Almost imperceptible interventions—such as the construction of an entrance wall slightly inclined in relation to the longitudinal axis of the space and used for the projection of a film visible from both sides; the almost camouflaged position of the works on the floor or between the existing structures of the pillars and the ceiling; and the vision of a vanishing, mysterious, reversed landscape as horizon and focal point of the entire exhibition—fill the space, contributing to the creation of a single, enclosing environment; while the conceptual and geographical references made by the works to real and imaginary places, and the reflection on the flow of time, serve both as object and subject of "CITTÀDIMILANO", rendering the exhibition a meta-work. Entering into the space, viewers find themselves immersed into an abyss: the wreck of the sunken vessel that can be seen in the film *Senza titolo (Jona)* [Untitled (Jona)] (2019), unused for years, becomes once again a means of transport, making a new journey possible. The entire exhibition itself becomes a relic, a testament to past conditions that were different from those of today (and it is no accident that the venue itself has been subject to a transformation, having been reconfigured with respect to its previous industrial incarnation). The works seem to be sedimented on a seabed, almost as if they were sinking under a layer of water, and in this sense the element

lampade utilizzate per illuminare la parte inferiore del progetto al Padiglione Italia). Lasciate costantemente accese, le luci dei neon si mimetizzavano e scomparivano di giorno, ricreando invece una situazione lunare la sera. Nel suo assecondare l'andamento della luce nelle ore del giorno e nell'avvicendarsi delle stagioni, l'esperienza della mostra si modifica costantemente, passando da una situazione diurna eterea, in cui ogni singolo dettaglio materico o cromatico risulta perfettamente visibile e inciso – come vuole la tradizione classica della scultura – a una notturna in cui l'oscurità avvolge l'intero ambiente dissolvendo i contorni delle opere e in cui tutto sembra sospeso, in un'atmosfera straniante e fuori dal tempo, come sommerso sott'acqua, e in cui gli spettatori si muovono come fossero alter ego dei sommozzatori protagonisti di *Senza titolo (Jona)*. La mostra stessa diventa così un dispositivo di riflessione sulla dimensione del tempo presente, nel suo scorrere lento e inesorabile, ma contemporaneamente ne manifesta anche un'estensione differente, non umana e piuttosto cosmica, con il suo andamento ciclico.

Nel dare una duplice possibilità di esperienza, Giorgio Andreotta Calò rende la mostra il doppio e il riflesso di se stessa, mostrando due visioni opposte ma complementari. E in questo senso, come già in *Senza titolo (La fine del mondo)*, la più piccola opera esposta, la *Pinna Nobilis*, può essere vista come metafora dell'intero meccanismo. Parimenti si potrebbe assimilare la mostra a una *Clessidra*, per la sua forma simmetrica e la capacità di capovolgere il proprio stato e di registrare lo scorrere del tempo.

Ma non è solo la mostra a utilizzare la luce come elemento generativo. Nell'opera *Città di Milano* (2019), appositamente realizzata per il progetto in Pirelli HangarBicocca, l'artista vi è infatti ricorso come materia per la creazione di un'immagine sospesa tra la realtà e la sua proiezione, e dunque tra uno spazio reale e uno interiore. Attraverso il procedimento analogico della camera oscura – già utilizzato in varie passate occasioni[9]– Andreotta Calò ha congelato un momento presente, la veduta della città di Milano presa dall'alto del Grattacielo Pirelli, su nove moduli di carta fotosensibile. Accostati tra loro e sospesi a una trave del soffitto, creano un fondale che dialoga con quello del video in apertura di mostra, *Senza titolo (Jona)*, a sua volta un paesaggio, seppur coperto d'acqua e ripreso da una prospettiva discendente. *Città di Milano*, a differenza della visione sottomarina, costituisce inoltre un'immagine in negativo, invertita su entrambi gli assi longitudinale e trasversale. In questo richiama il processo della scultura e in particolare della fusione a cera persa (dove il calco è il negativo di un modello), diventando una presenza evanescente e onirica, una rappresentazione totalmente mentale e concettuale.

Insieme alla luce – che oltre alla carta fotografica in *Città di Milano* impressiona la pellicola 16mm nel film *In girum imus nocte* (2014) – tutte le opere presenti in mostra hanno a che fare o sono state create a partire dall'intervento di forze naturali ed elementi organici come l'acqua, la terra, il fuoco: è l'acqua inizialmente a corrodere e modellare i pali della laguna di Venezia che Andreotta Calò usa per le *Clessidre* e *Meduse*; sempre l'acqua è l'elemento che avvolge il relitto visibile in *Senza titolo (Jona)*, o attraverso cui ha navigato la barca che costituisce la scultura *Volver* (2008), e che ha consumato il cavo sottomarino utilizzato per la scultura *Senza titolo (Cavi)* (2019); il fuoco è elemento fondamentale del processo di fusione a cera persa (utilizzata nelle serie *Clessidre, Meduse, Pinna Nobilis, Dogod* [2014 - 2015 - 2015-16], e per uno dei due bastoni dell'opera *Senza titolo* [2016]); ed è infine attraverso un processo di fossilizzazione del terreno che nascono i *Carotaggi* e *Produttivo* (2018-19), installazione appositamente realizzata per l'esposizione che pervade lo spazio con le centinaia di campioni geologici provenienti dall'archivio della miniera Carbosulcis. E anche se l'acqua non è fisicamente presente in mostra, è come se tutto riportasse a essa: non a caso l'artista, pensando alle storie e geografie a cui si legano i lavori esposti, ha descritto il progetto come un arcipelago – tra opere intrinsecamente legate nella loro genesi all'isola di Venezia e della Sardegna, insieme a quella di Filicudi (per *Senza titolo [Jona]*) e Ischia (*Senza titolo [Cavi]*).

La concezione di un impianto espositivo in evoluzione, così come la

of light also takes on a conceptual value. The artist, in fact, has wisely used light for its capacity to alter the perception of space and time, conceiving a system of natural illumination from above, supported exclusively by a small number of unobtrusive neon lights (the same lamps used to illuminate the lower part of the project at the Italian Pavilion). Left on constantly, the neon lights become invisible and disappear during the day, but then recreate a "lunar" quality in the evening. By mimicking the evolution of the light during the day and through the seasons, the experience of the exhibition is constantly modified, passing from an ethereal daytime situation, in which every single material or chromatic detail is perfectly visible and incised—as per the classical tradition of sculpture—to a nocturnal situation in which darkness envelops the entire space, blurring the edges of the works and giving the impression that everything is suspended, in an alienating, timeless atmosphere, almost under water, where the spectators move as if they were the alter egos of the divers who are the central figures of *Senza titolo (Jona)*. The exhibition itself thus becomes a device for reflection on the dimension of present time, in its measured, inexorable flow, but equally it also manifests a different, non-human and rather cosmic extension of time, with its cyclical progress.

In offering a dual possibility of experience, Andreotta Calò makes the exhibition the double and the reflection of itself, showing two opposing but complementary visions. And in this sense—as previously in *Senza titolo (La fine del mondo)*—the smallest work on show, *Pinna Nobilis*, can be seen as a metaphor for the entire mechanism. Equally, it is possible to compare the work also to a *Clessidra*, due to its symmetrical shape and capacity to overturn its own status and to record the flow of time.

But it is not just the exhibition that uses light as a generative element. In the work *Città di Milano* [City of Milan] (2019), specifically conceived for the project at Pirelli HangarBicocca, the artist has recourse to it as a material for the creation of an image suspended between reality and its projection, and thus between a real space and an inner space. Through the analog process of the dark room—already used on various prior occasions[9]—Andreotta Calò has frozen a present moment, the view of the city of Milan taken from up high in the Pirelli skyscraper, on nine modules of photosensitive paper. Brought together and suspended from a beam on the ceiling, they create a backdrop that enters into a dialogue with that constituted by the video at the entrance to the exhibition, *Senza titolo (Jona)*, also a landscape, albeit one submerged under water and shot from a descending perspective. *Città di Milano*, in contrast to the underwater vision, also constitutes a negative image, inverted on both the longitudinal and transversal axes. In this it recalls the process of sculpture and, in particular, the lost-wax casting (where the mold is the negative of a model), becoming an evanescent, oneiric presence, a representation that is entirely mental and conceptual.

Together with light—which in addition to the photographic paper in *Città di Milano* makes an impression on the 16mm celluloid in the film entitled *In girum imus nocte* [We go round and round in the night] (2014)—all of the works on show are concerned with or have been created starting from the intervention of natural forces and organic elements such as water, earth and fire. It is water that initially corrodes and shapes the mooring poles of the Venice lagoon that Andreotta Calò uses for *Clessidre* and *Meduse*; and water is the element that engulfs the wreck visible in *Senza titolo (Jona)*, and through which navigates the boat that constitutes the sculpture *Volver* (2008), and which has consumed the underwater cable used for the sculpture *Senza titolo (Cavi)* [Untitled (Cables)] (2019). Fire is the fundamental element in the lost-wax casting process (used for the series *Clessidre, Meduse, Pinna Nobilis, Dogod* [2014 – 2015 – 2015-16], and for one of the sticks of the work *Senza titolo* [Untitled], 2016). Lastly, a process of fossilization of the earth gives rise to *Carotaggi* and *Produttivo* [Productive] (2018-19), an installation specifically conceived for the exhibition that pervades the space with its hundreds of geological samples sourced from the archive of the Carbosulcis mine. And even if water is not physically present in the exhibition, it is as if everything leads back to it: not by chance did the artist, thinking of the stories and geographies with which the works

rappresentazione del tempo e la sua visione come materia plastica, si collegano a un altro tema largamente indagato da Andreotta Calò, l'idea di trasformazione. Concetto esplorato non solo attraverso la metamorfosi dei materiali utilizzati ma anche nella processualità degli interventi. La prassi di tornare a lavorare su progetti passati, di riprenderli, svilupparli e modificarli continuamente in una evoluzione che quasi non ha fine è infatti pratica consolidata dall'artista, tanto che lo stesso considera ciascun lavoro (o mostra) "la conseguenza del precedente"[10]. Ad esempio, la scultura *Volver* viene qui ripresentata per la prima volta in dieci anni: allo scopo è stata sottoposta a un nuovo processo. Dopo essere stata usata per anni da Andreotta Calò per le sue incursioni in Laguna, la barca aveva infatti compiuto nel 2008 un ultimo viaggio a Milano, volando sospesa a una gru, sopra i tetti di Lambrate, per essere quindi sezionata in due metà e deposta a guisa di conchiglia sulla terrazza della galleria Zero in occasione della prima mostra dell'artista in città. "CITTÀDIMILANO" è stata l'occasione per rendere l'opera nuovamente visibile, sottoponendola a un'ulteriore mutazione. La chiglia della barca, su cui ancora restano visibili le incrostazioni marine, è stata completamente rivestita di pigmento oleoso nero e, pur mantenendo il taglio e la posizione sfalsata, presenta le due metà ricongiunte, accostate in una forma chiusa che ricorda quella di una grande conchiglia ma anche di un sarcofago, o di un (anti)monumento.

    Concetti come il tempo, il doppio, l'effimero, la trasformazione, sono tutte parole chiave per accedere al lavoro di Giorgio Andreotta Calò, e ciascuna riporta al pensiero dell'artista sulla necessità di un cambio di prospettiva e sul passaggio da una dimensione fisica a una mentale, interiore e contemplativa. Portare in superficie un mondo sommerso, far volare una barca in cielo, mettere qualcosa dove non dovrebbe essere, sono tutte operazioni messe in atto da Andreotta Calò per generare uno spostamento dell'ottica con cui si guarda e si misura la realtà. Una riflessione formalizzata anche nella costruzione e nelle scelte di allestimento della mostra "CITTÀDIMILANO", che gioca proprio sull'incrocio di piani e assi differenti – nella prospettiva orizzontale con cui sono presentati sul pavimento gli elementi della scultura *Produttivo* che ribalta e trasla la posizione originaria dei campioni geologici nella profondità della terra, intersecandosi con la vertiginosa discesa dei sommozzatori sott'acqua in *Senza titolo (Jona)*, dei minatori sotto terra (*In girum imus nocte*) o con l'evanescente visione dall'alto di un paesaggio (*Città di Milano*). Memori di certe esperienze processuali degli anni sessanta e settanta tra Minimalismo, Land Art e Arte concettuale, che vedono l'arte come espressione e riflessione di forze che si muovono a cavallo tra fenomeni naturali, ambientali, sociali e metafisici, le opere di Andreotta Calò hanno l'ambizione di connettere l'esperienza e l'immaginazione umana con la vastità dello spazio e del tempo cosmico. E non stupisce che siano stati proprio la pratica di un artista come Gordon Matta-Clark e i suoi celebri interventi effimeri l'oggetto di studio e di ricerca ossessivi da parte di Andreotta Calò per anni, nel tentativo di ricreare l'evanescenza e la vertigine delle opere e imprese monumentali del maestro americano. Il titolo di questo testo è in effetti una citazione delle parole iniziali di Giorgio Andreotta Calò a proposito di Gordon Matta-Clark, che prosegue così:

> *Come è possibile esperire uno spazio che non esiste più. Puoi solo ricreandolo. Ripetere letteralmente, riscrivere, ricopiare per assimilare un'esperienza. Assolutamente l'unico modo. Questo e nessun altro può essere l'approccio analitico di un artista verso un altro. Questa l'unica possibilità per assimilare un'esperienza che non è possibile trovare* presente. *Puoi e devi ricostruirla. Ciò che viene vissuto in prima persona non è trasferibile ad altri nel senso più profondo dell'emozione. In questo senso la documentazione del lavoro diventa un mezzo speculativo che non può sostituirsi alla realtà. E in questo, in ultima analisi, è spesso la bellezza autentica e la fragilità dell'arte del* presente.[11]

on show are associated, describe the project as an archipelago. Indeed, the works are intrinsically linked, in their genesis, to the islands of Venice and Sardinia, and to those of Filicudi (for *Senza titolo [Jona]*) and Ischia (*Senza titolo [Cavi]*).

The concept of an evolving exhibition layout as well as the representation of time and its vision as a plastic material, are associated with another theme widely investigated by Andreotta Calò: the idea of transformation. This concept is explored not only through the metamorphosis of the materials used but also in the process-oriented approach of the interventions. The procedure of returning to past projects, by revisiting, developing and modifying them continuously in an almost endless process of evolution, is a practice commonly used by the artist; indeed, he considers each work (or exhibition) "always a resulting consequence of the previous one".[10] The sculpture *Volver*, for example, is on display for the first time in ten years, and has been subjected to a new process. After having been used for years by Andreotta Calò for his incursions into the Venice lagoon, in 2008 the boat completed its final journey in Milan, flying suspended from a crane, over the roofs of Lambrate (a district of Milan). The boat was then cut into two halves and set down like a shell on the terrace of the Zero gallery on the occasion of Andreotta Calò's first exhibition in the city. "CITTÀDIMILANO" afforded the opportunity to make the work visible again, but this time subjecting it to an additional mutation. The keel of the boat, on which the marine incrustations can still be seen, has been completely covered in an oily black pigment and, whilst still cut and offset, the two halves have been brought back together, fusing them into a closed form that recalls that of a large shell but also that of a sarcophagus, or that of an (anti)monument.

Concepts like time, doubling, the ephemeral, transformation—these are all keywords for accessing Andreotta Calò's work and each of them relates to the artist's ideas on the need for a change of perspective and on the passage from a physical dimension to a mental, interior and contemplative one. Bringing a submerged world up to the surface, having boats fly through the sky, putting things where they shouldn't be—these are all operations implemented by Andreotta Calò to generate a shifting of the prism through which we perceive and measure reality. It is an idea that is also formalized in the construction and layout of the "CITTÀDIMILANO" exhibition, which plays precisely on the criss-crossing of different planes and axes—in the horizontal perspective with which the elements of the sculpture *Produttivo* are presented on the floor, overturning and transferring the original position of the geological samples in the bowels of the earth, intersecting with the vertiginous descent of the deep-sea divers in *Senza titolo (Jona)*, the miners (*In girum imus nocte*), or the fleeting vision from above of a landscape (*Città di Milano*). Mindful of certain process-oriented experiences of the 1960s and 1970s, between Minimalism, Land Art and Conceptual Art, which saw art as an expression and reflection of forces that shift in between natural, environmental, social and metaphysical phenomena, the works of Andreotta Calò have the ambition of connecting human experience and imagination with the immensity of cosmic space and time. And it is no surprise that the specific practice of Gordon Matta-Clark and his celebrated ephemeral interventions were subject to obsessive study and research by Andreotta Calò for years, in an endeavor to recreate the evanescence and vertigo of the works and monumental exploits of the American master. The title of this text is in fact a quotation from Giorgio Andreotta Calò's words about Gordon Matta-Clark, which go on like this:

How can you experience a space that doesn't exist anymore?
You can only recreate it. Literally repeat, rewrite, recopy, in the attempt to assimilate an experience. That is definitely the only way.
That alone can shape the analytic approach of one artist toward another; the only possibility of assimilating an experience that cannot be found in the present. *You can and you should reconstruct it.*
That which is lived in the first person cannot be transferred to others in its deepest emotional significance. In that sense, the documentation of the work

1 Giorgio Andreotta Calò, "Gordon", in "Nero Magazine", n. 23, primavera-estate 2010, p. 34.

2 Werner Herzog, *Sentieri nel ghiaccio*, Ugo Guanda Editore, Parma 1980, p. 73.

3 Giuliana Bruno, "Proiezioni liquide", in Cecilia Alemani (a cura di), *Il mondo magico*, catalogo Padiglione Italia, 57. Biennale di Venezia, 2017, Marsilio, Venezia 2017, pp. 165-166.

4 "Credo che l'artista, attraverso il suo operato, debba cercare di mettere il pubblico di fronte alla possibilità di intravedere un qualcosa che si situa 'oltre'. Deve stimolare la possibilità di creare un immaginario, di andare oltre l'immanenza fisica dell'opera". Giorgio Andreotta Calò in conversazione con Mara Ambrožič, "Scolpire il tempo", in "Flash Art Italia", n. 294, giugno 2011, p. 81.

5 Cfr. Giorgio Andreotta Calò a proposito del camminare: "Il cammino va inteso innanzitutto come un movimento, mentale prima che fisico, e come una possibile via di riflessione. Quello che mi interessa è la povertà insita nell'atto del camminare, la sua semplicità. Per me non rappresenta un atto estremo, né eroico, né radicale. Nel cammino il corpo è impegnato nella sua dimensione naturale e, proprio attraverso il suo lento e progressivo cambiamento, diventa al contempo azione e mezzo espressivo. C'è un punto di partenza e un punto di arrivo, è all'interno di questo frangente, di questo segmento spazio-tempo, che si compie un percorso interiore, si dà forma a un concetto, a un'intuizione. Progressivamente si instaura un'unità tra esterno e interno, tra la lenta modificazione del paesaggio e di chi lo sta attraversando. Quando nel 2008 ho fatto quel lungo viaggio, attraversando Francia, Spagna e Portogallo, il punto di arrivo era un'icona, un'immagine che avevo trovato a Venezia e che nella sua realtà era conservata a Limpias, in Spagna. Riflettere e tendere verso quell'icona voleva dire lentamente assimilarla, arrivando a rispecchiarsi per tornare a se stessi. In questo si traduce la dimensione fisica e psicologica dell'attraversamento." Giorgio Andreottà Calò in conversazione con Mara Ambrožič, cit.

6 A questo riguardo è interessante ricordare la scala così diversificata che possono assumere le opere di Giorgio Andreotta Calò: "Le dimensioni dei lavori di Andreotta Calò variano sensibilmente, spaziando da installazioni di grande scala che sono ambienti in sé a minuscoli e quasi impercettibili interventi ambientali in un determinato spazio. In entrambi i casi, così come nelle sue sculture, gli spazi e gli elementi materiali esposti evocano il senso di un mondo interiore". Cfr. Giuliana Bruno, *op. cit.*, pp. 166-167.

7 "[...] our suspended condition between a physical material body and a pure spiritual dimension". Giorgio Andreotta Calò intervistato da Elena Filipovic, in "Kaleidoscope", autunno-inverno 2017, p. 126.

8 La volontà di non intervenire in modo spettacolare sull'architettura dello Shed del Pirelli HangarBicocca si comprende ancor meglio pensando alla prima partecipazione di Giorgio Andreotta Calò alla Biennale di Venezia, quando nel 2011 viene invitato da Bice Curiger e presenta *Ritorno* (2011), opera che, nella sua aleatorietà e nella piena consapevolezza di poter passare quasi inosservata nella frenesia della Biennale, costituisce un momento cardine per l'artista. Il viaggio verso la città natale rappresenta infatti un solitario e personale "ritorno" alle proprie radici ma anche un manifesto dell'intero lavoro, che invita lo spettatore a indirizzare il proprio sguardo oltre l'immanenza di ciò che sta di fronte. L'unica presenza oggettuale dell'opera durante la Biennale era infatti un audio nel Giardino delle Sculture di Carlo Scarpa con la voce dell'artista che recitava "Ritorno a casa / ritorno a piedi / Guardate oltre / lontano da qui / dove si compie un gesto / Un gesto in divenire / che verso questo luogo tende e ritorna".

9 La camera oscura e il processo della stampa stenopeica sono stati utilizzati da Giorgio Andreotta Calò in svariate occasioni, che hanno visto l'artista trasformare in camera oscura sia architetture complesse sia spazi esigui come il baule di un'auto, in particolare per i progetti: *Diogene Bivacco Urbano*, Torino (2007), *Los Angeles Sunset Boulevard*, Los Angeles (2010), *Senza titolo*, presso il Teatro Margherita, Bari (2011), *8.9.2012-21.10.2012*, SMART Project Space, Amsterdam (2012), *Prima che sia notte*, per il Museo MAXXI, Roma (2012).

10 Giorgio Andreotta Calò con Luca Lo Pinto, "Script per un cammino", in Paolo Caffoni, Giulia Ferracci (a cura di), *Prima che sia notte. Giorgio Andreotta Calò*, catalogo della mostra, Museo MAXXI, Roma, 2012, Archive Books, Berlin 2014, p. 169.

11 Cfr. Giorgio Andreotta Calò, "Gordon", cit., p. 36.

becomes a speculative tool that cannot substitute reality.
But ultimately, it is here that we often find the authentic beauty and the fragility
of the art of the present.[11]

1   Giorgio Andreotta Calò, "Gordon", in *Nero Magazine*, no. 23, Spring–Summer 2010, p. 34.
2   Werner Herzog, *Of Walking in Ice*, Minneapolis-London: University of Minnesota Press, 2015, p. 103.
3   Giuliana Bruno, "Proiezioni liquide", in Cecilia Alemani (ed.), *Il mondo magico*, catalog for the Italian Pavilion, 57th Venice Biennale, 2017, Venice: Marsilio Editori, 2017, p. 165.
4   "I believe that the artist should try, through his work, to give the public the opportunity to glimpse something that is situated 'beyond'. The artist should foster the possibility of creating something imaginary, of going beyond the physical immanence of the work". Giorgio Andreotta Calò in conversation with Mara Ambrožič, "Scolpire il tempo", in *Flash Art Italia*, no. 294, June 2011, p. 81.
5   Cf. Andreottà Calò on the subject of walking: "Walking should be understood first and foremost as a movement, mental more than physical, and as a possible path towards reflection. What interests me is the poverty inherent in the act of walking, its simplicity. For me, it does not represent an extreme, heroic or radical act. In walking, the body is engaged in its natural dimension and, precisely through its slow, gradual change, it becomes both action and expressive medium. There is a starting point and an end point, it is within this moment, this segment of space-time, that an inner journey is carried out, form is given to a concept, to an intuition. Gradually, a unity is established between exterior and interior, between the slow modification of the landscape and of the person who is crossing it. When in 2008 I went on that long journey, making my way across France, Spain and Portugal, the point of arrival was an icon, an image that I had found in Venice and that in its reality was conserved at Limpias, in Spain. Meditating on and reaching out towards that icon meant slowly assimilating it, eventually reflecting ourselves in order to return to ourselves. The physical and psychological dimension of traversing is translated into this." Giorgio Andreotta Calò in conversation with Mara Ambrožič, *op. cit.*
6   In this regard, it is interesting to recall the highly diversified dimensions that the works of this artist can take on: "The scale of Andreotta Calò's works varies significantly, ranging from large-scale installations that are themselves environments to minimal environmental interventions in a given space that are nearly imperceptible. In both cases, as well as in his sculptures, the spaces and the material elements exposed often evoke the sense of an interior world". Cf. Giuliana Bruno, *op. cit.*, p. 166.
7   Giorgio Andreotta Calò interviewed by Elena Filipovic, in *Kaleidoscope*, Fall/Winter 2017, p. 126.
8   The desire not to intervene in a spectacular way on the architecture of the Shed of Pirelli HangarBicocca can be understood even better by referring back to Andreotta Calò's first appearance at the Venice Biennale, when in 2011 he was invited by Bice Curiger and presented *Ritorno* (2011), a work that—in its unpredictability and in its full awareness of being able to go almost unnoticed in the frenzy of the Biennale—represented a key moment for the artist. The journey back to his home town constituted a solitary and personal "return" to his roots but also a manifesto for the entire work, which invites viewers to look beyond the immanence of what lies before them. The only presence of the work as an object during the Biennale came in the form of audio in the Carlo Scarpa Sculpture Garden, with the voice of the artist reciting in Italian the following lines: "I return home / return on foot / Look beyond / far from here / where a gesture is made / A gesture in progress / that reaches out to this place and returns".
9   The camera obscura and the pinhole-camera process have been used by Andreotta Calò on various occasions, which have seen the artist transform into a camera obscura both complex architecture and small spaces like the boot of a car, in particular for the following projects: *Diogene Bivacco Urbano*, Turin (2007), *Los Angeles Sunset Boulevard*, Los Angeles (2010), *Senza titolo* [Untitled], at Teatro Margherita, Bari (2011), *8.9.2012-21.10.2012*, SMART Project Space, Amsterdam (2012), *Prima che sia notte* [Before night falls], for MAXXI Museum, Rome (2012).
10 Giorgio Andreotta Calò with Luca Lo Pinto, "Script for a Walk", in Paolo Caffoni, Giulia Ferracci (eds.), *Prima che sia notte. Giorgio Andreotta Calò*, exhibition catalog, MAXXI Museum, Rome, 2012, Berlin: Archive Books, 2014, p. 82.
11 Cf. Giorgio Andreotta Calò, "Gordon", cit., p. 36.

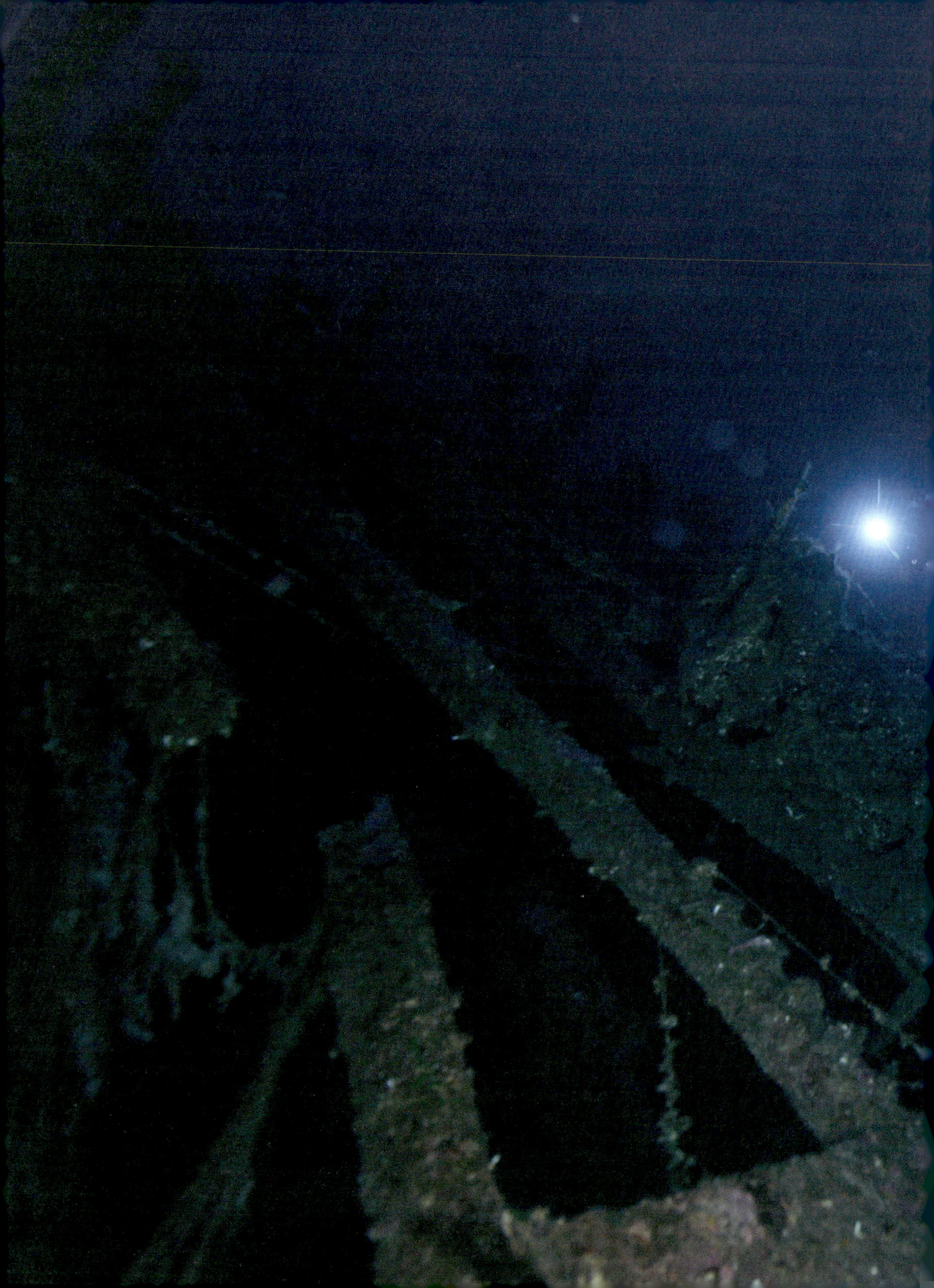

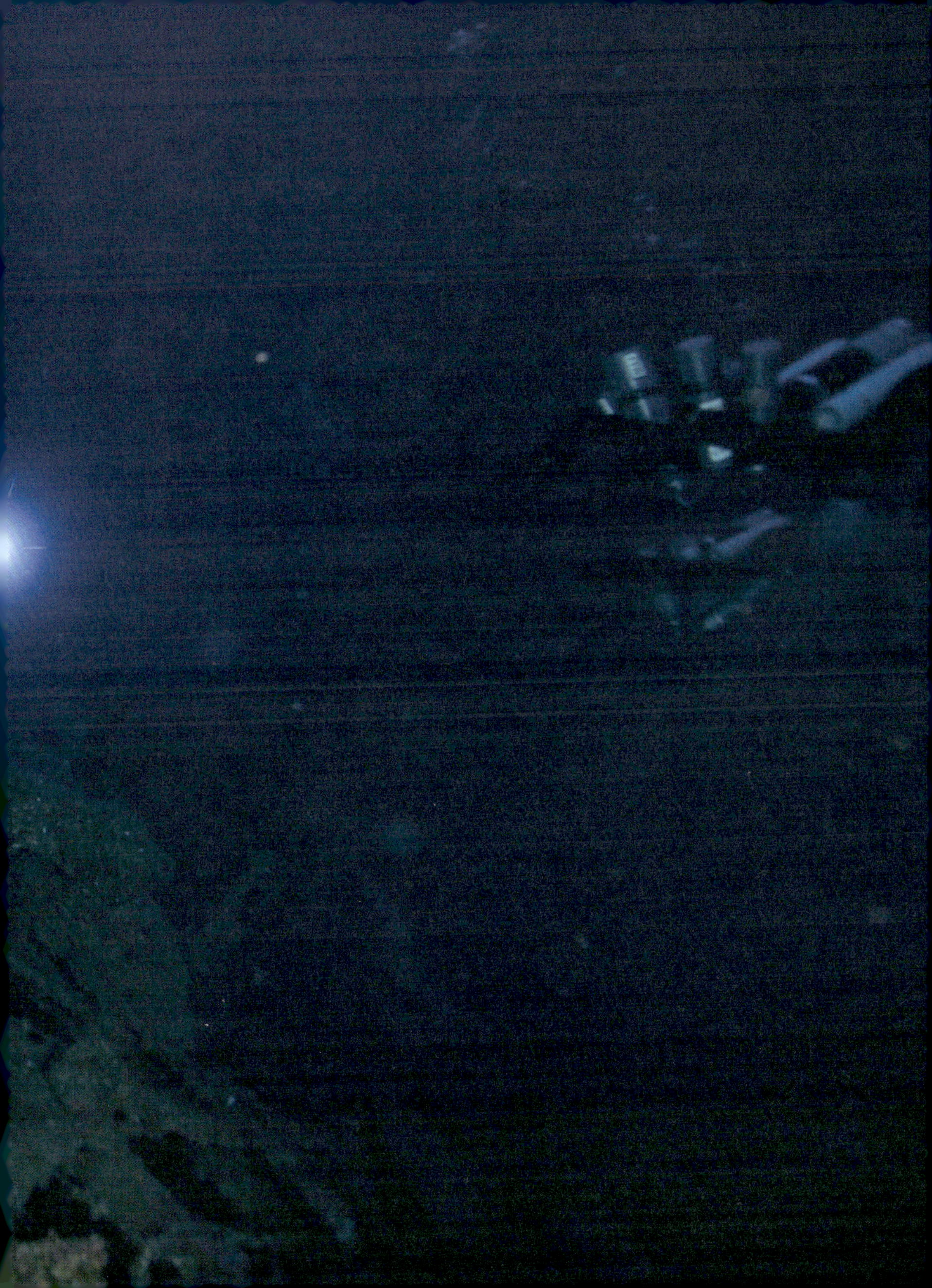

Nota contro nota.
Contrappunto per "CITTÀDIMILANO"
Mara Ambrožič, Emanuele Quinz

I. Posizione mediana

The present is the future of the past, not the past of the future.
Ad Reinhard[1]

Il contesto nella sua complessità è un sistema di insiemi.
La mia zona lavoro diventa lo spazio di intersezione di questi insiemi,
dove confluiscono gli elementi prima frammentati e caotici per essere
riordinati in una forma inedita.
Giorgio Andreotta Calò[2]

Mara Ambrožič — Nell'esposizione "CITTÀDIMILANO" di Giorgio Andreotta Calò, la navigazione – come concetto e come esperienza – si pone come metafora della condizione umana in quanto transito. Lo spazio appare permeato da evocazioni, rimandi, allusioni incrociate, relazioni simboliche tra gli oggetti e sculture in mostra. L'insieme è puntellato dalle sequenze video, che generano una sensazione spaziale e audio-visiva di viscosità quasi cinematica.

Per sostenere questa fluidità tra le parti, la tonalità dello spazio espositivo è governata da una temperatura cromatica composta all'unisono da colori desaturati, i quali formano una gamma di stati di un fosco blu, plumbeo come in certe rappresentazioni del tempo della fine.

"CITTÀDIMILANO" spinge lo spettatore a navigare tra i frammenti disseminati nello spazio a partire dalla linea di visione mediana. In questo senso navigare significa esplorare l'estensione spaziale dell'opera come si esplorano le infinite pieghe della temporalità della storia, cioè "come una maniera per sondare la verità dell'esserci nel mondo"[3].

Ma viene da domandarsi che cosa significhi oggi navigare in un mondo che non conosce più *terrae incognitae*. In un pianeta interamente conquistato dal progresso, come ci ricorda Jean-Luc Nancy, non basta più esplorare per *contemplare*. Non è più sufficiente "prendere visione o affinare la vista – la *veduta* nell'italiano obbligato della storia dell'arte – del mondo, dell'essere o del senso, ma si tratta piuttosto di aprire uno spazio che inizialmente non è visibile, di aprire uno spazio per una vista, o uno spazio di vista, che non sarà uno spazio dinanzi ad uno sguardo"[4]. Si tratta cioè di generare una *nuova spaziatura*, in altre parole di rivelare il punto di partenza di un'altra storia. Allora esplorare diventa non solo percorrere lo spazio, ma immergersi nella temporalità dell'opera per esperirla, per "scavare il nulla [...], per scorgervi ciò che separa, ciò che disloca e ciò che al tempo stesso rilega da capo, ricostituisce un legame e un luogo"[5].

Emanuele Quinz — Come spiega lo stesso artista, le opere si dispiegano nello spazio di Pirelli HangarBicocca come isole, atolli o scogli di un arcipelago, che il visitatore è invitato a esplorare. Ciò significa, in effetti, che l'esposizione non è pensata come un dispositivo di rappresentazione o di presentazione, ma come un luogo di esplorazione. Lo spazio che si estende tra le opere, che le separa e le unisce, nella luminosità sospesa e variabile a seconda delle ore del

Note against Note.
Counterpoint for "CITTÀDIMILANO"
Mara Ambrožič, Emanuele Quinz

I. Median Position

The present is the future of the past, not the past of the future.
Ad Reinhard[1]

The context in its complexity is a system of groups.
My working area becomes the space of intersection of these groups,
where the previously fragmented and chaotic elements converge to be
reordered in a novel form.
Giorgio Andreotta Calò[2]

Mara Ambrožič — In the exhibition "CITTÀDIMILANO" by Giorgio Andreotta Calò, navigation—as a concept and as an experience—is deployed as a metaphor for the human condition as a transitory phenomenon. The space seems imbued with evocations, references, criss-crossing allusions, symbolic relationships between the objects and sculptures on show. The entire exhibition is underpinned by video sequences, which generate a spatial and audio-visual sensation of almost cinematic density.

To support this fluidity between the parts, the tonality of the exhibition space is governed by a chromatic temperature composed of a combination of desaturated colors, which form an array of variations on a somber, leaden shade of blue, as found in certain representations of the end times.

"CITTÀDIMILANO" pushes the viewer to navigate a path amidst fragments scattered throughout the space, starting from the median line of vision. In this context, "to navigate" means to explore the spatial extension of the artwork in the same way that the infinite folds in the temporality of history are investigated, "as a way to probe the truth of being in the world".[3]

But one wonders what it means today to navigate a world that no longer has any *terrae incognitae*. On a planet entirely conquered by progress, as Jean-Luc Nancy reminds us, it is no longer sufficient to explore in order *to contemplate*. It is "no longer a question of viewing or of sharpening our vision—the *view [veduta]* required by the history of art—of the world, of being, or of meaning. Rather, it is a question of opening a space that was not visible initially, of opening a space for a view or a space of viewing that will no longer be a space in front of a gaze".[4] In other words, it is a question of generating a *new spacing*, of revealing the starting point of another history. Thus, exploring becomes not only travelling through space, but immersing oneself in the temporality of the artwork to carry it out, "to dig into nothing [...], in order to glimpse what it separates, what it dislocates, and what at the same time it binds anew and reconstitutes a bond and a place".[5]

Emanuele Quinz — As the artist himself explains, the art unfolds in Pirelli HangarBicocca like islands, atolls, or reefs of an archipelago, which the visitor is invited to explore. This means, in effect, that the exhibition is not conceived as a device for representation or presentation, but as a place of exploration. The space that extends between the artworks, which separates and unites

giorno, non è più l'interstizio neutro che permette la distanza critica richiesta dall'arte, ma al contrario costituisce il vero e proprio spazio dell'esperienza. Ed è a partire da questo spazio intermedio che il visitatore sperimenta la "posizione mediana" di cui parli: posizione allo stesso tempo fisica e metafisica, presente e permanente, singolare e universale, sospesa sulla linea d'orizzonte tra due emisferi. Bisogna allora non solo postulare due *situazioni* (l'opera come isola e l'individuo come barca che percorre lo spazio per raggiungerla), ma soprattutto due *momenti*: prima di tutto, il *tour d'horizon*, la visione orizzontale che abbraccia lo spazio esteso come un paesaggio, e poi il *percorso*, la circumnavigazione composta di avvicinamenti e allontanamenti, approdi e disancoraggi.

Ma nell'esposizione nulla è semplice, perché l'artista ha operato una serie di *dislocazioni* suggestive: partendo dalla linea d'orizzonte del nostro sguardo, sopra di noi, l'emisfero celeste non appare liscio o nebuloso, ma irto di travi metalliche come il ventre ribaltato di una carena, e sulla fotografia sospesa contro il muro di fondo dello Shed appare invaso da una città rovesciata, sospesa su una densa nuvola nera. L'orizzonte è, per definizione, limitato, è la superficie estesa dei nostri limiti, dei limiti dello sguardo ma anche della conoscenza. L'etimologia lo spiega: in greco, *orismos* significa limite, la radice *oros* indica la pietra che materializza un confine, ma anche il solco dell'aratro. Indice della finitezza, l'orizzonte è un cerchio più esteso del cono prospettico, ma allo stesso modo ordina il mondo a partire da indici visivi, distribuisce gli elementi a partire dal punto di vista, in un paesaggio che fronteggia il soggetto, struttura la dialettica tra visibile e invisibile, permette l'affiorare del senso delle cose e allo stesso tempo fissa i limiti della percezione. "La structure point-horizon est le fondement de l'espace", scriveva Merleau-Ponty[6]. Come lo stesso artista ammette, è possibile leggere diverse opere di Giorgio Andreotta Calò come le tappe di un'indagine sull'organizzazione dello spazio, dalla scultura all'architettura, a partire dalla nozione di *linea d'orizzonte*. E l'esposizione "CITTÀDIMILANO", facendo tesoro delle esperienze precedenti, estende lo stesso principio anche al tempo: il presente è l'orizzonte che ci accerchia e su cui si accalcano gli strati, le tracce degli emisferi, ma anche i segni delle nostre derive.

MA — In effetti, le opere dell'artista pongono molto spesso la questione del *percorrimento* di un orizzonte visto come il punto-margine di una condizione anche mentale. "CITTÀDIMILANO" è un altro di quei "luoghi della mente"[7] che emergono dall'intreccio relazionale tra spazio, architettura, sito e corpo. Tra tutti gli elementi, quello più frainteso è la presenza del corpo. Troppo spesso lo interpretiamo come involucro dello spirito o della *psyché* dell'uomo dimenticando che il corpo, come ogni parola, è anche una nozione astratta. Come tale, esso può indicare una forma organica (per esempio, le briccole, le meduse o le conchiglie), ma può anche suggerire il proprio rovescio speculativo, che si eleva ad allegoria di un corpo mistico (inteso qui nel senso dettato dalla tradizione giudeo-cristiana, che legge – come fa, pur inscrivendolo in una prospettiva fenomenologica, anche Merleau-Ponty – una sorta di associazione tra la semantica del corpo e quella della carne). Nel caso di Andreotta Calò, ciò che si percorre non è né l'uno né l'altro, ovvero né *materia* né *incarnazione* di un già visto inteso come un *già vissuto* (come sempre più spesso accade nei *re-enactments*, nei restauri o nelle ricostruzioni storiche che si diffondono come pratiche artistiche a partire dagli anni novanta). Nel caso di "CITTÀDIMILANO" assistiamo piuttosto a un intreccio di corpi di fatto *estranei-a-sé*, la cui ontologia appare stratificata: ciò che osserviamo è una composizione di elementi che sembrano provenire da epoche diverse, oltre che da mondi distanti tra loro – come se si trattasse di isole connesse ma straniere.

them, in a suspended and variable lighting, depending on the time of day, is no longer the neutral interstice which allows for that critical distance required by art. On the contrary, it constitutes the actual space of experience. And it is starting from this intermediate space that the visitor experiences the "median position" you talk about: a position at once physical and metaphysical, present and permanent, singular and universal, suspended on the horizon between two hemispheres. It is, then, necessary to postulate not only two *situations* (the artwork as an island and the individual as a boat travelling through space to reach it), but above all two *moments*: first and foremost, the *tour d'horizon*, the horizontal vision that embraces the space expanding like a landscape, and then the *itinerary*, the circumnavigation of approaching and distancing, of mooring and undocking.

But in the exhibition nothing is simple, because the artist has enacted a series of evocative *displacements*: starting from the horizon as we see it, above us the celestial hemisphere does not appear smooth or nebulous, but riddled with metal beams like the upturned bowels of a hull, and on the photograph hanging on the back wall of the Shed that same hemisphere seems overrun by an upside-down city, floating on a thick black cloud. A horizon is, by definition, limited; it is the extended surface of our limits, of the limits of our gaze, but also of our knowledge. Etymology explains why: in Greek, *orismos* means "limit", the root *oros* indicates the rock that materializes a border, but also the furrow made by a plough. An indicator of finiteness, the horizon is a circle wider than the perspectival cone, but at the same time it orders the world starting from visual indicators. It distributes the elements starting from a point of view, in a landscape that overlooks the subject, structures the dialectic between visible and invisible, enables the sense of things to emerge while also setting the limits of perception. "[...] the point-horizon structure is the foundation of space", wrote Merleau-Ponty.[6] As Andreotta Calò himself confirms, it is possible to read various artworks of his as the stages of an investigation into the organization of space, from sculpture to architecture, starting from the notion of the *horizon line*. And the exhibition "CITTÀDIMILANO", taking to heart the previous experiences, extends the same principle to time: the present is the horizon that surrounds us and around which the layers, the traces of the hemispheres, and the signs of our drifting, all unite.

MA — Indeed, the artist's works of art very often pose the question of *travelling across* a horizon, seen as the point-margin of a condition that also regards the mind. "CITTÀDIMILANO" is another of those "places of the mind"[7] that emerge from the relational intertwining of space, architecture, site, and body. Out of all these elements, the one that is most misunderstood is the presence of the body. Too often, we interpret it as the outer shell of man's spirit or psyche, forgetting that the body, like any word, is also an abstract notion. As such, it can indicate an organic form (for example, *briccole* [mooring poles], jellyfish, or shells), but it can also suggest its speculative opposite, which is elevated to the allegory of a mystical body (intended here in the sense dictated by Judeo-Christian tradition, which sees—as does Merleau-Ponty, albeit inscribing it within a phenomenological perspective—a sort of association between the semantics of the body and the flesh). In Andreotta Calò's case, what is traversed is neither one nor the other, that is, neither *matter* nor *incarnation* of something already seen, interpreted as something *already experienced* (as happens more and more often in the re-enactments, restorations, and historical reconstructions that have become widespread as forms of artistic practice since the 1990s). Instead, in the case of "CITTÀDIMILANO", we bear witness to an intertwining of bodies that are

EQ – Se, nella navigazione, la posizione mediana dell'uomo è materializzata dalla linea di orizzonte, sull'emisfero terrestre essa si manifesta nella linea di superficie, sotto la quale si estende la verticalità spazio-temporale della stratificazione geologica. La geografia diventa geologia: l'esplorazione include allora la contemplazione e la *lettura* delle figure e delle forme che assumono i sedimenti del tempo. Le sistematiche dislocazioni con cui procede Andreotta Calò si situano anche su questo asse o, più precisamente all'intersezione tra i due assi. In *Produttivo* (2018-19), la dimensione verticale del tempo è disposta all'orizzontale, occupa lo spazio e ne diventa misura. Lo statuto dei carotaggi di cui si compone l'installazione rimane evasivo, tra artefatto e processo naturale, tra scultura e materia.

Se la geografia è il tentativo di mappatura dell'orizzonte spaziale che circonda l'uomo, allo stesso modo la storia – come geologia in cui in cui le tracce naturali e umane appaiono inestricabili – si presenta come un deposito di sabbia dormiente, che i passi scuotono d'improvviso, mostrando delle figure sommerse. Ma è l'uomo che definisce l'orizzonte (e la storia) o l'orizzonte (la storia) che definisce l'uomo?

MA – Ciò che accade in "CITTÀDIMILANO" è qualcosa di simile all'effetto ottico che riscontriamo in altre opere come *Anastasis (ἀνάστασις)* (Oude Kerk, Amsterdam, 2018) e in *Prima che sia notte* (MAXXI, Roma, 2012). Un effetto prodotto oltre che sulla sedimentazione temporale, dalle modificazioni della luminosità all'interno dello spazio espositivo, sul ritmo del ciclo siderale del sole (e non sull'elemento dell'acqua, come in altri casi) come a indicare che è la luce a creare l'intreccio tra gli elementi, a mettere in contatto le estremità degli orizzonti, il mondo del visibile e dell'invisibile, e i sottosuoli delle nostre vite. Per cogliere queste peculiarità, diventa quasi un dovere osservare l'insieme di "CITTÀDIMILANO" per un tempo più lungo, in modo da allenare la vista a riconoscere la successione delle figure sommerse e a leggere le connessioni che la luce, con il suo continuo evolversi, fa emergere e/o sparire tra i corpi esposti. In maniera poetica, allora, si può pensare che l'uomo e la storia (e i loro rispettivi orizzonti) non siano che percezioni di riflessi speculari generati dalle propagazioni della luce.

II. Estetica del relitto

> *Nec potuit ferrum, neque edax abolere vetustas.*
> Ovidio, Metamorfosi, XV, 872

EQ – Le ricerche di Andreotta Calò sono ricche di risonanze storiche. Se, da un lato, la dimensione processuale si inserisce nel tracciato di certe pratiche della Land Art o dell'Anarchitettura sovversiva di Gordon Matta-Clark (su cui Andreotta Calò fonda la sua tesi di diploma all'Accademia delle Belle Arti di Venezia), dall'altra l'attenzione sulla materialità dei supporti evoca certe sperimentazioni dell'Arte Povera, in particolare il naturalismo lirico di Giuseppe Penone.

Particolarmente importante e feconda per una riflessione comune appare anche un'altra risonanza: Robert Smithson, con cui Andreotta Calò sembra condividere la fascinazione per le rovine, ma anche la convinzione che l'arte procede per una serie di *dislocazioni* (Smithson usa il termine *displacement*). E, dal punto di vista delle strategie, l'interesse per i processi naturali della corrosione, dell'ossidazione o della carbonizzazione come elementi di cui l'arte si può appropriare con l'obiettivo di illustrare il tempo come stratificazione[8].

actually *foreign-to-themselves*, the ontology of which appears complex: what we observe is a composition of elements that seem to come from different time periods, as well as from different worlds—as if they were islands connected yet foreign to one another.

EQ — If, in navigation, man's median position is materialized by the horizon line, on the terrestrial hemisphere it is manifested in the surface line, under which extends the spatial-temporal verticality of geological layering. Geography becomes geology: thus, exploration includes the contemplation and the *reading* of the figures and forms the sediments of time take on. The systematic displacements with which Andreotta Calò operates are also found on this axis or, more precisely, at the intersection of the two axes. In *Produttivo* [Productive] (2018–19), the vertical dimension of time is placed horizontally, occupying the space and becoming its measure. The status of these objects remains evasive, poised between artifact and natural process, between sculpture and matter.

If geography is the attempt to map out the spatial horizon that surrounds man, then, in the same way, history—like geology, in which natural and human traces appear inextricable—comes across as a deposit of sleeping sand, which footsteps suddenly disturb, revealing submerged figures. But is it man who defines the horizon (and history), or the horizon (history) that defines man?

MA — What happens in "CITTÀDIMILANO" is something similar to the optical effect we find in other artworks, such as *Anastasis (ἀνάστασις)* (Oude Kerk, Amsterdam, 2018) and in *Prima che sia notte* [Before night falls] (MAXXI, Rome, 2012). It is an effect produced not only on temporal sedimentation—by modifying the lighting within the exhibition space—but also on the rhythm of the sidereal cycle of the sun (and not on the element of water, as in other projects), as if to indicate that it is light that creates the interweaving between the elements, that brings together the extremities of the horizons, the world of the visible and the invisible, and the substratum of our lives. To grasp these particular features, it becomes almost obligatory to observe the whole of "CITTÀDIMILANO" for a longer time, in such a way as to train the eye to recognize the series of submerged figures and to read the connections that the ever-changing light causes to emerge and/or disappear between the bodies on display. In a poetic way, then, it can be said that man and history (and their respective horizons) are nothing but perceptions of specular reflections generated by the propagation of light.

II. Wreckage Aesthetics

Nec potuit ferrum, neque edax abolere vetustas.
Ovid, Metamorphoses, XV, 872

EQ — Andreotta Calò's investigations are imbued with historical resonance. While, on the one hand, the procedural dimension is aligned with certain practices of Land Art or of the subversive "Anarchitecture" of Gordon Matta-Clark (on whom Andreotta Calò based his degree thesis at the Accademia di Belle Arti di Venezia), on the other hand, his focus on the materiality of the supports calls to mind certain Arte Povera experiments, in particular the lyrical naturalism of Giuseppe Penone.

Another resonance seems particularly important and fertile: Robert Smithson, with whom Andreotta Calò appears to share a fascination

In un momento storico in cui si formulano i precetti di un paradigma concettuale dell'arte, Smithson insiste sulla continuità tra il linguaggio e i sedimenti materiali della terra, tra segni e pietre, in una "sintassi di crepe e fessure": "Gli strati della terra sono un museo in disordine. Fissato nel sedimento, si trova un testo i cui limiti, le cui suture sfuggono all'ordine razionale e alle strutture sociali che imprigionano l'arte. Per leggere le pietre, dobbiamo divenire consapevoli del tempo geologico e degli strati di materiale preistorico che riposa sotto la crosta terrestre. Quando scrutiamo i siti in rovina della Preistoria, osserviamo un ammasso di carte in frantumi che sconvolge le concezioni attuali dell'arte e della storia"[9]. In questa assimilazione della terra al museo si rigioca, in un'altra dimensione, la sovrapposizione tra orizzonte e storia, tra geografia e geologia: lo sguardo che circumnaviga il mondo ne misura i limiti, e allo stesso tempo ne fissa il senso.

D'altra parte, sulle tracce di George Kubler, con le sue opere e i suoi scritti Smithson esplora una nozione di tempo storico non-lineare, ma "intermittente e variabile"[10]. Per Kubler l'obiettivo proprio della storia dell'arte è di esplorare questa temporalità complessa, composta di cicli aperti e sovrapposti, che "somiglia a una catena più volte rotta e riparata con spago e fil di ferro per tenere insieme le poche ingioiellate maglie rimaste a testimonianza della sequenza originale di oggetti primi"[11]. Ma se la storia dell'arte presume, ancora e nonostante tutto, un punto di vista esterno, una distanza critica che allontana le cose e appiattisce l'orizzonte, Smithson, introducendo la dialettica tra *site* e *non-site*, tra carta e territorio, esplora il potenziale suggestivo dell'*arte come contro-storia*. In questa prospettiva, l'opera d'arte si fonda, per utilizzare ancora una volta i termini di Kubler, come "un pezzo di divenire immobilizzato"[12].

Tuttavia, malgrado una profonda vicinanza, è importante rilevare una differenza fondamentale. Nelle opere di Smithson domina la terra (dai *Nonsite* del 1968-69, all'*Amarillo Ramp* del 1973, alle spirali che si protendono come lembi di terra sull'acqua), mentre nelle opere di Andreotta Calò l'elemento preponderante è l'acqua. Nell'universo acquatico si declina una stratificazione diversa: sotto il cielo, la linea leggermente incurvata dell'orizzonte, l'estensione del mare, interrotta da isole, scogli e imbarcazioni e, sotto, le profondità dell'abisso, il fondale mosso di sabbie, ricettacolo di concrezioni antiche e di relitti. In quest'ultimo elemento, il *relitto*, pare di scorgere un elemento caratteristico dell'opera di Andreotta Calò, su cui si fonda una vera e propria *estetica*, in qualche modo parte di una sequenza storica che rivela la persistenza nell'arte di una cultura del *resto*. Se si guarda al ruolo centrale che le *reliquie* assumono per la riflessione estetica nel Medioevo, le *rovine* nel Manierismo (a cui Smithson si connette esplicitamente) e nel Barocco, poi nel Settecento, sino all'apoteosi nel Romanticismo, appare evidente che la contemplazione dei resti, fragili materializzazioni dell'inesorabile dominio del *tempus edax*, attribuisce all'arte la doppia funzione di *memento mori* e di richiamo del legame profondo, esperienziale ed esistenziale, tra bellezza e finitezza.

Ma il relitto non è semplicemente un *reperto*, oggetto ritrovato, indizio e documento di un evento passato, residuo di una cultura materiale trascorsa e rimossa, bensì un corpo sopravvissuto, non totalmente consumato dall'usura del tempo, "ancora radioattivo"[13], "materia non totalmente esaurita"[14].

Tecnicamente, il relitto è un'imbarcazione che ha subìto un naufragio, "riscoperta" a un certo punto dopo un periodo di assenza dal mondo. Sollevato dall'orizzontalità e dal torpore dell'abisso, attraverso una parabola verticale (che in *Volver*, del 2008, si prolunga al di sopra dell'orizzonte, quando la piccola barca è sospesa al di sopra dello *skyline*

for wrecks, as well as the conviction that art proceeds by means of a series of *displacements* (in fact, Smithson himself uses the word "displacement"). And, in respect to the artistic strategies of that time, there is a shared interest in the natural processes of corrosion, oxidation, and carbonization as elements that art can appropriate with a view to illustrating time as stratification.[8]

At a time when the precepts were being formulated for a conceptual paradigm of art, Smithson insisted on the continuity between the artistic language and the material sediments of the earth, between signs and stones, in a "syntax of cracks and splits": "The strata of the Earth is a jumbled museum. Embedded in the sediment is a text that contains limits and boundaries which evade the rational order, and social structures which confine art. In order to read the rocks we must become conscious of the geologic time, and of the layers of prehistoric material that is entombed in the Earth's crust. When one scans the ruined sites of prehistory one sees a heap of wrecked maps that upsets our present art historical limits".[9] In this assimilation of the Earth to the museum, the overlapping of horizon and history, geography and geology, is brought back into play, in another dimension: the perspective of those who circumnavigate the world measures its limits, and at the same time establishes its meaning.

Moreover, in the wake of George Kubler, with his artworks and writings Smithson explores a notion of historical time as non-linear, but "intermittent and variable".[10] For Kubler, the objective pertaining to the history of art is to explore this complex temporality, composed of open and overlaid cycles, that "resembles a chain, broken but much-repaired with string and iron wire to connect the occasional links of mail left as physical evidence of the invisible original sequence of prime objects".[11] But if the history of art presumes—to this day and despite everything—an external point of view, a critical distance that pushes things away and levels the horizon, Smithson, by introducing the dialectic between *site* and *non-site*, between charts and territory, explores the evocative potential of *art as counter-history*. In this perspective, the work of art is based, to use Kubler's terminology once more, as "a portion of arrested happening".[12]

However, despite a profound affinity, it is important to take note of a fundamental difference. In Smithson's artworks, the earth prevails (from the *Nonsites* of 1968–69 to the *Amarillo Ramp* of 1973, all the way to the spirals that protrude like strips of land on the water), whereas in the artworks of Andreotta Calò the preponderant element is water. In the aquatic universe, a different stratification unfolds: under the sky, the slightly curved line of the horizon, the expanse of the sea, interrupted by islands, reefs, and boats and, below, the depths of the abyss, the ruffled sandy sea bed, receptacle of ancient concretions and wreckage. In this final element, the *wreck*, we seem to glimpse a characteristic element of the practice of Andreotta Calò, on which a true *aesthetic* is based—in some ways, part of a historic sequence that reveals the persistence in art of a culture of *remains*. If we look at the central role *relics* played in aesthetic thought during the Middle Ages, *ruins* in Mannerism (with which Smithson affiliates himself explicitly) and in the Baroque, and subsequently in the eighteenth century, reaching its apotheosis in Romanticism, it seems clear that the contemplation of remains, fragile materializations of the inexorable domain of *tempus edax rerum*, attributes to art the two-fold function of *memento mori* and reference to the deep, experiential, and existential bond between beauty and finiteness.

But a wreck is not simply a *find*, a rediscovered object, a clue to— and document of—a past event, the remains of a bygone, removed material culture, but rather a body that has survived, not totally consumed by the wear and tear of time, "still radioactive",[13] a form of "matter not entirely exhausted".[14]

nebuloso della città, al di sopra dell'ecumene abitato e intento), il relitto riemerge, è riportato alla superficie. Se riprendiamo l'identificazione simbolica tra barca e individuo, che hai menzionato all'inizio, la riesumazione del relitto appare come una forma di *resurrezione*, la sua restituzione è una forma di *riattivazione*, il suo risveglio è una forma di *riscatto*. Come la reliquia e la rovina, il relitto introduce nel presente la forza simbolica dell'anacronismo.

Nel tuo saggio *Scolpire il tempo* del 2010 la riflessione è incentrata proprio sulla nozione di "residuo attivo", usato dall'artista per descrivere il ritmo stesso della riattivazione: "Le clessidre (1999 - in corso) [...] sono 'pali' di legno 'scolpiti' dall'andamento della marea, dal flusso e riflusso dell'acqua marina. [...] Ciascuna delle tre clessidre [...] si mostra con una propria unità organica simmetrica che si sviluppa attorno ad un'asse verticale e procede nello spazio per espansione centripeta [...]. Ma l'elemento amorfo fondante, cioè il modulo costitutivo di ciascuna *Clessidra*, non è il risultato dell'intaglio manuale; esso è 'residuo attivo' di un processo naturale entropico [...]."[15]

MA — In effetti, la nozione di "residuo attivo" compresa come un relitto si rivela particolarmente puntuale, specie se si ricorda la tensione che molte opere di Giorgio Andreotta Calò cercano di restituire alla visione, appunto attraverso un moto generato dall'elemento dell'acqua, usato regolarmente per creare un gioco di riflessi. Questa nozione è stata introdotta sia per descrivere la condizione di "radioattività" delle opere, sia per definire la temperatura della relazione che si instaura tra le dimensioni temporali del futuro e del passato, che si intrecciano l'una nell'altra in un alternarsi continuo.

Tale nozione è emersa già nel 2008, in uno dei primi testi critici che ho dedicato al lavoro di Giorgio, in occasione di "Atto terzo. Volver", la sua prima personale storica (galleria Zero, Milano, 2008). In quel caso, la superficie riflettente dell'acqua diventava il conduttore della temporalità dell'opera: provocando il lavorio dell'occhio, del pensiero e dell'immaginario dello spettatore, metteva in contatto i mondi lontani, generando un'*interruzione della ricorsività* del tempo lineare[16]. A rigore di logica, i *relitti attivi* dell'artista ritrovano il loro *epilogo* (e successiva *riattivazione*) precisamente nell'orizzonte della superficie specchiante, dove l'opera, da capo, incorpora in sé la logica del suo divenire e il ritmo della sua metamorfosi intrinseca. Del resto, lo stesso stato fluttuante e perpetuo si può riscontrare sia nelle immagini fotografiche degli attraversamenti della laguna veneziana (serie *Senza titolo*, 2007) sia negli interventi architettonici, come nell'emblematico *Senza titolo* (2010), realizzato nello studio dell'artista presso la Rijksakademie di Amsterdam. Alcuni interventi riportano alla superficie della memoria certe risonanze del film *Stalker* (1979) del regista e artista russo Andrei Tarkovskij – un altro autore molto importante per Andreotta Calò – in cui l'acqua assume addirittura una qualità premonitrice, esaltata in maniera tattile e ancora più solenne nell'opera *Senza titolo (La fine del mondo)* presentata al Padiglione Italia nel 2017, per la 57. Biennale di Venezia, dove l'artista assegna allo statuto dell'immagine riflettente una forza quasi post-apocalittica.

Ma è soprattutto in *Volver* (2008) che l'acqua funge da segno premonitore di ciò che avverrà all'opera in una fase successiva, dopo l'esposizione. In galleria, infatti, si osserva la barca tagliata a metà, capovolta e adagiata sul letto d'acqua quasi fosse una conchiglia inerme. Solo a fine mostra l'artista decide di richiudere la barca usando la piombatura, come se si trattasse della saldatura di un sarcofago. Il *sarcofago* (nome composto dalle parole greche *sarx*, "carne", e *phaghein*, "mangiare" o "consumare") è un contenitore, solitamente di pietra, destinato a custodire il corpo di un defunto. Nel caso di *Volver* a essere piombata non è la carne inumata nel rito funebre,

Technically, a wreck is a ship that, having sunk, is "rediscovered" after a period of absence from the world. Raised up from the horizontality and torpor of the abyss, through a vertical curve (which in *Volver*, 2008, is extended above the horizon, when the small boat is suspended above the nebulous skyline of the city, above the ecumene), the wreck re-emerges, is brought back to the surface. If we return to the symbolic identification between boat and individual, which you mentioned at the beginning, the exhumation of a wreck seems to be a form of *resurrection*, its restitution is a form of *reactivation*, and its reawakening is a form of *redemption*. Like relics and ruins, wrecks introduce the symbolic power of anachronism into the present.

In your 2010 essay for *Scolpire il tempo*, the focus is precisely on the notion of "active residue", used by the artist to describe the rhythm of reactivation: "The clepsydras (1999 – ongoing) [hourglasses] are no more nor less than what remains of a wooden pole stuck into the middle of a lake, and which the water—through the ebb and flow of the tides—has worn down to the point of detaching the uppermost edge. Each of the three clepsydras, which appear as an ensemble mirroring the same amorphous element, displays its own symmetric organic unity developed around a vertical axis, making its way into space through centripetal expansion [...]. But the founding amorphous element, i.e. the basic module of each clepsydra, is not hand-sculpted; it is the result of a natural entropic process [...]."[15]

MA — Indeed, the idea of the "active residue" intended as wreckage shows itself to be particularly accurate, especially if we remember the tension that many artworks by Andreotta Calò try to convey the act of viewing, specifically through a motion generated by the element of water, which he uses regularly to create a play of reflections. This concept was introduced to describe the "radioactive" condition of the artworks and also to define the temperature of the relationship that is established between the temporal dimensions of the future and the past, which are interwoven in a continuous alternation.

This idea emerged back in 2008, in one of the first critical texts that I wrote on Giorgio's practice, at the time of "Atto terzo. Volver", his historic first solo show (Zero gallery, Milan, 2008). In that case, the reflective surface of water became the conductor of the temporality of the artwork: by provoking intense activity on the part of the viewer's eyes, mind, and imagination, it brought distant worlds together, generating an *interruption of the recurrence* of linear time.[16] Strictly speaking, the artist's *active wreckage* finds its *epilogue* (and subsequent *reactivation*) precisely in the horizon of the reflective surface, where the artwork, from the start, incorporates in itself the logic of its becoming and the rhythm of its intrinsic metamorphosis. Moreover, the same fluctuating and perpetual state can also be found in the photos of crossing the Venetian lagoon (*Senza titolo* [Untitled] series, 2007) and in the architectural interventions, as in the emblematic project *Senza titolo* [Untitled] (2010), realized in the artist's studio at the Rijksakademie in Amsterdam. A number of interventions call to mind certain resonances of the 1979 film *Stalker*, by the Russian director and artist Andrei Tarkovsky—another very important *auteur* for Andreotta Calò—in which water takes on a prophetic quality, accentuated in a tactile and even more solemn manner in *Senza titolo (La fine del mondo)* [Untitled (The end of the world)]. The last was presented at the Italian Pavilion in 2017 for the 57th Venice Biennale, where the artist assigns to the reflective image an almost post-apocalyptic power.

But it is above all in *Volver* (2008) that water acts as a *premonitory sign* of what will happen to the artwork in a subsequent phase, after the exhibition. In fact, in the gallery the boat is cut in half, capsized and resting on the water's surface as if it were a defenseless shell. Only at the end of the

ma il momento stesso dell'esecuzione del volo, la stessa azione artistica. Ovvero, quell'istante unico e irripetibile della vita dell'opera, che, fissata dal piombo, si eleva come un corpo in ascensione, consacrato e consegnato ai posteri nella forma simbolica di una bara, in un rito, che, per usare le tue parole, s'impone come una forma di *riscatto*.

La stessa analogia si ritrova anche in un'opera successiva, *Preludio al Silenzio* (Roma, 2013), per la quale Andreotta Calò collabora con la compositrice italiana Alessandra Celletti, mettendola nella condizione ambigua di dover comporre un pezzo ed eseguire la partitura manoscritta per poi abbandonarla per sempre. L'opera si costruisce attorno all'unica esecuzione del frammento musicale, il *preludio*[17], composto per clavicembalo e trasmesso in diretta su Radio 3. Anche in questo caso, dopo la performance, l'opera subisce un'alterazione: l'artista decide di depositare lo spartito nello strumento, saldandone il coperchio con lo stagno. Il *Preludio al Silenzio* diventa effettivo e irreversibile. La cassa di risonanza del clavicembalo diventa una bara che contiene il corpo dell'esecuzione, "sepolta", divenuta ormai inaccessibile. Come spiega l'artista, "si trattava di chiudere la performance in modo che non potesse più essere eseguita per sottolineare che ogni gesto è unico e non può essere ripetuto: un'azione che è l'opposto della performance perché è la vita a prendere il posto della rappresentazione"[18].

Non è allora un caso che l'inizio della mostra presso Pirelli HangarBicocca coincida con un filmato degli abissi, definito dall'artista come un preludio all'esposizione. Un montaggio vibrante di immagini recuperate da un gruppo di sommozzatori durante una discesa nelle profondità del mare, alla scoperta del piroscafo (chiamato *Città di Milano*) affondato nelle vicinanze di Filicudi circa cent'anni fa. È lo stesso artista a sottolineare che il video trova il suo rovescio nella fotografia analogica collocata dirimpetto alle immagini dei sommozzatori.

In fondo, osservate nel loro insieme, le opere in mostra parlano di continue immersioni nella dimensione immanente dell'esperienza, che recupera la potenzialità irrealizzata del passato, che può condurre altrove, fuori dalle forme date. In quella che definisci *estetica del relitto* si cerca dunque una forma di risveglio: un risveglio possibile solo attraverso la permanente deriva nel vuoto che si crea fra gli eventi. Questo vuoto, che proprio George Kubler definiva come un "intervallo intercronico"[19], definisce il tempo della presa di coscienza dell'istante in relazione alla storia degli eventi. Questo in-sé parla anche di una rottura, che è allo stesso tempo un'incrinatura nella percezione lineare del tempo (e questo punto mi sembra una chiave di lettura anche degli anti-monumenti di Smithson), ma anche una frattura simbolica con l'illusione prospettica classica.

III. L'immagine latente

L'immagine all'interno è come l'orizzonte; separa gli elementi opposti. Se la forma fosse tagliata sul punto mediano (cosa che accade nelle Clessidre*), corrisponderebbe al punto mediano del livello dell'acqua...*
Giorgio Andreotta Calò[20]

EQ — Nel gioco complesso di strati e posizioni, che si dispiega, più che *nelle* opere, *tra* le opere di Andreotta Calò, l'immagine costituisce un elemento fondamentale, sul quale bisogna soffermarsi.

Anastasis (ἀνάστασις) è il titolo di un'opera del 2018. Questo termine greco indica in generale la resurrezione di Cristo e in particolare la raffigurazione di tale scena, divenuta canonica in ambito bizantino tra il

exhibition did the artist decide to close over the boat using a lead seal, as if welding a sarcophagus shut. A *sarcophagus* (a word composed of the Greek terms *sarx*, "flesh", and *phaghein*, "to eat" or "to consume") is a container, usually made of stone, intended to keep the body of a deceased person. In the case of *Volver*, what is sealed is not the flesh buried in the funerary rite, but the very moment the flight is performed, the artistic act itself—in other words, that unique and unrepeatable moment in the life of the artwork that, frozen in time by lead, rises up like an ascending body, consecrated and consigned to posterity in the symbolic form of a coffin, in a ritual that, to use your words, imposes itself as a form of *redemption*.

The same analogy is also found in a later work of art, *Preludio al Silenzio* [Prelude to silence] (Rome, 2013), for which Andreotta Calò collaborated with the Italian composer Alessandra Celletti, putting her in the ambiguous condition of having to compose a piece and write out the score, only to then abandon it forever. The artwork is constructed around the only performance of the piece, the *prelude*,[17] composed for harpsichord and broadcast live on Radio 3. In this case, too, after the performance, the artwork underwent an alteration: the artist decided to leave the score inside the instrument, soldering the cover shut. Thus, the *Preludio al Silenzio* becomes real and irreversible. The harpsichord's sound box becomes a coffin that contains the body of the performance, "buried", now inaccessible. As the artist explains: "The aim was to end the performance in such a way that it could not be done again, to underline that every gesture is unique and cannot be repeated: an action that is the opposite of the performance, because it is life that takes the place of representation".[18]

So it is no coincidence that the start of the exhibition at Pirelli HangarBicocca coincides with a video of the abyss, defined by the artist as a *prelude* to the show itself: a vibrant montage of images taken by a group of divers during a descent into the depths of the sea, in search of the steamship (called *Città di Milano* or "City of Milan") that sank near Filicudi island around one hundred years ago. The artist underlines that the video finds its reverse side in the analogue photographs located opposite the images of the divers.

After all, viewed together, the artworks on display speak of continuous immersions in the immanent dimension of experience, recovering the unrealized potential of the past, which can lead elsewhere, beyond given forms. In what you define as *wreckage aesthetics* we look for a form of reawakening: a reawakening made possible only through the permanent drift in the void that is created between events. This void, which none other than George Kubler called an "interchronic interval",[19] defines the time of becoming aware of the moment in relation to the history of events. In itself, this also entails a rupture, which is at the same time a crack in the linear perception of time (and for me this point seems to provide a key to interpreting Smithson's anti-monuments), as well as a symbolic fracture vis-à-vis classical perspectival illusion.

III. The Latent Image

> *The internal image is like the horizon; it separates the opposite elements. If the shape was cut at the median point (something that happens in the* Clessidre*), it would correspond to the median point of the water level...*
> Giorgio Andreotta Calò[20]

EQ — Within the complex game of layers and positions that unfolds not so much *in* the artworks of Andreotta Calò as *between* them, the image

V e il VI secolo. In questa raffigurazione trionfale, su un fondale di tombe scoperchiate, il Cristo tiene con la sinistra la croce del martirio mentre con la destra innalza Adamo, redimendo con questo gesto l'intero genere umano. Immagine suprema del risveglio come riscatto. Già nell'estetica del relitto, la dislocazione operata dall'arte appare come un *risveglio*, oppure, in termini psicanalitici, un *ritorno del rimosso* in un subconscio che non è solo individuale, ma collettivo: la risalita del relitto, il risveglio, l'anastasi è un atto identitario, che trascende l'individuale nell'universale.

Ed è precisamente su queste soglie che Andreotta Calò sembra operare, producendo con meticolosa attenzione delle sottili dislocazioni anacronistiche, in cui le tracce non consumate del tempo diventano apparizione, in cui le figure antiche irrompono nel contemporaneo – come un'ucronia. Allo stesso tempo nel relitto il passato non è cancellato, ma si è trasfigurato come simbolo della transitorietà del presente, dello stato di fragile sospensione dell'uomo. Quello che nelle parole di Georges Didi-Huberman dedicate alle *Delocazioni* di Claudio Parmiggiani è un "état de *survivance* qui n'appartient ni à la vie tout à fait, ni à la mort tout à fait, mais à un genre d'état aussi paradoxal que celui des spectres [...]"[21], in cui la traccia scava nell'immateriale, elusiva e negativa e si deposita come assenza, come ombra, in Andreotta Calò è strato e materia. Lo stato descritto da Didi-Huberman è per Andreotta Calò la *latenza*: attesa di ciò che non si è ancora rivelato totalmente, di ciò che rimane ancora in parte sommerso.

L'articolazione delle opere nell'esposizione, come un arcipelago o una costellazione (a seconda dell'emisfero), implica, come abbiamo visto, un'attività da parte del visitatore, invitato a una circumnavigazione. L'artista dissemina le opere, relitti o scogli, *Meduse* o *Clessidre*, non per il loro valore archeologico, ma per il loro potenziale *alchemico*: su questo fronte, le latenze sono gli strati come risonanze, capaci di evocare il demone dell'analogia, di suscitare apparizioni come le antiche pietre paesine, esaltate da Roger Caillois, o le macchie sui muri descritte da Leonardo nel *Trattato della pittura*.

La latenza si esprime poi al livello dell'opera, come tecnica. Per l'artista l'immagine non è riproduzione ma *proiezione*[22], attivazione di strati di memoria. Per questo, da anni si ingegna a esplorare tecniche fotografiche che permettono di prendere distanza dalla "freddezza" della documentazione archivistica. Invece di ricercare l'"aderenza al fatto compiuto", l'artista privilegia la via della "trasfigurazione"[23], ad esempio lavorando su tracce evanescenti con la polaroid. L'obiettivo è di costituire un repertorio di tecniche capaci di spingere l'immagine sul crinale dell'esperienza, tentando di attivare la sua capacità di fissare, "cristallizzare" la fluidità invisibile del tempo, lo spessore immateriale del vissuto, il teatro mobile e profondo delle presenze, più che riprodurre delle forme visibili. E in questo, come riconosce l'artista, tali processi assumono una funzione "catartica"[24].

MA — Il vuoto, l'assenza, la fluidità cristallizzata, come anche quell'intervallo intercronico di cui si parlava prima, sono tutte dimensioni di una "manifestazione della rappresentazione viva" – come l'avrebbe definita l'enigmatico Pavel Florenskij, spesso paragonato a Leonardo da Vinci, mistico, scienziato e filosofo di apocalittiche visioni di distruzione e ricostruzione cosmica. Nel suo *Saggio sull'Icona*[25] l'autore spiega che l'immagine viva è un'*apertura* dove ha luogo un continuo fluire, scorrere, un cambiamento; essa luccica, scintilla, pulsa continuamente e lo sguardo non si arresta mai sulla contemplazione interiore di una sola cosa. Non rimanda a un aldilà di un senso, non c'è nulla da interpretare e non c'è traccia né della prospettiva lineare, né di scorci, né di chiaroscuri, né di ombre. Non si tratta, dunque, di una rappresentazione in senso occidentale o panofskiano.

constitutes a fundamental element, which it is worth analyzing in detail.

Anastasis (ἀνάστασις) is the title of an artwork from 2018. This Greek term generally denotes the resurrection of Christ and in particular the representation of that scene, which became canonical in the Byzantine world between the fifth and sixth centuries. In this triumphal depiction, set against a backdrop of uncovered tombs, Christ holds the cross of martyrdom in his left hand, while with his right he holds aloft Adam, redeeming with this gesture all humankind: the ultimate image of reawakening as redemption. Already in *wreckage aesthetics*, the displacement implemented by art comes across as a *reawakening*, or, in psychoanalytical terms, a *return of the repressed* in a subconscious that is not only individual but collective: the resurfacing of the wreck, reawakening, *anastasis* is an identity-giving act, which transcends the individual and becomes universal.

And it is precisely on these thresholds that Andreotta Calò seems to operate, producing with meticulous attention a number of subtle anachronistic displacements, in which the unconsumed traces of time become an apparition, in which ancient figures break through into the contemporary artwork—like a sort of *ucronia* (an alternate history). At the same time, in the wreck the past is not erased, but it has been transfigured as a symbol of the transitory nature of the present, of man's condition of fragile suspension. What Georges Didi-Huberman states with reference to Claudio Parmiggiani's *Delocazioni* is a "state of *survival* that belongs neither altogether to life nor altogether to death, but rather to a kind of state as paradoxical as that of ghosts [...]",[21] in which the elusive and negative trace digs into the immaterial, and is deposited as absence, like a shadow, in Andreotta Calò it is layer and matter. The state described by Didi-Huberman is, for Andreotta Calò, *latency*: awaiting what has not yet been fully revealed, what remains still partially submerged.

The works of art in the exhibition, unfolding like an archipelago or a constellation (depending on the hemisphere), imply, as we have seen, an activity on the part of the visitor, who is invited to carry out a circumnavigation. The artist spreads out the artworks, wrecks or reefs, *Meduse* [Jellyfishes] or *Clessidre* [Hourglasses] not for their archaeological value, but for their alchemical potential: in this regard, the latencies are layers like resonances, capable of evoking the daemon of analogy, of conjuring apparitions like ancient Florentine marble, exalted by Roger Caillois, or the spots on walls described by Leonardo in *A Treatise on Painting* in the fifteenth century.

Latency is then expressed at the level of the artwork, as a technique. For Andreotta Calò, the image is not a question of reproduction but of *projection*,[22] of activating layers of memory. For this reason, for years he has been using his ingenuity to explore photographic techniques that make it possible to move away from the "coldness" of archival documentation. Rather than seeking out "adherence to the *fait accompli*", the artist prioritizes the path of "transfiguration",[23] working for example on evanescent traces with his Polaroid camera. The goal is to establish a repertoire of techniques that can drive an image to the edge of experience, in an endeavor to activate its ability to fix, "to crystallize" the invisible fluidity of time, the immaterial thickness of lived experience, the mobile and profound theatre of presences, rather than reproducing visible forms. And here, as the artist acknowledges, such processes take on a "cathartic" function.[24]

MA — The void, absence, crystallized fluidity, or that interchronic interval we were talking about earlier, are all dimensions of a "manifestation of the living depiction", as it would have been defined by the enigmatic

Lo sguardo è semplicemente chiamato a soffermarsi su di essa, a non uscire dal campo della visione, perché quell'immagine è un'*apparizione* in sé.

Ritornando a "CITTÀDIMILANO", al centro si scorge una sorta di cucitura alchemica con opere vissute in un altro tempo. Si tratta di citazioni temporali di opere precedenti, menzionate prima, tra cui le *Clessidre* e *Volver*. La connessione tra le opere non si limita a questa esposizione, ma rimanda ad altre, in una tessitura di riferimenti che compone una sottile scrittura sotterranea e permette alle opere di evocare, a ogni occasione, dei riflessi inediti. In "CITTÀDIMILANO" non riappare solo la barca-relitto di *Volver*, ma è esposto anche il carosello di diapositive che documenta il volo-performance dell'artista al timone del suo scafo mentre sorvola gli edifici e i grattacieli di Lambrate. Se osserviamo attentamente, ci rendiamo conto che sono gli stessi che appaiono nella grande fotografia analogica realizzata in occasione dell'esposizione milanese e che sono esposti sulla parete di fondo dello Shed. Questa veduta panoramica è ripresa dalla cima del Grattacielo Pirelli, orientata verso est, il che permette all'artista di tagliare la visione urbana in maniera orizzontale per far emergere la città-luogo come una riflessione speculare di qualcos'altro. Anche in questo caso, come in quello del relitto sottomarino, la città di Milano non appare nella sua *forma figurale*, ma si presenta come un riflesso mnemonico, il relitto di un'immagine remota, tra l'altro esposta a rovescio, e assume il ruolo di sfondo e fondale per l'intero ambiente chiudendo in qualche modo l'orizzonte. In quest'immagine, è la prospettiva rovesciata che permette l'intrusione anacronica di un'epoca nell'altra e, seguendo il cammino tracciato da Aby Warburg a Walter Benjamin, da Florenskij a Da Vinci, da Didi-Huberman a Smithson, trasforma l'immagine nel cuore stesso della riflessione artistica e filosofica sul tempo. Un tempo plurale, montato e smontato, sfasato ed eterogeneo: un tempo fatto di relitti e di latenze.

Per questo, come un arcipelago che non smette di soggiogarci, l'esposizione appare come il presente dormiente di un futuro anteriore. Come la traccia di qualcosa che un giorno *sarà stato*.

Pavel Florensky, who is often compared to Leonardo da Vinci as a mystic, scientist, and philosopher of apocalyptic visions of cosmic destruction and reconstruction. In his essay *On the Icon*,[25] the author explains that the living image is an *opening* where sustained flow and change take place; it sparkles, shimmers, throbs continuously, and the gaze never comes to rest on the inward contemplation of a single thing. It does not refer to something beyond meaning, there is nothing to interpret, and there is no trace of the linear perspective, nor glimpses, nor *chiaroscuro*, nor shadows. It is not, then, a representation in the Western or Panofskian sense. The gaze is simply asked to linger upon the depiction, and not to leave the field of vision, because that image is an *apparition* in itself.

Getting back to "CITTÀDIMILANO", in the center there is a sort of alchemical stitching with artworks experienced in another time. These are temporal citations of previous artworks, mentioned above, including *Clessidre* and *Volver*. The connection between the artworks is not limited to those on display but also refers to others, in an interweaving of references that composes a subtle subterranean writing and enables the artworks to evoke, on every occasion, new reflections.

In "CITTÀDIMILANO", not only does the boat-wreck of *Volver* reappear, but also on show is the carousel of slides documenting the artist's flight-performance at the helm of his vessel as it flies over the buildings and skyscrapers of Lambrate district. If we look carefully, we realize these are the same buildings that appear in the large analogue photograph made for the exhibition in Milan, on display on the back wall of the Shed. This panoramic view is taken from the top of the Pirelli skyscraper, looking east, allowing the artist to cut the cityscape horizontally so that the city-locus emerges as a mirror image of something else. In this case, too, as in that of the shipwreck, the city of Milan does not appear in its *figural form*. On the contrary, it is presented as a mnemonic reflection, the wreckage of a remote image, shown in reverse, taking on the role of background and backdrop for the entire exhibitions' environment and somehow closing off the horizon. In this image, it is the reversed perspective that enables the anachronic intrusion of one era into another and, following the path paved from Aby Warburg to Walter Benjamin, from Florensky to Da Vinci, from Didi-Huberman to Smithson, it transforms the image into the very heart of the artistic and philosophical meditation on time; a plural time, assembled and disassembled, out-of-synch and multifaced—a time made of remains and latencies.

For this reason, like an archipelago that never stops overwhelming us, the exhibition appears like the sleeping present of a future perfect. Like the trace of something that one day *will have been*.

1 "Il presente è il futuro del passato, non il passato del futuro". Ad Reinhard, "Twelve Rules for a New Academy" [1953, 1957], in Barbara Rose (a cura di), *Art as Art, The Selected Writings of Ad Reinhard*, California University Press, Berkeley 1991, p. 205.
2 Giorgio Andreotta Calò, in *30 gennaio – 7 febbraio 2008*, conversazione con Mara Ambrožič, *Premio Marco Magnani 2007*, catalogo della mostra, Silvana Editore, Sassari 2008, p. 26.
3 Giorgio Andreotta Calò, discussione con gli autori, febbraio 2019.
4 Jean-Luc Nancy, *Essere singolare plurale* [Être singulier pluriel, 1996], trad. di Davide Tarizzo, Einaudi, Torino 2001, p. XI.
5 *Ibidem*, p. XIV.
6 Maurice Merleau-Ponty, *Phénoménologie de la perception* (1945), Gallimard, Paris 1985, p. 118. Cf. Céline Flécheux, *L'horizon, Des traités de perspective au Land Art*, Presses Universitaires de Rennes, Rennes 2009.
7 Giorgio Andreotta Calò, discussione con l'autrice, Villa Arson, Nizza, 2013.
8 Robert Smithson, "A Sedimentation of the Mind: Earth Project" (1968), in *The Writings of Robert Smithson*, New York University Press, New York 1979, p. 106. Cfr. Gilles A. Tiberghien, "Robert Smithson et la nature", in Jean-Pierre Criqui, Céline Flécheux (a cura di), *Robert Smithson: mémoire et entropie*, Les presses du réel, Dijon 2018, pp. 241-255.
9 Smithson, *op. cit.*, p. 89.
10 George Kubler, *La forma del tempo. La storia dell'arte e la storia delle cose* [The Shape of Things, 1972], trad. di G. Casatello, Einaudi, Torino 1976, p. 21.
11 *Ibidem*, p. 51. Sull'influenza di Kubler su Smithson, cf. Pamela Lee, *Chronophobia, On Time in the Arts of 60s*, The MIT Press, Cambridge, Massachusetts, 2004.
12 Kubler, *op. cit.*, p. 28.
13 Andreotta Calò, *30 gennaio – 7 febbraio 2008*, cit. p. 32.
14 *Ibidem*, p. 32.
15 M. Ambrožič, "Riflessioni sulla realtà", in *#5 Scolpire il tempo*, Wilfried Lentz, Rotterdam 2010, p. 5 (edizione d'artista numerata pubblicata in occasione della mostra di Giorgio Andreotta Calò alla Wilfried Lentz Gallery, 2010).
16 Il testo, scritto dall'autrice nel 2008 in occasione della mostra personale di Giorgio Andreotta Calò presso la galleria Zero, Milano (2008), è pubblicato in questo volume a p. 154. Una versione rivista ed espansa è stata inoltre pubblicata in M. Ambrožič, "Atto Terzo. Volver. Riflessioni a termine di un volo", in A. Cataldo, G. d'Amaro (a cura di), *Cos'e il Contemporaneo? 2*, Edizioni Cleup, Padova 2009, pp. 43-48.
17 Anche il preludio può essere interpretato come un segno premonitore.
18 Giorgio Andreotta Calò, appunti inediti trascritti a Villa Arson a Nizza nel 2013.
19 Kubler, *op. cit.*, p. 25.
20 Giorgio Andreotta Calò, appunti inediti tratti da una conversazione con l'artista attorno a *Prima che sia notte*, MAXXI, Roma, giugno 2012.
21 "[...] uno stato di *sopravvivenza*, che non appartiene né del tutto alla vita, né del tutto alla morte, ma a una sorta di stato paradossale, come quello degli spettri". Georges Didi-Huberman, *Génie du non-lieu. Air, poussière, empreinte, hantise*, Les Éditions de Minuit, Paris 2001, p. 16. *Sculture d'ombra. Aria polvere impronte fantasmi*, Mondadori Electa, Milano 2010, p. 15.
22 Cfr. Giuliana Bruno, "Proiezioni liquide", in Cecilia Alemani (a cura di), *Il mondo magico*, catalogo Padiglione Italia, 57. Biennale di Venezia, 2017, Marsilio, Venezia 2017, pp. 162-185.
23 Cfr. Giorgio Andreotta Calò, *Intervista sulle camminate*, con Luca Lo Pinto, 2013.
24 *Ivi*.
25 Pavel Florenskij, *Le porte regali: Saggio sull'icona* (1922), a cura di Elemire Zolla, Adelphi, Milano 2007, pp. 11-16. Si veda anche N. Misler (a cura di), *La prospettiva rovesciata e altri scritti*, Gangemi Editore, Roma 1990, pp. 76-79.

1   Ad Reinhard, "Twelve Rules for a New Academy" [1953, 1957], in Barbara Rose (ed.), *Art as Art, The Selected Writings of Ad Reinhard*. Los Angeles and Berkeley: California University Press, 1991, p. 205.

2   Giorgio Andreotta Calò, in Mara Ambrožič, *30 gennaio – 7 febbraio 2008*, dialogue in *Premio Marco Magnani 2007*, exhibition catalog, Sassari: Silvana Editore, 2008, p. 26.

3   Giorgio Andreotta Calò, discussion with the authors, February 2019.

4   Jean-Luc Nancy, *Essere singolare plurale* [*Être singulier pluriel*, 1996], trans. Davide Tarizzo. Turin: Einaudi, 2001, p. XI. For the English translation of this dialogue, see "Dialogue of the Philosophy to Come", trans. Timothy Campbell, in *Minnesota Review 75*, no. 1 (2010), p. 74.

5   *Ibid.*, p. 76.

6   Maurice Merleau-Ponty, *Phenomenology of Perception* (1945), trans. Colin Smith. London: Routledge, 2002, p. 117. Cf. Céline Flécheux, *L'horizon, Des traités de perspective au Land Art*. Rennes: Presses Universitaires de Rennes, 2009.

7   Giorgio Andreotta Calò, public discussion with M. Ambrožič, Villa Arson, Nice, 2013.

8   Robert Smithson, "A Sedimentation of the Mind: Earth Project" (1968), in *The Writings of Robert Smithson*. New York: New York University Press, 1979, p. 110. Cf. Gilles A. Tiberghien, "Robert Smithson et la nature", in Jean-Pierre Criqui and Céline Flécheux (eds.), *Robert Smithson: mémoire et entropie*. Dijon: Les presses du réel, 2018, pp. 241–255.

9   Smithson, *op. cit.*, p. 110.

10 George Kubler, *The Shape of Things*. New Haven and London: Yale University Press, 1962, p. 33.

11 *Ibid.*, p. 77. On Kubler's influence on Smithson, cf. Pamela Lee, *Chronophobia, On Time in the Arts of 60s*. Cambridge (MA): The MIT Press, 2004.

12 Kubler, *op. cit.*, p. 43.

13 Andreotta Calò, *30 Gennaio – 7 Febbraio 2008*, cit., p. 33.

14 *Ibid.*, p. 33.

15 Mara Ambrožič, "Reflections on Reality", in *#5 Scolpire il tempo*, Rotterdam: Wilfried Lentz, 2010, p. 5 (numbered artist edition published on the occasion of Giorgio Andreotta Calò's show at Wilfried Lentz Gallery, 2010).

16 Mara Ambrožič, "Third Act. Volver. Reflections at the End of a Flight", in A. Cataldo (ed.), *Cos'è il Contemporaneo? 2. L'arte si racconta*. Padua: Edizioni Cleup, 2009, pp. 43–48. The text written by the author on the occasion of the exhibition is published in this volume on p. 155.

17 The prelude, too, can be interpreted as a premonition.

18 Giorgio Andreotta Calò, unpublished dialogue with the author, transcribed at Villa Arson in Nice in 2013.

19 Kubler, *op. cit.*, p. 25.

20 Giorgio Andreotta Calò, unpublished notes taken by M. Ambrožič during a conversation with the artist on *Prima che sia notte*, MAXXI, Rome, June 2012.

21 Georges Didi-Huberman, *Génie du non-lieu. Air, poussière, empreinte, hantise*. Paris: Les Éditions de Minuit, 2001, p. 16.

22 Cf. Giuliana Bruno, "Proiezioni liquide", in Cecilia Alemani (ed.), *Il mondo magico*, catalog for the Italian Pavilion, 57th Venice Biennale, 2017, Venice: Marsilio Editori, 2017, pp. 162–185.

23 Cf. Giorgio Andreotta Calò, *Intervista sulle camminate*, with Luca Lo Pinto, 2013.

24 *Ibid.*

25 Pavel Florensky, *Le porte regali: Saggio sull'icona* (1922), ed. Elemire Zolla. Milan: Adelphi, 2007, pp. 11–16. See also N. Misler (ed.), *La prospettiva rovesciata e altri scritti*. Rome: Gangemi Editore, 1990, pp. 76–79.

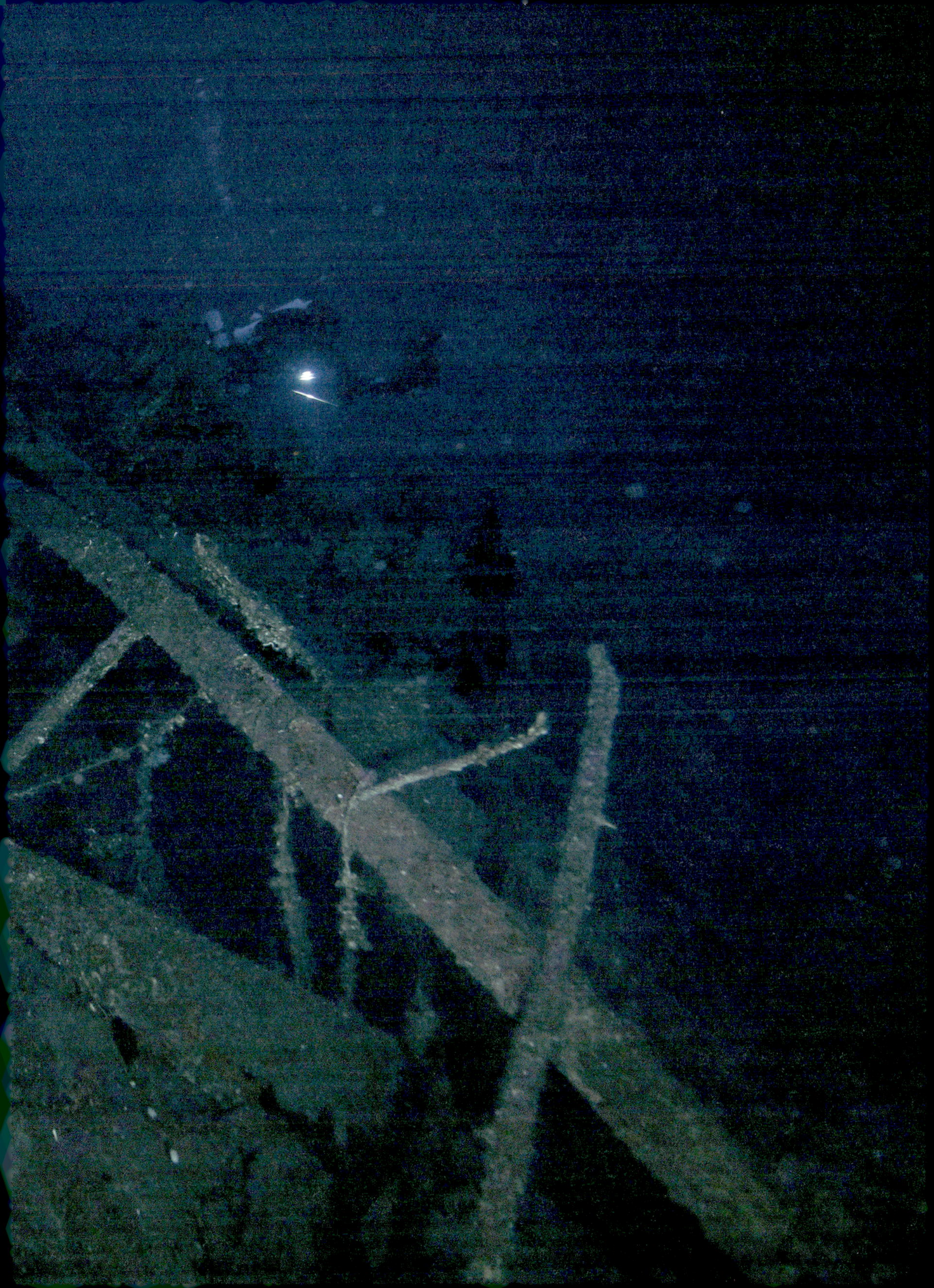

Divenire geologico.
Discesa nella materia
Riccardo Venturi

le sublime est en bas
Victor Hugo

I. Doppia profondità

In una doppia profondità comincia e finisce "CITTÀDIMILANO" di Giorgio Andreotta Calò, una profondità che è assieme acquatica e geologica e coincide con una vera e propria discesa nella materia.

Già prima di penetrare nell'ampio spazio aperto dello Shed c'imbattiamo in un video in cui distinguiamo dei sommozzatori (*Senza titolo [Jona]*, 2019) che illuminano gli abissi marini alla ricerca del piroscafo Pirelli affondato nel 1919. "Prima imbarcazione in Italia a effettuare la posa e il monitoraggio dei cavi sottomarini che collegavano le isole minori", come viene presentato nel libretto della mostra, il piroscafo s'incaglia mentre cabla le isole del Mediterraneo, inabissandosi a 90 metri di profondità a Capograziano, sull'isola di Filicudi, dove giace da allora.

Questi "lavoratori del mare", per citare il celebre romanzo di Victor Hugo (*Les Travailleurs de la mer*, 1866), diventano l'immagine dello spettatore di "CITTÀDIMILANO" soprattutto quando si visita Pirelli HangarBicocca al crepuscolo. Questi lavoratori del mare diventano anche immagine del modo di lavorare di Andreotta Calò: li vediamo esplorare il relitto che l'acqua allo stesso tempo ha inghiottito e conservato, ha sottratto alla vista e preservato. Il relitto e l'acqua sono infatti due elementi vicini alla sensibilità dell'artista.

Nel primo ritroviamo la sua predilezione per i prelievi, le schegge (come quella della montagna di Carrara in *Per ogni lavoratore morto*, 2010), le materie di origine animale e vegetale, la costruzione di falsi reperti e altri *objets trouvés* i quali, come leggiamo in un'intervista, sono stati per lui più importanti del ready-made[1]. Un relitto è un corpo morto gettato in mare con una zavorra che lo tira giù lentamente e lo lascia depositare sul letto marino, cimitero subacqueo come è stato storicamente inteso: "L'immagine di un grande cimitero abissale, dove riposano indisturbate e per sempre le vittime di innumerevoli naufragi, ricorre tante volte non solo nei racconti di mare, ma anche nelle memorie e nei resoconti scientifici"[2]. È il caso, per fare un esempio, di Jacques Piccard che, nel 1960, scese nella fossa delle isole Marianne a 11.000 metri sotto il livello del mare: "Nel regno di Nettuno [...] perfino le sostanze più deperibili, una volta arrivate sul fondo, si dovrebbero conservare per sempre. Convinti di questa cosa, i marinai di un secolo fa si immaginavano che il mare imbalsamasse i loro morti"[3].

Quanto al secondo elemento, l'acqua, è a Venezia, di cui l'artista è originario, che assume un carattere specifico colto, meglio di altri, dal poeta russo Iosif Brodskij a seguito di una frequentazione con la città protrattasi per diciassette anni. Nella sua mente l'acqua è anzitutto *tempo*, rivelatore dell'immagine in movimento: "[...] e la notte di Capodanno, con un gusto un po' pagano, cerco sempre di trovarmi vicino all'acqua, possibilmente davanti a un mare o a un oceano, per assistere all'affiorare di una nuova porzione, di un'altra tazza di tempo. Non cerco una Sirenetta nuda a cavallo di una conchiglia; voglio vedere una nuvola o la cresta di un'onda che lambisce la riva a mezzanotte. Questo, per me, è tempo che esce dall'acqua"[4].

Nella sua mente l'acqua è anche *memoria*, in quanto "ha riflesso l'immagine di chiunque abbia vissuto o anche solo soggiornato in questa città, di chiunque sia andato a zonzo o a guado per queste strade, come tu stai facendo adesso. Non stupisce

Becoming Geological:
the Descent Into Matter
Riccardo Venturi

le sublime est en bas
Victor Hugo

I. Double Depth

Giorgio Andreotta Calò's "CITTÀDIMILANO" begins and ends in a double depth—a depth that is both aquatic and geological, and which coincides with a genuine descent into matter.

Even before penetrating the large open space of the Shed, we come upon a video (*Senza titolo (Jona)* [Untitled (Jona)], 2019) in which we can discern a number of deep-sea divers who are illuminating the watery depths as they search for the wreck of the Pirelli steamship, which sank in 1919. Described in the exhibition booklet as the "first ship in Italy to lay and monitor the undersea cables that connected the smaller islands", the steamship became stranded while it was cabling the islands of the Mediterranean, sinking to a depth of 90 meters at Capograziano, off the island of Filicudi, where it has lain ever since.

These "toilers of the sea", to cite the famous novel by Victor Hugo (*Les Travailleurs de la mer*, 1866), become the image of the viewer of "CITTÀDIMILANO" especially when we visit Pirelli HangarBicocca at dusk. The toilers of the sea also become the image of Andreotta Calò's way of working: we see them explore the wreck, which the water has at once swallowed and conserved, removing it from sight while also preserving it. Wrecks and water are two significant elements of the artist's sensibility.

In the former, we find his predilection for samples, splinters (like that of the Carrara mountain in *Per ogni lavoratore morto* [For every dead worker], 2010), materials of animal or vegetable origin, the construction of faked relic and other *objets trouvés* which, as we can read in an interview, have proved to be more important for him than ready-mades.[1] A wreck is a dead weight thrown into the sea with a sinker that pulls it down slowly and brings it to rest on the sea bed, the underwater cemetery, as it has traditionally been interpreted: "The image of a great abyssal burial ground, where the victims of innumerable shipwrecks rest undisturbed forever, recurs many times not only in tales of the sea, but also in memoires and scientific reports".[2] This was the case, to cite one example, of Jacques Piccard who, in 1960, descended into the Mariana Trench at 11,000 meters below sea level: "In the realm of Neptune [...] even the most perishable substances, once they reach the bottom, should be preserved indefinitely. Convinced by this idea, the sailors a century ago imagined that the sea embalmed their dead".[3]

In relation to the second element—water—it was in Venice, the artist's home town, that it took on a specific, character which the Russian poet Joseph Brodsky understood more so than others, following his 17-year-long stay in the city. In his mind, water is first and foremost *time*, revealer of the image in movement: "[...] and every New Year's Eve, in somewhat pagan fashion, I try to find myself near water, preferably near a sea or an ocean, to watch the emergence of a new helping, a new cupful of time from it. I am not looking for a naked maiden riding on a shell; I am looking for either a cloud or the crest of a wave hitting the shore at midnight. That, to me, is time coming out of water".[4]

In his mind, water is also *memory*, in that "it reflected everybody who ever lived, not to mention stayed, in this city, everybody who ever strolled or waded its streets in the way you do now. Small wonder that it looks muddy green in the daytime and pitch black at night, rivaling the firmament".[5]

che di giorno si colori di verde, come il fango, e diventi nera come la pece di notte, quando fa concorrenza al firmamento"[5].

Nella sua mente l'acqua è poi *pensiero*, secondo la natura concettuale del riflettere nonché, infine, *antiform*, per riprendere un termine associato alla scultura degli anni settanta, un humus in cui maturano temi e figure che ritroviamo oggi nell'opera di Andreotta Calò. L'acqua infatti, pronta ad assumere qualsiasi conformazione, resiste a cristallizzarsi in una forma particolare, non diversamente dalla nebbia che "trascina la città fuori dal tempo", cancella i riflessi e "tutto ciò che abbia forma: edifici, esseri umani, porticati, ponti, statue"[6].

Con *Senza titolo (Jona)* tuttavia gli elementi del tempo, della memoria, del pensiero e persino quello dell'*antiform* (inteso come processo contrario alla forma che da questa pertanto ha preso avvio e ne resta il metro di riferimento) tendono ad attenuarsi. L'acqua infatti non è più una distesa ma un abisso. Non deve sfuggirci la portata storica di tale slittamento, dalla scoperta dello *spazio oceanico* a quella dello *spazio pelagico*, ovvero dalla distesa orizzontale del mare alla distesa verticale e vertiginosa della profondità – un aspetto che è al cuore della pratica di Giorgio Andreotta Calò e che "CITTÀDIMILANO" sviluppa appieno nel percorso offerto allo spettatore che evolve nello Shed. Per secoli l'oceano è stata una distesa da percorrere ed esplorare in orizzontale; inabissarsi là dove non arriva la luce del giorno che è anche luce divina, luce della ragione, luce della coscienza, luce che permette di situare chiaramente un soggetto in un luogo delimitato, era considerata un'impresa irta di pericoli. Scendere nella notte perenne senza immagini, nell'abisso liquido voleva dire privarsi del potere offerto dallo sguardo, esporre lo sguardo a un niente da guardare e quindi ai suoi limiti; condannarlo a distinguere ombre senza figura se non un'oscurità informe in cui pullulano mostri marini e altre forme di vita precedenti quella dell'uomo. Scendere in questo liquido che, con la profondità, acquista densità, equivale simbolicamente a squarciare il corpo della Terra, ad auscultarne l'interno, a frugarne i recessi più nascosti – una discesa nella materia.

Negli abissi invece tutto si fa oscurità (in *Senza titolo [Jona]* i sommozzatori sono dotati di torce come lucciole), silenzio (il video è muto), distesa informe (il video non offre, non può offrire alcun punto di riferimento, alcuna indicazione precisa come per la navigazione). Che negli abissi il tempo sia sottoposto alla stessa velocità di scorrimento che in superficie? Oppure, come sembra dimostrare lo stato di conservazione d'imbarcazioni di civiltà scomparse colate a picco, che la profondità batigrafica corrisponda al tempo profondo della geologia? Che queste navi siano i fossili marini della nostra civiltà?

Penetriamo nello spazio aperto dello Shed dove è allestita "CITTÀDIMILANO": al nostro sguardo si spalancano oltre 1500 metri lineari di elementi cilindrici segmentati, parte dei *Carotaggi* cominciati nel 2014 nella miniera della Carbosulcis, assieme ad alcuni innesti veneziani (*Produttivo*, 2018-19, e *Carotaggio*, 2014-17). Seguendo il percorso, li attraversiamo in orizzontale e non in verticale e ci rendiamo presto conto che si tratta di una discesa in profondità. I carotaggi sono infatti disposti in ordine stratigrafico, da meno 350 a meno 450 metri di profondità, corrispondenti al sottosuolo geologicamente *produttivo* (titolo dell'installazione), in quanto contengono campioni di rocce vulcaniche, calcare, carbone e combustibili fossili.

Nel carotaggio, rotondo come l'anello di un albero, è inscritta la stratificazione del tempo. Chi ha nozioni di geologia individuerà nelle sue tonalità cromatiche un livello stratigrafico preciso e i minerali corrispondenti. È il caso, ad esempio, del carbone, che ricorre in diversi punti, o del caranto, strato limaccioso che tiene letteralmente in piedi Venezia e al cui destino è legata la sopravvivenza o lo sprofondamento della città. I carotaggi sono leggibili come piante geologiche che spazializzano la profondità, la cartografano su un piano, ma anche come un viaggio nel tempo di cui ci sfugge l'ampiezza.

"CITTÀDIMILANO" si chiude con un film muto 16mm girato nella miniera di estrazione del carbone Sulcis Iglesiente in Sardegna (*In girum imus nocte*, 2014).

In his mind, water is also *thought*, in accordance with the conceptual nature of reflecting and, last of all, *antiform*, to reutilize a term associated with the sculpture of the 1970s, a humus for the maturation of the themes and figures that we find again today in Andreotta Calò's oeuvre. Indeed, water—ready to take on any shape—resists being crystallized into a particular form, in the same way as the fog that "renders this place more extemporal", obliterating not only reflections but "everything that has a shape: buildings, people, colonnades, bridges, statues".[6]

With *Senza titolo (Jona)* [Untitled (Jona)], however, the elements of time, of memory, of thought and even of *antiform* (i.e. a process contrary to form, but one that comes into being through form and for which form remains the yardstick) tend to diminish. Water, indeed, is no longer an expanse but an abyss. The historic importance of this shift—from the discovery of the *oceanic space* to that of the *pelagic space*, or in other words, from the horizontal expanse of the sea to the vertical, vertiginous expanse of the deep—should not be lost on us, since it is an aspect that lies at the heart of Giorgio Andreotta Calò's practice and which "CITTÀDIMILANO" develops fully on the journey offered up to the viewer as it evolves in the Shed. For centuries, the ocean was an expanse to be travelled across and explored horizontally. The thought of sinking down beyond the reach of the sunlight—which is also the divine light, the light of reason, the light of consciousness, the light that makes it possible to situate clearly a subject in a delineated place—was considered an endeavour fraught with danger. To descend into the perennial, imageless night, into the liquid abyss, was to deprive oneself of the power offered by the gaze, exposing it to a nothing to look at and therefore pushing it to its limits, condemning it to distinguish shapeless shadows and even to have to deal with a formless darkness awash with a proliferation of sea monsters and other life forms that arose before humankind. Indeed, to sink down into this liquid that, with depth, acquires density, equated symbolically to ripping open the body of the Earth, auscultating its insides, ransacking its most concealed recesses—a descent into matter, in other words.

In the depths, for their part, everything becomes darkness (the divers in *Senza titolo (Jona)* are equipped with torches like fireflies), silence (the video has no audio), formless expanses (the video does not and cannot offer any reference point, any precise indication for navigation). Is time in the depths subject to the same flow speed as it is on the surface? Or, as seems to be demonstrated by the state of preservation of the boats of disappeared civilizations that have been dragged down to the sea bed, is it the case that the bathygraphic depths correspond to the deep time of geology? Are these ships the marine fossils of our civilization?

Let us penetrate the open space of the Shed, where "CITTÀDIMILANO" is installed. Opening out before our eyes we see more than 1500 linear meters of segmented cylindrical elements, part of the *Carotaggi* [Core samples] begun in 2014 in the Carbosulcis mine, together with a number of Venetian transplants (*Produttivo* [Productive], 2018–19 and *Carotaggio* [Core sample], 2014–17). Following the path, we cross over them horizontally and not vertically, and we soon realize that we are dealing with a descent to the depths. Indeed, the core samples are arranged in stratigraphic order, from -350 to -450 meters deep, corresponding to the levels of geologically *productive* sub-soil (hence the title of the installation), and accordingly they contain samples of volcanic rocks, limestone, coal and fossil fuels.

Inscribed in the core sample, round like the rings of a tree, is the layering of time. Those familiar with geology will identify in its chromatic tones a specific stratigraphic level, as well as the corresponding minerals. This is the case, for example, of coal, which recurs at various points, and of *caranto*, a muddy layer thanks to which Venice is still standing and on which the sink-or-swim fate of the city depends. The core samples can be read as geological maps that spatialize the depths, charting them on a plane, but also as a journey through time, the scale of which is beyond us.

"CITTÀDIMILANO" ends with a 16mm silent film shot in the Sulcis Iglesiente coal mine in Sardinia (*In girum imus nocte* [We go round and round in the night], 2014). In 2013–15, Andreotta Calò paid numerous visits to the mining facility

Nel 2013-15 Andreotta Calò frequenta il parco minerario tra Carbonia e Nuraxi Figus e collabora con la Carbosulcis, ultima miniera d'estrazione del carbone ancora attiva in Italia.

Nel film minatori e pescatori camminano dal tramonto all'alba dalla sede della Carbosulcis all'isola di Sant'Antioco, dove brucia una barca di legno che si trasforma in carbone. È il 4 dicembre 2014, Santa Barbara, patrona dei vigili del fuoco, degli artificieri, dei minatori. Un ascensore-gabbia con circa settanta operai scende infine a 500 metri sottoterra in direzione degli impianti di estrazione.

È con questa immagine proiettata in un angolo buio, defilato e isolato dal resto del percorso, che si chiude "CITTÀDIMILANO". Assieme all'ascensore, i minatori, l'artista e noi spettatori c'inabissiamo in un luogo ignoto verso il centro della terra. Cosa troveremo? Che l'abisso in quanto luogo topografico ed esistenziale ha un fondo? Lo toccheremo, lo addomesticheremo, lo modelleremo come un qualsiasi paesaggio o continueremo, piuttosto, a inabissarci come avviene in ogni ricerca dell'origine?

Perché, è chiaro, più si scava più si realizza che, al di sotto, c'è un altro fondo che poggia a sua volta su qualcos'altro che, da una regressione all'altra, resta, in finale, insondabile, inaccessibile alla ragione scientifica e persino all'attività onirica, alla coscienza e alla *rêverie* ("Il sogno è l'acquario della notte", scriveva Hugo)[7]. Come nella città di Venezia, che ha plasmato lo sguardo e, in seguito, il lavoro di Giorgio Andreotta Calò, che la legge non come una semplice laguna, ma come una stratificazione complessa di luce, acqua, caranto. E non sorprende che proprio a Venezia il lavoro di Gordon Matta-Clark gli venga in aiuto, per la sua attenzione al mondo infero che giace sotto l'architettura di superficie e che è più profonda rispetto alla sua estensione in altezza.

Come nella leggenda cosmica attorno al Bahamut, un animale fantastico, citata da Borges nel *Libro degli esseri immaginari*: "Dio creò la terra, ma la terra non aveva sostegno, e così sotto la terra creò un angelo. Ma l'angelo non aveva sostegno, e così sotto i piedi dell'angelo creò una rupe fatta di rubino. Ma la rupe non aveva sostegno e così sotto la rupe creò un toro con quattromila occhi, orecchie, nasi, bocche, lingue e piedi. Ma il toro non aveva sostegno, e così sotto il toro creò un pesce chiamato Bahamut, e sotto il pesce mise acqua, e sotto l'acqua mise oscurità, e la scienza umana non vede oltre quel punto"[8].

II. Vita geologica

Non potendo andare oltre, teniamo fermo questo punto e riprendiamo il filo del nostro ragionamento. Utilizzando ogni volta un medium diverso, "CITTÀDIMILANO" ci presenta tre discese nella materia, leggibili anche, se ci teniamo agli elementi, come una doppia profondità, marina e geologica. In ordine, incontriamo l'abisso liquido custode di relitti; le indagini diagnostiche e stratigrafiche dei carotaggi; il ventre della terra crivellato dai minatori.

Le immagini del video marino restano sospese in una terra incognita, non misurabile e non perimetrabile, in cui s'intravede solo quella porzione di spazio illuminata dalle torce dei lavoratori del mare. I carotaggi sono allestiti come la cartografia in rilievo di un territorio frastagliato, un arcipelago che attraversiamo cogliendone sulle prime l'estensione piuttosto che la profondità. Una profondità, per inciso, inscritta in superficie. Il film ci lascia penetrare in una dimensione ctonia, *underground*, in cui le nostre coordinate spazio-temporali sono inservibili, incapaci di misurare lo sprofondamento di quell'ascensore – e quel sostrato di oscurità che, per riprendere la cosmologia di Borges, un dio ha messo giusto sotto l'acqua.

Non solo: la discesa nella materia è nelle opere quanto nel metodo stesso, nel modo di lavorare di Andreotta Calò. L'artista trascorre lunghi periodi in pochi luoghi scelti – che sia la laguna o una miniera – per coglierne la stratigrafia materiale quanto mentale, immaginaria e simbolica. Al punto che, mentre vediamo assieme *In girum*

located between Carbonia and Nuraxi Figus, and collaborated with the Carbosulcis company, which runs the last coal mine still operating anywhere in Italy.

In the film, miners and fishermen walk from sunset until sunrise from the Carbosulcis headquarters to the island of Sant'Antioco, where a wooden boat is burning and, in the process, being carbonized. It is 4 December 2014, the feast day of Saint Barbara, patron saint of firefighters, artificers, miners. A cage lift with around 70 workers descends 500 meters underground towards the extraction site.

It is with this image, projected into a dark, secluded corner, isolated from the rest of the path, that "CITTÀDIMILANO" comes to an end. Together with the lift, the miners, the artist and us, the viewers, all sink down to an unknown place, in the direction of the center of the Earth. What will we find? That the abyss, as a topographical, existential place, must have a bottom? Will we touch it, tame it, shape it like any other landscape, or will we continue to sink downwards, as happens in any search for the source?

Because it is clear that the more you dig, the more you realize that, down below, there is another bottom that rests, in turn, on something else that, from one regression to another, remains, in the end, unfathomable, inaccessible to scientific reasoning and even to dreams, to consciousness and to *rêverie* (as Hugo put it: "The dream is the aquarium of the night").[7] The same applies to Venice, which has shaped the perspective and, subsequently, the work of Giorgio Andreotta Calò, who reads the city not as a simple lagoon but as a complex stratification of light, water and *caranto*. And it comes as no surprise that it was in Venice that the work of Gordon Matta-Clark came to his aid, thanks to its focus on the world that lies below the architecture on the surface, which actually extends further downwards than it does upwards.

There is also a parallel to be drawn with the cosmic legend of Bahamut, a mythical animal mentioned by Borges in his *Book of Imaginary Beings*: "God made the earth, but the earth had no base and so under the earth he made an angel. But the angel had no base and so under the angel's feet he made a crag of ruby. But the crag had no base and so under the crag he made a bull endowed with four thousand eyes, ears, nostrils, mouths, tongues and feet. But the bull had no base and so under the bull he made a fish named Bahamut, and under the fish he put water, and under the water he put darkness, and beyond this men's knowledge does not reach".[8]

II. Geological Life

Since we can go no further, let us leave that point there and return to the thread of our argument. Using a different medium every time, "CITTÀDIMILANO" offers us three descents into matter, which can also be read—if we stick to the elements—as a double depth, marine and geological. In order, we encounter the liquid abyss that is the custodian of wrecks; the diagnostic and stratigraphic surveys of the core samples; and the bowels of the Earth riddled by the miners.

The images in the marine video are suspended in an unknown land—one that cannot be measured or encompassed—in which we can glimpse only that portion of space illuminated by the torches of the toilers of the sea. The core samples are arranged like a relief map of a jagged territory, an archipelago of which, as we cross it, we initially grasp the extent rather than the depth. It is a depth that, incidentally, is inscribed on the surface. The film allows us to penetrate a chthonic, underground dimension, in which our spatial-temporal co-ordinates are of no use, unable to measure the descent of that lift—and that substrate of darkness which, to return to Borges's cosmology, a god has placed right under the water.

That is not all: the descent into matter is to be found as much in the works as in the method itself, in Andreotta Calò's way of working. The artist spends long periods in a small number of selected locations—be it the lagoon or a mine—to capture their stratigraphy, both material and mental, imaginary and symbolic, to the extent

imus nocte, lo sento evocare le *Memorie del sottosuolo*. E tali sono le tre opere citate che, se non necessitano, da parte nostra, del minimo movimento fisico, si offrono come tre esperienze intime.

In quanto tali, ognuna contiene un "potenziale inespresso", cui Andreotta Calò accenna riguardo ai suoi lavori e interventi, e che è compito degli spettatori e della critica far emergere: "Il potenziale inespresso insito in un luogo o in un oggetto è un'idea che coincide con la radioattività. Intesa in senso filosofico prima che scientifico. Un'attività invisibile, ma presente, che va sviscerata attraverso un recupero. Un frammento prelevato dalla realtà e riattivato attraverso il processo creativo"[9].

Ora, qual è il potenziale inespresso della doppia profondità che sigilla "CITTÀDIMILANO"? Diverse le risposte possibili; la mia ipotesi è che la discesa nella materia sia legata alla *vita geologica*, una nozione su cui Kathryn Yusoff, che insegna Geografia non-umana alla University of London, lavora da anni[10].

Procedo per brevi cenni. Con l'Antropocene l'*anthropos* si rende conto di essere una forza geologica su scala planetaria, ovvero di essere dotato di un'*agency* geologica – o "potenza di agire" secondo la traduzione di Bruno Latour – che non ha mai preso in considerazione. Abituati a pensare la soggettività biologica e sociale e, al limite, a riconoscere le tracce del nostro impatto sulla Terra, abbiamo difficoltà a pensare quella geologica. Teniamo ben distinti l'umano e il geologico, senza considerare quello che condividono. Eppure l'Antropocene non solo stravolge i rapporti tra storia naturale e storia umana, tra Terra e Uomo, tra Gaia e Anthropos, ma rielabora gli stessi termini della relazione, la loro identità e distinzione, il loro definirsi in opposizione l'uno con l'altro. L'opposizione natura-cultura, umano-non umano non ha ragione di essere dal momento che, un punto caro a Timothy Morton[11], entrambi i termini fanno parte della stessa biosfera. Kathryn Yusoff propone, tra l'altro, una rimineralizzazione delle origini dell'umano, dove il geologico diventa parte costituente della sua soggettività. Un essere mineralogico e non solo biologico che resta da pensare, non senza difficoltà: come descriverlo quando il nostro stesso linguaggio – incluso quello della storia dell'arte, come denunciava già George Kubler – è gravido di metafore biologiche?

Come pensare il tempo profondo di cui la geologia è portatrice? Come integrare la nuova temporalità spalancata dall'Antropocene nell'umano? In che modo il tempo geologico s'inscrive nel corpo e nella vita umani e in che modo c'induce a pensare la temporalità di forze inumane al suo interno?

Al di là di una visione umanista che lo considera come una forza disumanizzante, come pensare l'inumano in quanto elemento che costituisce materialmente le possibilità della vita? Come allargare le scienze umane alle scienze inumane dimostrando l'impatto che le seconde hanno sulle prime? Come gettare le basi di un umanesimo non antropocentrico?[12]

Il "geological turn" prende sul serio non solo la nostra vita biologica e biopolitica ma anche la nostra vita geologica e geopolitica. Per riassumerlo con una formula, all'epoca dell'Antropocene, il divenire geologico non si limita ad *antropomorfizzare il geologico* ma si spinge fino a geologizzare l'anthropos. Il lavoro di Giorgio Andreotta Calò, alla cui realizzazione contribuiscono competenze artistiche quanto geologiche, ci aiuta a comprendere l'impatto che quest'agency geologica può avere sulla produzione artistica e visiva, sulla sfera estetica in un tempo in cui l'uomo non abita più poeticamente su questa Terra.

III. Carotaggio esistenziale

Se la nozione di vita geologica resta da determinare, le domande che solleva, a cui ho in parte accennato, danno una prima idea del programma teorico e pratico che ci troviamo davanti, vasto ed esigente per i nostri tempi di crisi. Alcune pratiche artistiche contemporanee – come "CITTÀDIMILANO" di Giorgio Andreotta Calò dimostra – vanno in questa direzione, entrando in dialogo con la geologia e altre competenze

that, while we watch together *In girum imus nocte*, I hear evoked the *Notes from the Underground*. And this applies to the three works cited, which—while they do not require the least physical effort from us—offer themselves up as three intimate experiences.

As such, each contains an "unexpressed potential", which Andreotta Calò hints at in his works and artistic interventions, and which the viewers and the critics are tasked with bringing out: "The unexpressed potential inherent in a place or an object is an idea that coincides with radioactivity—in the philosophical sense more than the scientific sense. It is an activity that is invisible, yet present, which is investigated through salvaging: a fragment taken from reality and reactivated through the creative process."[9]

Now, what is the unexpressed potential of the double depth embodied by "CITTÀDIMILANO"? There are various possible answers; my feeling is that the descent into matter is linked to the *geological life*, an idea on which Kathryn Yusoff, who teaches Non-Human Geography at the University of London, has been working for years.[10]

I shall provide some context here. With the Anthropocene, the *anthropos* realises that it is a geological force on a planetary scale, that it is blessed with geological agency—or "power to act" in Bruno Latour's translation—that it has never taken into consideration. Accustomed to thinking in terms of biological and social subjectivity and, at a push, to recognising the traces of our impact on the Earth, we struggle to think in geological terms. We keep the human and the geological separate, without reflecting upon how much they have in common. And yet the Anthropocene is not only turning upside down the relationship between natural history and human history, between Earth and Man, between Gaia and Anthropos, it is also resetting the very terms of the relationship, their identity and distinction, their definition in opposition to each other. The nature/culture, human/non-human opposition has no raison d'être given that—as Timothy Morton likes to stress[11]—they are both part of the same biosphere. Amongst other ideas, Kathryn Yusoff proposes a remineralisation of the origins of mankind, where the geological element becomes a constituent part of its subjectivity. A mineralogical rather than purely biological being is not easy to envisage: how can we describe it when our very language—including that of the history of art, already denounced by George Kubler—is laden with biological metaphors?

How should we think about the deep time of which geology is the carrier? How should we integrate the new temporality opened up in mankind by the Anthropocene? In what way is geological time inscribed in the body and in the life of human beings and how does it lead us to think about the temporality of inhuman forces within it?

Over and above a humanist vision that considers it to be a dehumanizing force, how can we get our heads round the inhuman as an element that materially constitutes the possibilities of life? How can we widen out the human sciences to take in the inhuman sciences, demonstrating the impact that the latter have on the former? How can we lay the foundations for a non-anthropocentric humanism?[12]

The so-called "geological turn" takes seriously not only our biological and biopolitical life but also our geological and geopolitical life. To sum it up succinctly, in the Anthropocene epoch, becoming geologic not limited to *anthropomorphising the geological*; on the contrary, it goes so far as to *geologise the anthropos.* The work of Andreotta Calò, in which geological skills have as much of a part to play as their artistic counterparts in the process of realisation, helps us to understand the impact that this geological agency can have on artistic and visual production, on the aesthetic sphere at a time in which mankind no longer poetically inhabits this Earth.

III. Existential Core Sampling

If the notion of geological life is yet to be defined, the questions that it raises, which I have partially touched upon, give us an initial idea of the theoretical and practical programme that we have to deal with, which is an immense and demanding one in

scientifiche, se solo pensiamo alla realizzazione dei carotaggi. Non solo: entrano in dialogo anche con i territori più liminari degli esperimenti scientifici, lontano dalla scienza ufficiale e dall'analisi razionale di dati raccolti in laboratorio, quando lo scienziato s'investe in prima persona e la scienza incontra la performance. Insistendo sulla discesa vertiginosa nella profondità della materia e sul divenire geologico – che, come accennavo, considero come il potenziale inespresso delle opere di Andreotta Calò – mi torna in mente il caso dello speleologo francese Michel Siffre.

Nel 1961 Siffre è in Italia per studiare il ghiacciaio al fondo della voragine di Scarasson nel massiccio di Marguareïs, nelle Alpi marittime. Nel corso di tale "camping sotterraneo" gli balena l'idea di un esperimento estremo. L'anno successivo, appena ventitreenne, decide di trascorrere due mesi in una caverna sotterranea accampandosi a circa 110 metri di profondità. Entra il 16 luglio 1962 con l'idea di restarci fino al 14 settembre. Vive in un ambiente immerso perennemente nell'oscurità totale; con sé ha solo una torcia elettrica e una lampadina di 4.5 volt. Non ha alcun marcatore temporale, che sia un calendario, un orologio, un medium che lo metta in comunicazione col mondo esterno.

Si baserà solo sulle sue sensazioni: dormirà quando avrà sonno, mangerà quando avrà fame, farà una passeggiata quando ne avrà voglia e così via. La sua vita sotterranea sarà dettata esclusivamente dai bisogni percepiti dal suo corpo-mente, senza alcun condizionamento esterno che non sia l'atmosfera avvolgente della grotta. Il suo corpo sarà l'unico organo percettore del tempo, interno quanto esterno.

Le condizioni "esterne" sono estreme: oltre alla solitudine abissale, le temperature ghiacciate scendono a -0,5°, il tasso di umidità è al 98%, gli smottamenti e le frequenti frane di ghiacciai e pietre minacciano di seppellire la sua tenda di appena dieci metri quadrati. Senza contare il rischio d'intossicazione da monossido di carbonio generato dal fornello.

Le condizioni "interne" o fisiche non sono da meno: la sua temperatura corporea scende a 34°. I suoi ritmi biologici sono registrati e monitorati da una équipe esterna accampata all'ingresso della grotta a 2000 metri d'altitudine. Attraverso una linea telegrafica Siffre comunica le sue intenzioni di mangiare e di dormire, il momento di alzarsi e di coricarsi. È una comunicazione senza reciprocità, monodirezionale: l'équipe non può contattarlo per evitare che Siffre abbia qualsiasi indizio temporale proveniente dall'esterno sull'ora o il giorno correnti. Lo contatteranno solo per comunicargli la fine dell'esperimento.

Cosa fa Siffre nella caverna, nel suo isolamento totale? Passa il tempo e trova nuovi modi di far passare il tempo o, meglio, s'interroga su cosa vuol dire passare il tempo, sull'azione del trascorrere e sulla natura di ciò che passa. Esplora il ghiacciaio, tiene un diario di bordo in cui annota le sue esperienze, riflette sulla geologia, si misura la pressione, leggiucchia il *Simposio* e il *Fedro* di Platone.

Cosa lo spinge a sottoporsi a un'esperienza così estrema? La volontà di sperimentare su di sé il modo in cui il corpo percepisce i ritmi naturali della vita biologica al di là della ripartizione del tempo cronologico. Come si modifica il trascorrere del tempo in assenza di ogni strumento di misurazione e di ogni riferimento esterno?

I risultati sono strabilianti e lasciano tutti allibiti: quando gli viene comunicato che l'ultimo giorno è arrivato Siffre, secondo i calcoli basati sul suo calendario interno, è persuaso che sia il 14 settembre, non il 20 agosto. Crede insomma di avere ancora quasi un mese davanti a sé, senza rendersi conto di aver accumulato un ritardo di 25 giorni in soli due mesi. È così certo di essere nel giusto che pensa a uno scherzo; la conversazione che segue con lo staff dura cinque minuti in superficie ma venti in profondità – finché si convince che le sue giornate sotterranee sono state molto più lunghe di quelle reali.

La percezione interna del tempo di Siffre è sorprendente se pensiamo che lo speleologo fa di tutto per registrarne lo scorrere. Lo calcola ad esempio con un esperimento che conduce regolarmente con la sua équipe di superficie: contare da 1 a 120, un numero al secondo. Ma in realtà impiega cinque minuti e non due. Non avverte

this time of crisis. A number of contemporary artistic practices—as Andreotta Calò's "CITTÀDIMILANO" shows—are heading in this direction, entering into a dialogue with geology and other scientific disciplines, if we think solely about the act of taking core samples. And indeed, they also enter into a dialogue with the most liminal territories of scientific experimentation—far from official science and from the rational analysis of data collected in the laboratory—when the scientist invests him or herself first-hand and science meets performance. Persisting with the vertiginous descent into the depths of matter and into the geological becoming—which, as I have indicated, I view as the unexpressed potential of Andreotta Calò's works—what comes to mind once again is the case of the French speleologist Michel Siffre.

In 1961, Siffre was in Italy to study the ice at the base of the abyss of Scarasson in the Marguareïs massif, in the Maritime Alps. During this period of "underground camping" the idea of an extreme experiment flashed through his mind. The next year, aged just twenty-three, he decided to spend two months in a subterranean cave, and he set up camp at a depth of around 110 meters. He entered on the 16th of July, 1962, planning to remain there until the 14th of September. He lived in an environment immersed perennially in total darkness; all he had with him was an electric torch and a small, 4.5-volt lamp. He had no temporal marker—no calendar, no watch, no medium through which to stay in contact with the outside world.

He based his sense of time purely on his sensations: he slept when he was tired, ate when he was hungry, went for a walk when he felt like it, and so on. His underground life was dictated exclusively by the needs perceived by his body and mind, with no external conditioning aside from the enveloping atmosphere of the cave. His body was the only—internal or external—organ perceiving time.

The "external" conditions were extreme: alongside the endless solitude, the icy temperatures fell to -0.5°, the humidity sat at 98%, and the frequent landslides of ice and rocks threatened to bury his 10m² tent. To say nothing of the risk of intoxication from the carbon monoxide generated by his stove.

The "internal" or physical conditions were no less punishing: his body temperature fell to 34°C. His biological rhythms were recorded and monitored by an external team camped out at the entrance to the cave, at an altitude of 2000 metres. By means of a telegraph line, Siffre would communicate his intention to eat or to sleep, the times he got up or lay down. It was a mono-directional form of communication, as the team were forbidden from contacting Siffre, to avoid him having any clue from the outside vis-à-vis what time or even day it was—indeed, they only contacted him to tell him that the end of the experiment had been reached.

What did Siffre do in the cave, in his total isolation? He spent the time finding new ways to pass the time or, rather, he asked himself what it means to pass the time, wondering about the action of passing the time and ruminating on the nature of that which passes. He explored the glacier, kept a logbook in which he annotated his experiences, reflected on geology, measured the pressure, and skimmed through Plato's *Symposium* and *Phaedrus*.

What drove him to put himself through such an extreme experience? The desire to experiment directly with the way in which the body perceives the natural rhythms of biological life, above and beyond the divisions of chronological time. How can we modify the passing of time in the absence of any instrument of measurement and of any external reference points?

The results were astonishing and left everyone open-mouthed. When he was informed that the last day had come, according to the calculations he had made based on his internal calendar Siffre was sure that it was the 20th of August, not the actual date of 14th of September. In short, he believed that he still had a month to go, without realizing that he had accumulated a delay of 25 days in just two months. He was so sure he was in the right that he thought they were pulling his leg: the conversation he had with the staff lasted five minutes on the surface but 20 down below, until the penny dropped that his subterranean days had been much longer than the real days.

lo sfasamento del suo ritmo biologico che si sposta progressivamente: si sveglia e va a dormire un po' più tardi ogni giorno, fino a invertire i ritmi – "come se avessi attraversato i fusi orari ad alta velocità (nel senso est-ovest)"[13] – prima di riallinearsi a quelli in superficie e sfasarli di nuovo.

Siffre esce dal tempo, vive *fuori dal tempo* per citare il titolo di un suo libro[14]. Ma cosa vuol dire mettersi fuori dal tempo quando coincide con un gesto che sembra il suo opposto, il rifugiarsi sottoterra? Che valore attribuire a questo fuori, che non indica una semplice esteriorità quanto piuttosto un movimento interno? Se Siffre si mette fuori dal tempo, lo fa in una condizione che non potrebbe essere più interna. È da dentro, da un luogo ermeticamente chiuso, che non potrebbe pensarsi più chiuso, che fa esperienza del fuori, di una dimensione che sfugge alla misura del tempo.

Tempo cronologico e tempo psicologico si divaricano, così come progressivamente si de-sincronizza il ciclo veglia-sonno, il ciclo circadiano o nictemerale. Qualcosa resta pertanto costante: la durata del ciclo veglia/sonno[15].

L'uomo ha così un orologio interno che funziona persino in assenza del ciclo terrestre naturale che alterna il giorno e la notte e lo aiuta a orientarsi nel mondo[16]. Così Siffre fonda il campo della cronobiologia umana.

IV. Esilio dal tempo

Entrando nelle viscere delle Terra, Michel Siffre compie una vera e propria uscita dal tempo – un *esilio dal tempo*. Si fa *speleonauta*, una figura tra lo speleologo e l'astronauta che eccede la figura dello speleologo classico e vive un'esperienza sublime al rovescio a contatto con una dimensione abissale.

In condizioni estreme d'isolamento, entra in uno stato d'ibernazione non diversamente dagli animali. Ma questo non vuol dire che si ricongiunge al tempo biologico e organico. Osserviamo una delle foto più singolari in cui Siffre, nel cuore della grotta e del suo soggiorno sotterraneo, studia gli strati geologici sulla parete, i carotaggi secolari visibili in un sol colpo d'occhio. Un uomo davanti alla roccia, un essere umano davanti alla geologia, entrambi curiosamente dello stesso colore. Mi chiedo se, con un minimo sforzo, in questo scatto non vediamo in realtà un confrontarsi di due tempi incommensurabili che qui si incontrano e si confrontano. Stratigrafia geologica da una parte, carotaggio esistenziale dall'altra. Una forma di vita geologica che diventa una sorta di *mimetismo geologico*, un tentativo di mimare il tempo di quella pietra che lo avvolge, tanto più estremo quanto più si conduce una vita a contatto con la materia.

Non è un caso che Siffre, a quelle profondità, legga libri di speleologia e geologia e continui a studiare le grotte: "La grotta è un universo senza tempo. [...] In questo mondo di niente, dove non accade nulla, dove non c'è movimento, rimane solo il pensiero. Fuori dal tempo, è il cervello che crea il tempo"[17]. Siffre non vive semplicemente *dentro una roccia* ma, in modo più sconcertante, vive *come una roccia*. Questa seconda ipotesi resta da pensare: un effetto mimetico dove umano e pietra, biologico e geologico, vivente e inanimato si ripensano reciprocamente.

Veniamo, in conclusione, al tanto atteso 14 settembre 1962. L'esperimento di Siffre è concluso, è il momento di riconquistare lentamente la superficie. Il provetto speleonauta sviene due volte durante la lunga risalita; impiega ore per avanzare di pochi metri, l'ultimo tratto è il più difficoltoso. Finalmente esce attraverso un pertugio in uno stato di prostrazione; un elicottero lo trasporta in ospedale. A colpirmi sono gli occhiali opachi che lo proteggono dalla luce accecante del giorno.

Come non riconoscere in queste immagini una sequenza del celebre film fotografico di Chris Marker *La Jetée* (1962), che risale tra l'altro allo stesso anno dell'esperimento di Siffre? Con un'intuizione brillante Marker, anziché ambientare la sua science-fiction in una sfolgorante astronave sospesa nell'iperuranio, scende nei sotterranei di Parigi. Qui un manipolo di scienziati che bisbiglia frasi in tedesco ha trovato riparo dopo la terza guerra mondiale, conducendo esperimenti sulla

Siffre's internal perception of time is surprising given that the speleologist did everything he could to record its passing. For example, he marked time with an experiment that he regularly conducted with his team on the surface: counting from 1 to 120, one number per second. But in reality it would take him five minutes, not two. He did not notice that his biological rhythm was gradually shifting out of phase: he woke up and went to sleep a little later every day, and ended up inverting the rhythms—"as if I had gone through the time zones at high speed from East to West"[13]—before realigning himself with those on the surface and then falling out of synch with them once again.

Siffre left time behind, he lived *outside time* to quote the title of one of his books.[14] But what does it mean to put oneself outside of time, when it coincides with an act—taking refuge under the ground—that seems to do the opposite? What value should we attribute to this "outside", which does not indicate a simple exteriority as much as an internal movement? If Siffre puts himself outside time, he does so in a condition that could not be more internal. It is from inside, from a hermetically sealed place, which could not possibly be more closed, that he lives the experience of being outside, of a dimension that escapes the measurement of time.

Chronological time and psychological time split apart, just as the wake-sleep cycle, the circadian or nychthemeral cycle, are gradually desynchronized. As such, something remains constant: the duration of the wake/sleep cycle.[15]

Human beings thus have an internal clock that functions even in the absence of the natural terrestrial cycle, which alternates between day and night and helps us to orient ourselves in the world.[16] It was in this way that Siffre founded the field of human chronobiology.

IV. Exile From Time

Entering into the bowels of the Earth, Michel Siffre accomplishes a *bona fide* exit from time—an *exile from time*. He becomes a *speleonaut*, a figure somewhere between a speleologist and an astronaut, going beyond the characteristics of the classic speleologist and having a sublime experience in reverse, in contact with an abyssal dimension.

Under extreme conditions of isolation, he enters into a state of hibernation, just like animals do. But this does not mean that he reconnects with biological and organic time. Let us look at one of the most singular photos in which Siffre, in the heart of the cave and in the middle of his subterranean stay, is studying the geological strata on the wall, the ancient core samples visible in a single glance. A man facing a rock, a human being facing geology, both curiously of the same color. I wonder whether, with a little effort, we could say that in this shot we are actually seeing two immeasurable timescales coming face-to-face. Geological stratigraphy on the one hand, existential core sampling on the other. It is a form of geological life that becomes a sort of *geological camouflage*, an attempt to imitate the timescale of that enveloping stone, becoming more extreme the more one leads one's life in contact with geological substances.

It is no accident that Siffre, at those depths, read books on speleology and geology and continued to study caves: "The cave is a timeless universe. [...] In this world of nothing, where nothing happens, where there is no movement, only thought remains. Outside of time, it is the brain the creates time".[17] Siffre does not simply live *inside a rock*—in a more disconcerting way, he lives *like a rock*. This second hypothesis still has to be thought through in more depth: a mimetic effect where human and rock, biological and geological, living and inanimate, are reciprocally rethought.

We come, in conclusion, to the eagerly awaited date of 14 September 1962. Siffre's experiment came to an end on that date—it was the moment when the time arrived to slowly return to the outside world. The expert speleonaut fainted twice during the long re-ascent; it took him hours to progress just a few meters, the final section being the most difficult. He at last exited through a narrow opening in a state of exhaustion. A helicopter airlifted him to hospital. I was struck by the dark glasses that protected

memoria della cavia-protagonista – memorie del sottosuolo, certo. Una cavia che, immobile, bendata e immersa nella sua *rêverie*, è anche un modello dello spettatore cinematografico.

Ma lo è anche di "CITTÀDIMILANO", come lo erano i sommozzatori che abbiamo incontrato all'ingresso della mostra. Anche qui ritroviamo all'opera un divenire geologico che non cessa di agire sul piano fisico quanto mentale.

1 In Roberta Tenconi, "Introducing Giorgio Andreotta Calò", in "Mousse", n. 18, 2009, pp. 80-82.

2 Emanuele Garbin, *Bathygraphica. Disegni e visioni degli abissi marini*, Quodlibet, Macerata 2018, p. 206.

3 In *Id.*, p. 207 nota 3.

4 Iosif Brodskij, *Fondamenta degli Incurabili*, Adelphi, Milano 1991, p. 40.

5 *Ibidem*, p. 79.

6 *Ibidem*, p. 52.

7 Victor Hugo, *I lavoratori del mare*, cit. in E. Garbin, *Bathygraphica*, cit., p. 306.

8 Cit. in E. Garbin, *Bathygraphica*, cit., p. 325.

9 In R. Tenconi, "Introducing Giorgio Andreotta Calò", cit.

10 Non potendo dar conto, in questa sede, della complessità del pensiero di Kathryn Yusoff, rimando a tre suoi contributi: "Geologic life: prehistory, climate, futures in the Anthropocene", in "Environment and Planning D: Society and Space", 31, 2013, pp. 779-795; "Geologic subjects: nonhuman origins, geomorphic aesthetics and the art of becoming inhuman", in "Cultural Geographies", 22/3, 2015, pp. 383-407; "Epochal Aesthetics: Affectual Infrastructures of the Anthropocene", in "e-flux architecture", Accumulation, 29 march 2017, https://www.e-flux.com/architecture/accumulation/121847/epochal-aesthetics-affectual-infrastructures-of-the-anthropocene/.

11 Sebbene tradotto da poco in italiano, il pensiero di Timothy Morton – *dark ecology*, *hyper-objects*, ecologia senza natura – esercita da tempo un'influenza sugli artisti contemporanei, da Philippe Parreno a Olafur Eliasson a Björk. Cfr. *Iperoggetti*, Nero edizioni, Roma 2018; *Noi, esseri ecologici*, Laterza, Roma-Bari 2018; *Come un'ombra dal futuro. Per un nuovo pensiero ecologico*, Aboca, Sansepolcro 2019.

12 Cfr. Richard Grusin (a cura di), *The Nonhuman Turn*, University of Minnesota Press, Minneapolis-London 2015.

13 Damien Dubuc, "Michel Siffre: 'Sous terre sans repère, c'est le cerveau qui crée le temps'", in "Le Monde", 5 maggio 2017.

14 Michel Siffre, *Hors du temps. L'expérience du 16 juillet 1962 au fond du gouffre de Scarasson par celui qui l'a vécue*, Julliard, Paris 1963, 1971, in it. cfr. *Negli abissi della terra. Rischi e avventure dello speleologo*, tr. it. Giuseppe Liturri, Rusconi, Milano 1977.

15 Charlie Buffet, "Michel Siffre et son horloge de chair", in "Le Monde", 20 marzo 2005.

16 "Un orologio interno regola una serie incredibile di parametri del corpo e quindi dell'anima dell'essere vivente: la frequenza cardiaca, la pressione del sangue, la temperatura corporea, le funzioni metaboliche più profonde, l'eliminazione delle sostanze tossiche nel cibo, gli effetti dell'assunzione dei farmaci e dell'ingestione degli alimenti, il dispositivo endocrino, l'acutezza della vista, l'attività renale, il sistema digestivo, la vita libidinale, le dinamiche della crescita, gli apparati ormonali", commenta Michel Onfray in *Cosmo. Un'ontologia materialista*, tr. it. Michele Zaffarano, Ponte alle grazie, Milano 2015, p. 100. Le pagine che l'autore dedica a Siffre (pp. 93-102) sono globalmente deludenti, più preoccupate di fare i conti coi fantasmi del freudismo che con la cronobiologia di Siffre.

17 In D. Dubuc, *Michel Siffre*, cit.

him from the blinding light of day. How can we fail to recognise in these images a sequence from Chris Marker's famous photographic film *La Jetée* (1962), which happens to date from the same year as Siffre's experiment? With a stroke of genius, Marker decided—rather than setting his science fiction film in a dazzling spaceship suspended in the hyperuranion—to descend underneath Paris. Here a handful of scientists whispering phrases in German have taken shelter after the Third World War, conducting experiments on the memory of the protagonist/guinea pig—notes from the underground, indeed. A guinea pig who—immobile, blindfolded and immersed in his *rêverie*—is also a model of the cinemagoer.

The same can be said for "CITTÀDIMILANO", and for the divers that we encountered at the entrance to the exhibition. Here, too, we find at work a geological becoming that does not stop acting on both the physical and mental planes.

1   In Roberta Tenconi, "Introducing Giorgio Andreotta Calò", in *Mousse*, no. 18, 2009, pp. 80–82.
2   Emanuele Garbin, *Bathygraphica. Disegni e visioni degli abissi marini*, Macerata: Quodlibet, 2018, p. 206.
3   In *Idem*, p.207 note 3.
4   Joseph Brodsky, *Embankment of Incurables*, in *Watermark,* New York: Farrar, Straus & Giroux, 1992, p. 43.
5   *Ibid.*, pp. 96–97.
6   *Ibid.*, pp. 58–59.
7   Victor Hugo, *The Toilers of the Sea*, London: J. M. Dent, 1911, p. 27.
8   Jorge Luis Borges, *The Book of Imaginary Beings*, tr. Norman Thomas di Giovanni and J. L. Borges, London: Penguin, 1974, p. 25.
9   In R. Tenconi, *Introducing Giorgio Andreotta Calò*, cit.
10 Since I cannot do justice here to the complexity of Kathryn Yusoff's thought, I will cite three of her articles: "Geologic life: prehistory, climate, futures in the Anthropocene", in *Environment and Planning D: Society and Space*, 31, 2013, pp. 779–795; "Geologic subjects: nonhuman origins, geomorphic aesthetics and the art of becoming inhuman", in *Cultural Geographies*, 22/3, 2015, pp. 383–407; "Epochal Aesthetics: Affectual Infrastructures of the Anthropocene", in *e-flux architecture*, Accumulation, 29 March 2017, https://www.e-flux.com/architecture/accumulation/121847/epochal-aesthetics-affectual-infrastructures-of-the-anthropocene/.
11 The thought of Timothy Morton—*dark ecology, hyper-objects*, ecology without nature—has for some time been exerting an influence on contemporary artists, from Philippe Parreno to Olafur Eliasson and Björk. Cf. *Hyperobjects*, Minneapolis-London: University of Minnesota Press, 2013, *Being Ecological*, Cambridge, Massachusetts: MIT Press, 2018; *Come un'ombra dal futuro. Per un nuovo pensiero ecologico*, Sansepolcro: Aboca, 2019.
12 Cf. Richard Grusin (ed.), *The Nonhuman Turn*, Minneapolis-London: University of Minnesota Press, 2015.
13 Damien Dubuc, "Michel Siffre: 'Sous terre sans repère, c'est le cerveau qui crée le temps'", in *Le Monde*, 5 May, 2017 [translated by Gordon Fisher].
14 Michel Siffre, *Hors du temps. L'expérience du 16 juillet 1962 au fond du gouffre de Scarasson par celui qui l'a vécue*, Paris: Julliard, 1963, 1971 [translated by Gordon Fisher].
15 Charlie Buffet, "Michel Siffre et son horloge de chair", in *Le Monde*, 20 March, 2005 [translated by Gordon Fisher].
16 "An inner clock regulates an incredible series of parameters of the body and therefore of the soul of the living being: heart rate, blood pressure, body temperature, the deepest metabolic functions, the elimination of the toxic substances in food, the effects of taking medicines and the ingestion of food, the endocrine device, sharpness of vision, kidney function, the digestive system, sex life, the dynamics of growth, the hormonal apparatus" [translated by Gordon Fisher], comments Michel Onfray in *Cosmos. Une ontologie matérialiste*, Paris: Flammarion, 2015, p. 180. The pages that the author dedicates to Siffre are, on the whole, disappointing, since he focuses more on wrestling with the ghosts of Freudianism than with Siffre's chronobiology.
17 In D. Dubuc, *Michel Siffre*, cit.

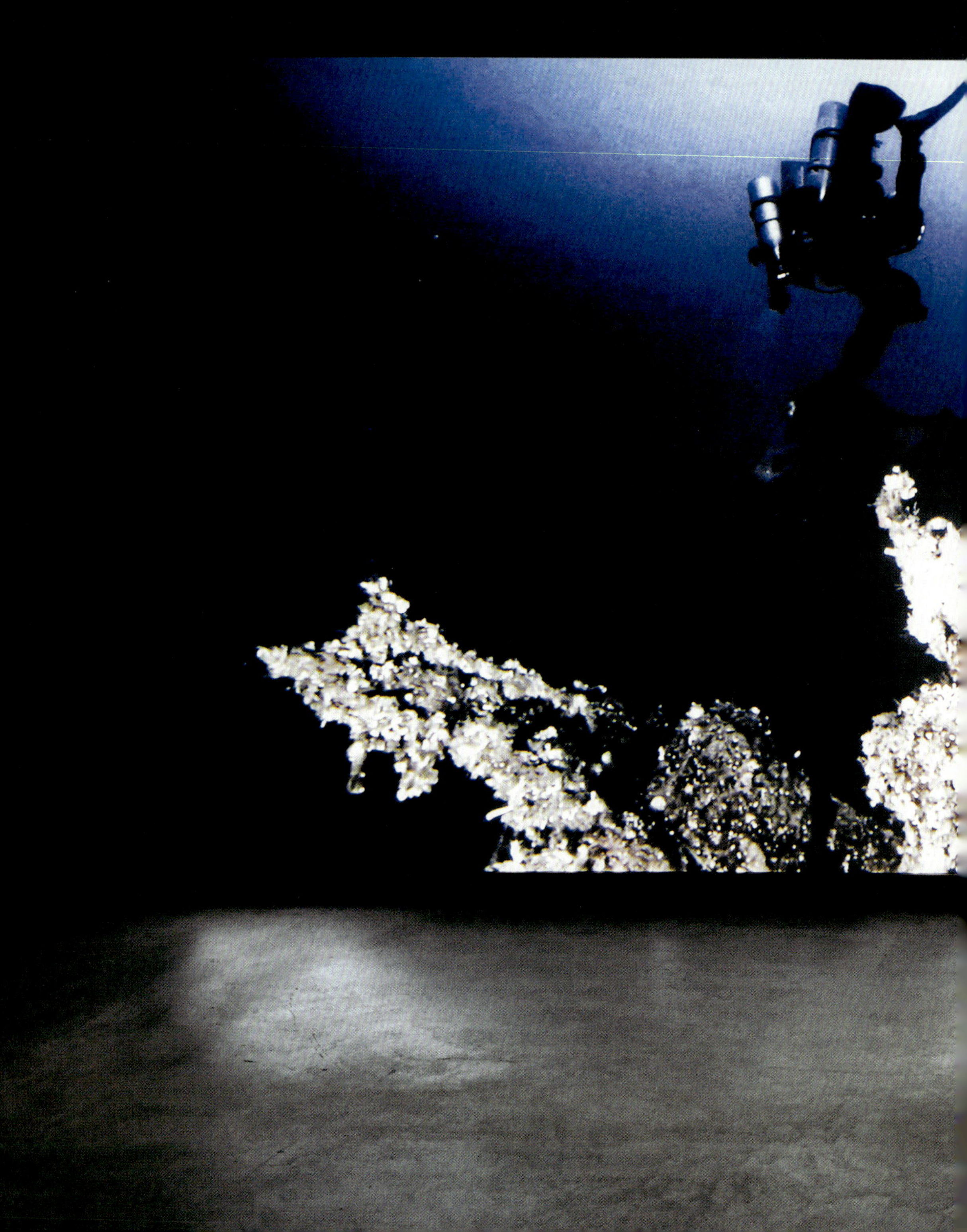

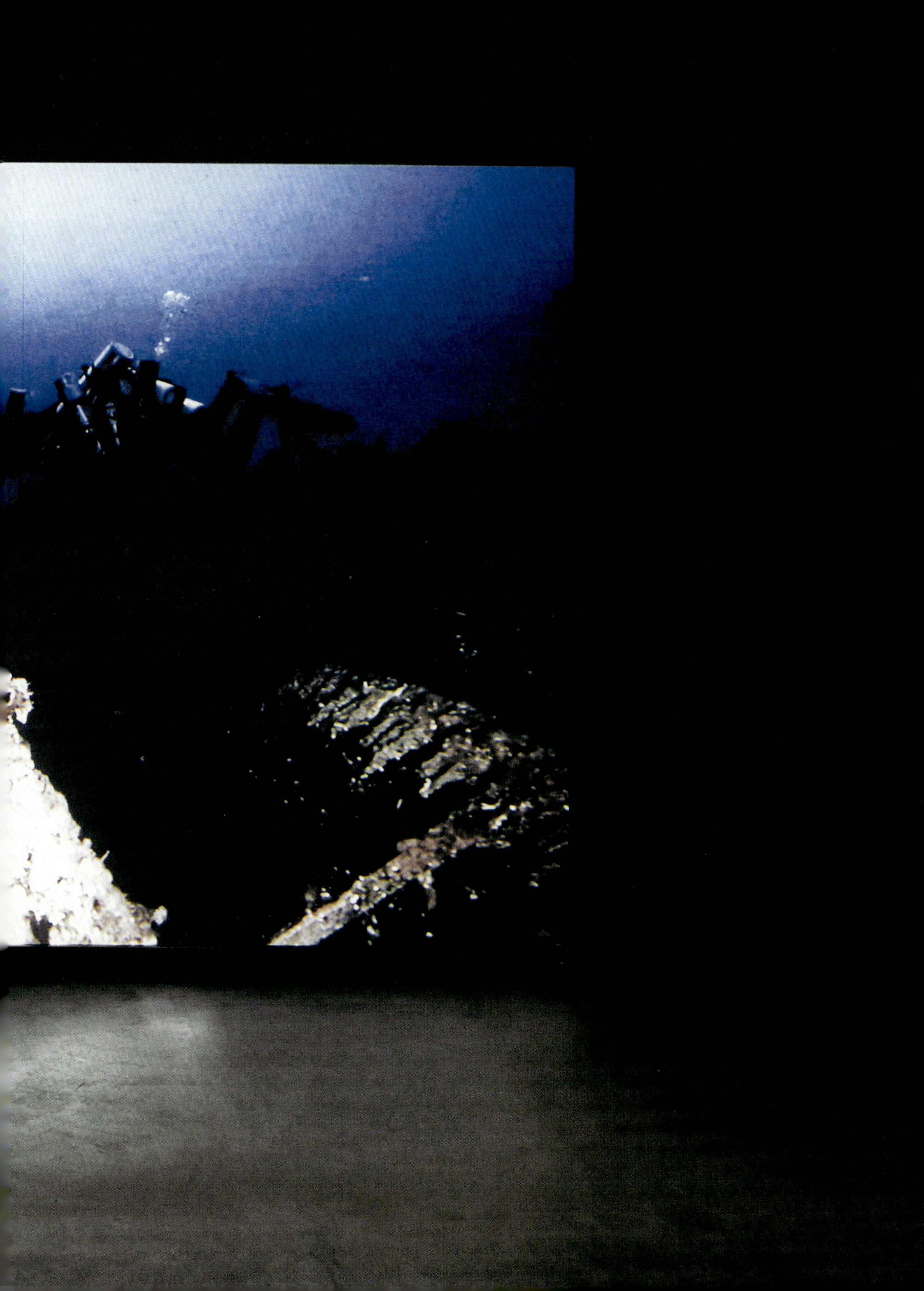

Senza titolo (Jona), 2019

Video, colore, silenzioso
15' 18''
Montaggio: Giorgio Andreotta Calò, Stefano Elli,
Francesco Margaroli su immagini di Global
Underwater Explorers

In *Senza titolo (Jona)* si susseguono immagini
di un fondale marino, dove misteriose figure
dalle sembianze antropomorfe discendono
in profondità. Montato a partire da riprese
di repertorio, il video ha origine dalla ricerca
di Giorgio Andreotta Calò per l'esposizione
"CITTÀDIMILANO", e in particolare sulla storia
di Pirelli, che dal 1879 comprendeva la società
Pirelli Cavi, allora capofila a livello mondiale
nell'ambito delle reti telegrafiche sottomarine.
Nello specifico, l'artista prende spunto dalle
vicende della nave *Città di Milano* costruita per
conto dell'azienda: la prima imbarcazione in
Italia a effettuare la posa e il monitoraggio dei
cavi sottomarini per il collegamento delle isole
minori. Nel 1919, durante alcune operazioni di
manutenzione nell'arcipelago siciliano delle
Eolie, si incaglia e naufraga nella secca di Capo
Graziano. Oggi il relitto è ancora adagiato a più
di 90 metri di profondità al largo dell'isola di
Filicudi e la sua immagine, così come il nome
del piroscafo, diventano fonte di ispirazione per
Andreotta Calò – dall'idea di ciò che è sommerso
ai processi di trasmissione, trasformazione e
stratificazione fisica e simbolica.

Concepito in stretta relazione con
il progetto in Pirelli HangarBicocca, il lavoro
funge da preludio della mostra, conducendo
idealmente il visitatore all'interno dello spazio
espositivo. Proiettata su uno schermo inserito
in una parete posta leggermente in diagonale
rispetto all'ingresso e visibile da entrambi i
lati, l'opera si configura come una membrana
tra spazi e temporalità differenti, tra il mondo
esterno e l'ambiente della mostra, tra un luogo
(la città di Milano) e un possibile contrappunto
geografico (l'isola di Filicudi). Attraverso la
variazione del colore dell'acqua, la presenza
spettrale del relitto viene lentamente rivelata
dalla discesa dei sommozzatori, che con fari

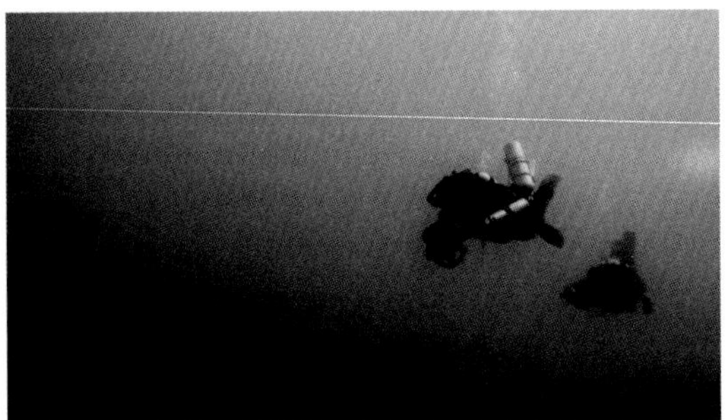
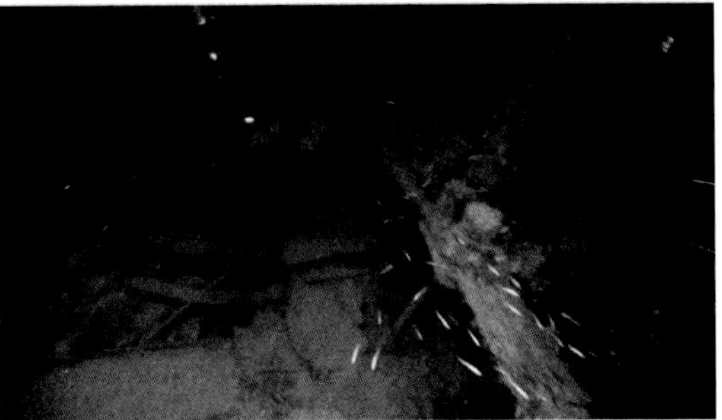

↑ *Senza titolo (Jona)*, 2019
Still da video / *Video stills*

Senza titolo (Jona), 2019

Video, color, silent
15' 18''
Editing: Giorgio Andreotta Calò, Stefano Elli,
Francesco Margaroli on images by Global
Underwater Explorers

In *Senza titolo (Jona)* [Untitled (Jona)], images of a seabed appear on the screen as mysterious anthropomorphically-shaped figures descend into the depths. Mounted from archive footage, the video originates from Giorgio Andreotta Calò's preparatory work for "CITTÀDIMILANO" exhibition, in particular his research into the history of Pirelli, which since 1879 included the Pirelli Cavi company, at that time world leader in underwater telegraph cable networks. The artist specifically takes his cue from the *Città di Milano*, a ship the company commissioned as Italy's first vessel for laying and monitoring submarine cables to connect up Italy and its smaller islands. In 1919, during maintenance work in Sicily's Aeolian archipelago, the ship ran aground and sank off the Capo Graziano shoals. Today, the wreck lies at a depth of more than 90 meters off the island of Filicudi. The steamship's name and image become a source of inspiration for Andreotta Calò, not least because of the idea of what lies submerged beneath the processes of transmission, transformation and physical and symbolic stratification.

Conceived in a close relation with the project at Pirelli HangarBicocca, the work functions as a prelude to the exhibition, ideally leading the visitor into the exhibition space. Projected onto a screen that is embedded into a wall on a slight diagonal to the entrance and visible from both sides, the work is configured as a membrane between different spaces and temporalities, between the external world and the exhibition environment, between a place (the City of Milan) and a potential geographical counterpoint (the island of Filicudi). Through variations in the water's color, the wreck's spectral presence is slowly revealed as the divers descend, using underwater lights to progressively illuminate its various fragments, revealing parts of the keel, marine incrustations, and details of the underwater cables, some still in their original coils. The movement of the divers' lights through the darkness of the depths recalls other human figures evoked in the artist's works: the Sulcis Iglesiente miners who, their helmet torches slicing through the night, walk a nocturnal path as documented in the artist's film *In girum imus nocte* [We go round and round in the night] (2014).

The title of this work references the name of the engineer who sailed on the *Città di Milano* (Emanuele Jona). In the artist's intention, it also evokes the name of the prophet Jonah, an Old Testament figure who, to save himself from divine wrath, throws himself into the sea only to be gulped down by a huge fish.[1] After spending three days and three nights in the creature's belly, he is finally ejected onto the beach. Along with *Città di Milano* (2019)—a photographic impression whose title also recalls the place evoked in the video— *Senza titolo (Jona)* (2019) foreshadows a metaphorical, sublimated vision of the city, recalling the idea of displacement, which is another central concept in Andreotta Calò's poetics.

M. L.

---

1   The type of aquatic creature has so often been mistaken for a whale that the whale has become part of our collective imagination about the Prophet Jonah's story.

subacquei ne illuminano progressivamente
i frammenti, facendo emergere parti della
chiglia, incrostazioni marine, o dettagli di cavi
sottomarini, alcuni ancora avvolti in bobine.
 Il movimento delle luci dei subacquei
nell'oscurità degli abissi rimanda inoltre ad altre
figure umane evocate nelle opere dell'artista:
i minatori del Sulcis Iglesiente che, fendendo la
notte con le luci dei propri elmetti, percorrono un
cammino notturno documentato nel film
In girum imus nocte (2014).
　　　　Il titolo del lavoro richiama il nome
dell'ingegnere parte dell'equipaggio di *Città di
Milano* (Emanuele Jona), evocando al tempo
stesso nell'intenzione dell'artista quello del
profeta Giona, figura dell'Antico Testamento.
Per salvarsi dall'ira divina, Giona viene gettato
in mare e mangiato da un grosso pesce[1] e solo
dopo tre giorni e tre notti trascorsi nel ventre
dell'animale viene liberato sulla spiaggia.
Senza titolo (Jona) concorre inoltre, insieme a
un'altra opera in mostra, *Città di Milano* (2019) –
impressione fotografica che già nel titolo esplicita
lo stesso luogo suggerito dal video – a restituire
una visione metaforica e sublimata della città,
sottolineando un concetto cardine della poetica
di Andreotta Calò, l'idea di dislocazione.

　　　M.L.

1　　La natura della creatura acquatica è spesso
　　confusa con quella di una balena, tanto
　　che quest'ultima è entrata a far parte
　　dell'immaginario collettivo in relazione alla
　　vicenda del profeta Giona.

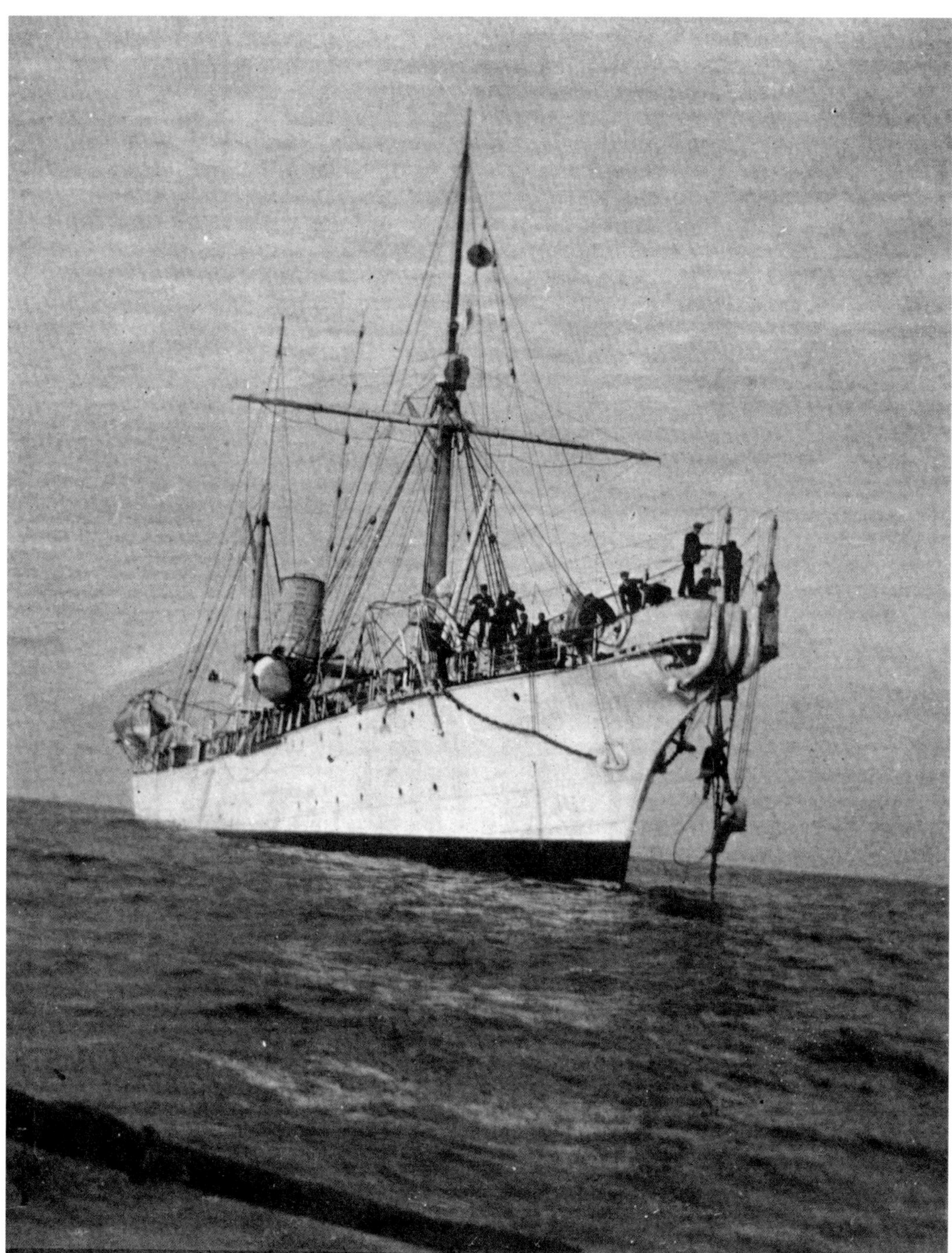

↑ Piroscafo / *Steamship Città di Milano*,
Mar Rosso / *Red Sea*, 1901

Senza titolo (Jona)

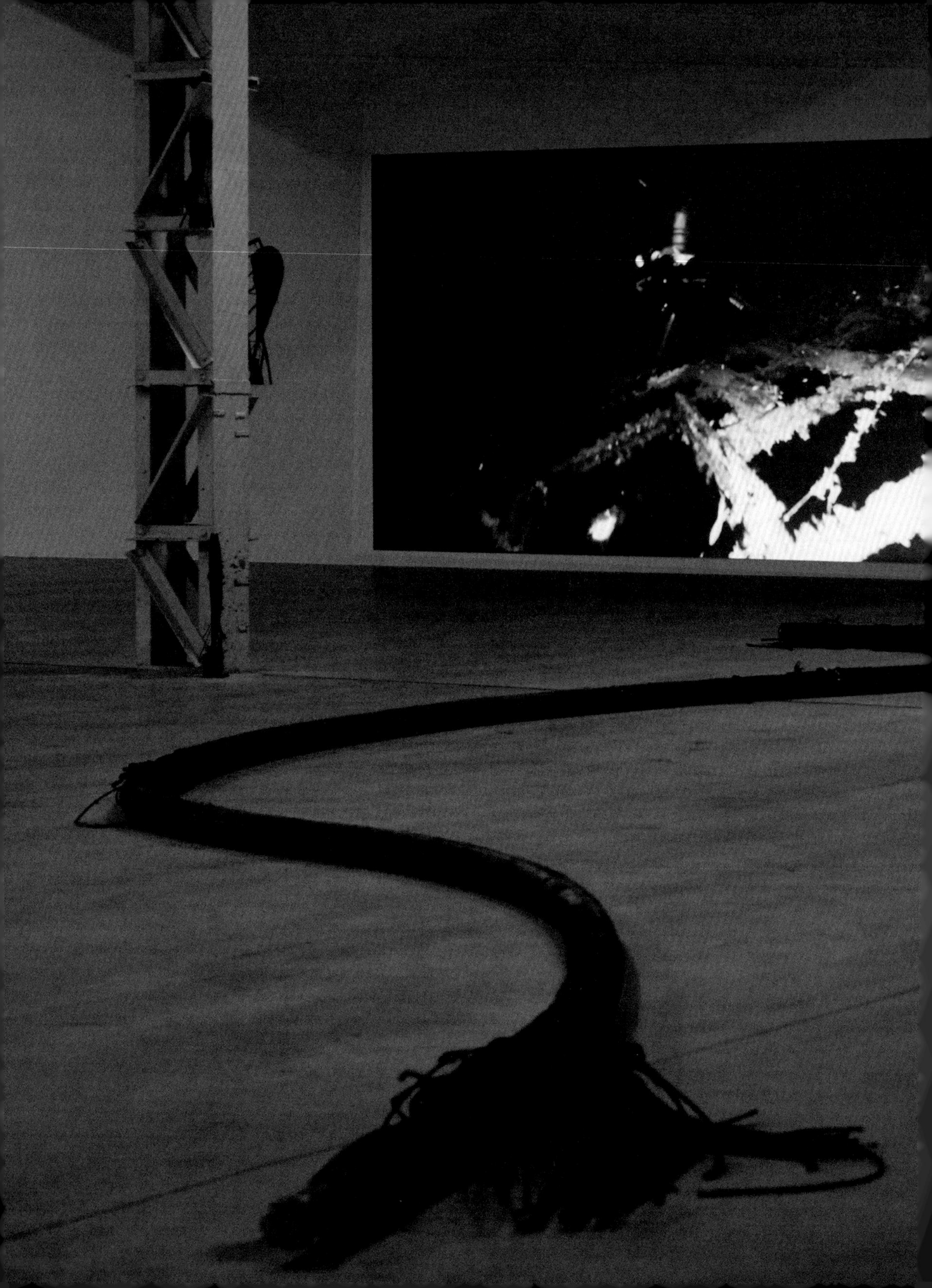

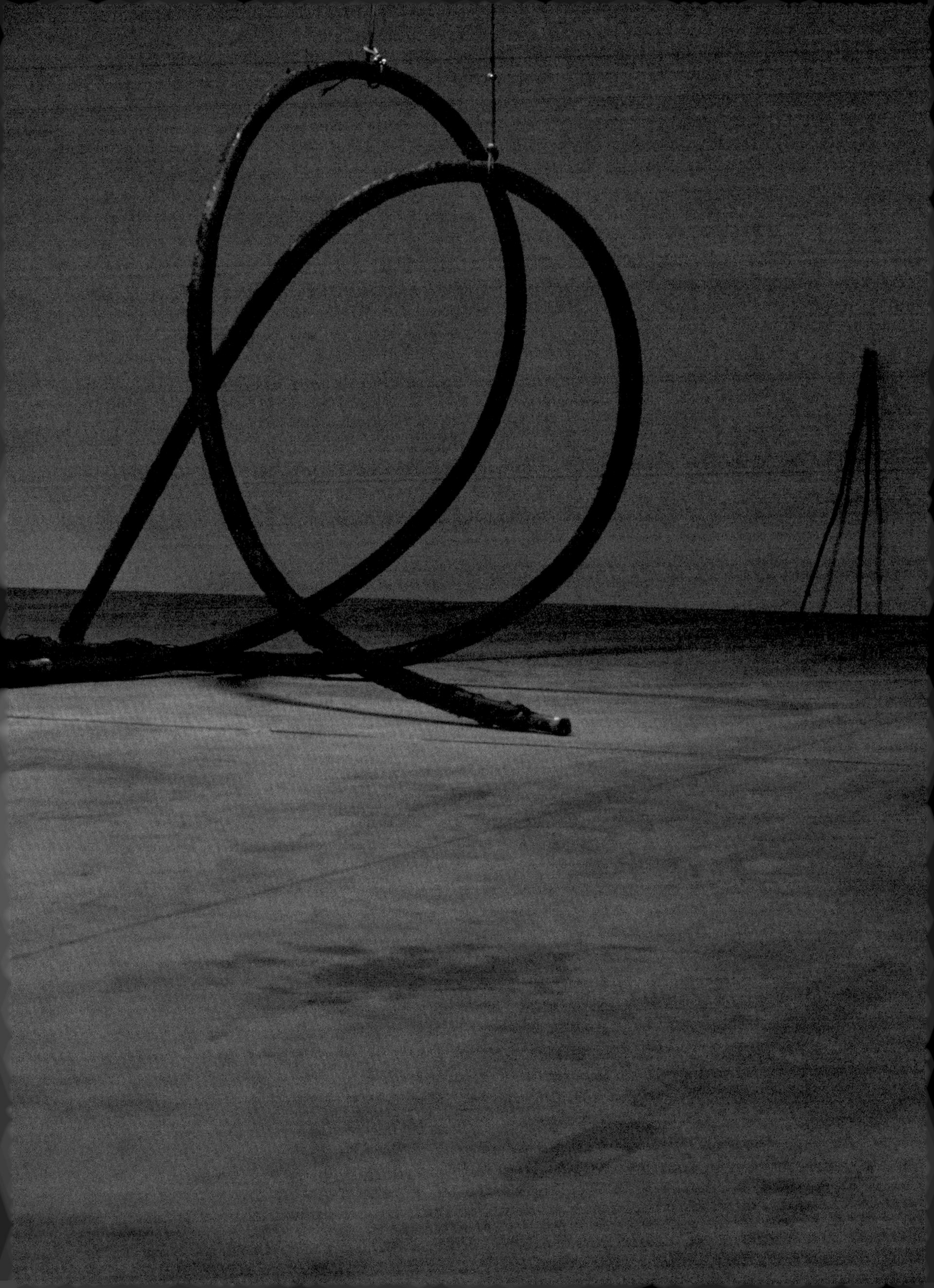

Senza titolo (Cavi), 2019

Sezione di cavo sottomarino
3 elementi, 1100 × Ø 9 cm ciascuno

Connessa alla genesi del video *Senza titolo
(Jona)* (2019) e testimonianza dell'approccio
processuale di Giorgio Andreotta Calò verso il
contesto espositivo, la scultura *Senza titolo (Cavi)*
è costituita da una porzione di cavo sottomarino
utilizzato per la trasmissione di dati, recuperato
dal fondo del mare e assemblato a formare due
anelli. Il reperto – della lunghezza totale di circa
30 metri, sezionato in tre segmenti – è parte di
un cavo che un tempo collegava la località di
Cuma con l'isola di Ischia. Sospeso dall'artista
al soffitto dello spazio espositivo, soccombe al
suo stesso peso fino ad adagiarsi a terra. Dalle
sembianze organiche e zoomorfe, attraverso
le sue linee curve, l'opera sembra incorniciare
lo spazio all'interno di due ampie volute. La
tonalità nera dell'involucro, costituito da corda
ormai erosa dall'acqua e scomposta in filamenti,
conferisce un aspetto enigmatico al lavoro, che
nasconde al suo interno condutture rese invisibili
da stratificazioni di materiali diversi.
    Durante le ricerche per la mostra
"CITTÀDIMILANO" in Pirelli HangarBicocca,
Andreotta Calò ha approfondito alcuni aspetti
della storia dell'edificio, dell'area e di Pirelli;
in particolare la storica produzione di cavi
sottomarini che dalla nascita dell'azienda
si è sviluppata parallelamente a quella di
pneumatici fino a tempi recenti. Nei mesi
precedenti l'esposizione, l'artista ha recuperato
dal fondale marino la sezione danneggiata di
un cavo, sostituita durante un'operazione di
manutenzione, che ha poi deciso di inserire nel
progetto espositivo come elemento del reale.
Analogamente ad altre opere, ad esempio le
sculture *Carotaggi* (2014 - in corso), Giorgio
Andreotta Calò utilizza oggetti esistenti
selezionati accuratamente per il loro aspetto
formale e la loro valenza concettuale, rendendoli
parte di una narrazione. *Senza titolo (Cavi)*
rivela inoltre un processo industriale e una
trasformazione della materia spesso celati
nella realtà quotidiana e introduce l'idea di
trasmissione di informazioni tra luoghi distanti

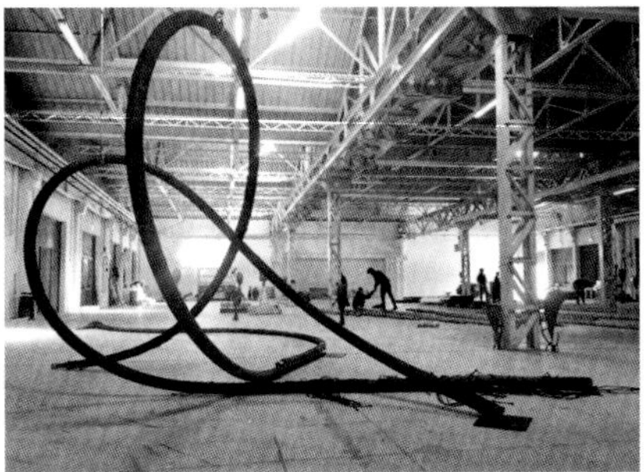

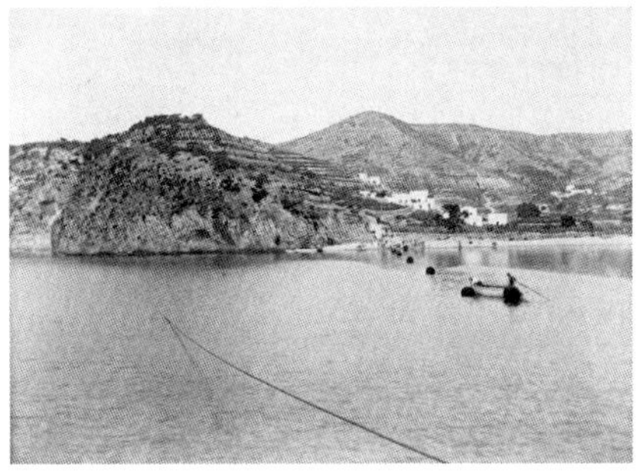

↑ *Senza titolo (Cavi)*, 2019
Allestimento dell'opera / *Work installation*,
Pirelli HangarBicocca, Milano,
febbraio / *February* 2019

Immersione di un cavo elettrico sottomarino
nelle acque dell'isola di Ponza / *Laying of a
submarine power cable in the waters of Ponza
island*, 1888. Archivio Storico Fondazione Pirelli

tra loro, configurandosi, al di là dell'aspetto
formale, come elemento di collegamento tra le
opere e le diverse geografie da esse evocate.
    Andreotta Calò mette in relazione
questi elementi con le proporzioni del corpo
umano, ponendo il visitatore in rapporto diretto
con la matericità e la plasticità dei cavi. In questo
senso l'opera può ricordare la nota serie delle
Torsioni realizzate a partire dal 1968 da Giovanni
Anselmo, in cui l'osservatore è messo di fronte
a un fenomeno fisico in atto, che dà luogo a una
riflessione sul rapporto tra arte e energia.

F.G.

Senza titolo (Cavi), 2019

Section of underwater cable
3 elements, 1100 × Ø 9 cm each

Associated with the genesis of the video *Untitled (Jona)* (2019) and bearing witness to Giorgio Andreotta Calò's approach to the context of this exhibition, *Senza titolo (Cavi)* [Untitled (Cables)] sculpture consists of a portion of submarine cable used for data transmission, recovered from the seabed and assembled to form two rings. This artifact—in total about 30 meters long, sliced into three segments—belonged to a cable that once connected the town of Cuma with the island of Ischia. Suspended by the artist from the ceiling of the exhibition space, it succumbs to its own weight until a portion lies on the ground. Thanks to its organic, zoomorphic appearance and its curved lines, the work seems to frame the space within two large volutes. The black hue of its casing, consisting of rope subsequently eroded by the water and broken down into filaments, lends the work an enigmatic appearance, while it conceals pipes rendered invisible by layers of various materials.

During his research for the exhibition "CITTÀDIMILANO" at Pirelli HangarBicocca, Andreotta Calò explored some aspects of the history of the building, the area, and Pirelli; in particular, its landmark manufacture of submarine cables, which developed parallel to the manufacture of tires from the company's foundation until recent times. In the months that preceded the exhibition, the artist recovered a damaged section of a cable from the seabed which was replaced during maintenance. He subsequently decided to include this in the exhibition project as an element of reality. Similarly to other works by the artist, for example the *Carotaggi* [Core samples] (2014 – ongoing) sculptures, Giorgio Andreotta Calò uses existing elements or objects carefully selected for their formal appearance and conceptual value, transforming and sublimating them into works to make them part of a narrative. *Senza titolo (Cavi)* reveals an industrial process and the transformation of matter that are often hidden in our everyday reality, and introduces the idea of transmitting information between distant places, configuring itself, beyond the formal aspect, as a link between the works and the different geographies evoked by them.

Andreotta Calò relates these elements to the proportions of the human body, placing the visitor in a direct relationship with the cables' materiality and plasticity. In this sense, the work may recall the well-known series of *Torsioni* that Giovanni Anselmo has been creating since 1968, in which the observer is confronted with a physical phenomenon in progress, underlining the relationship between art and energy.

F. G.

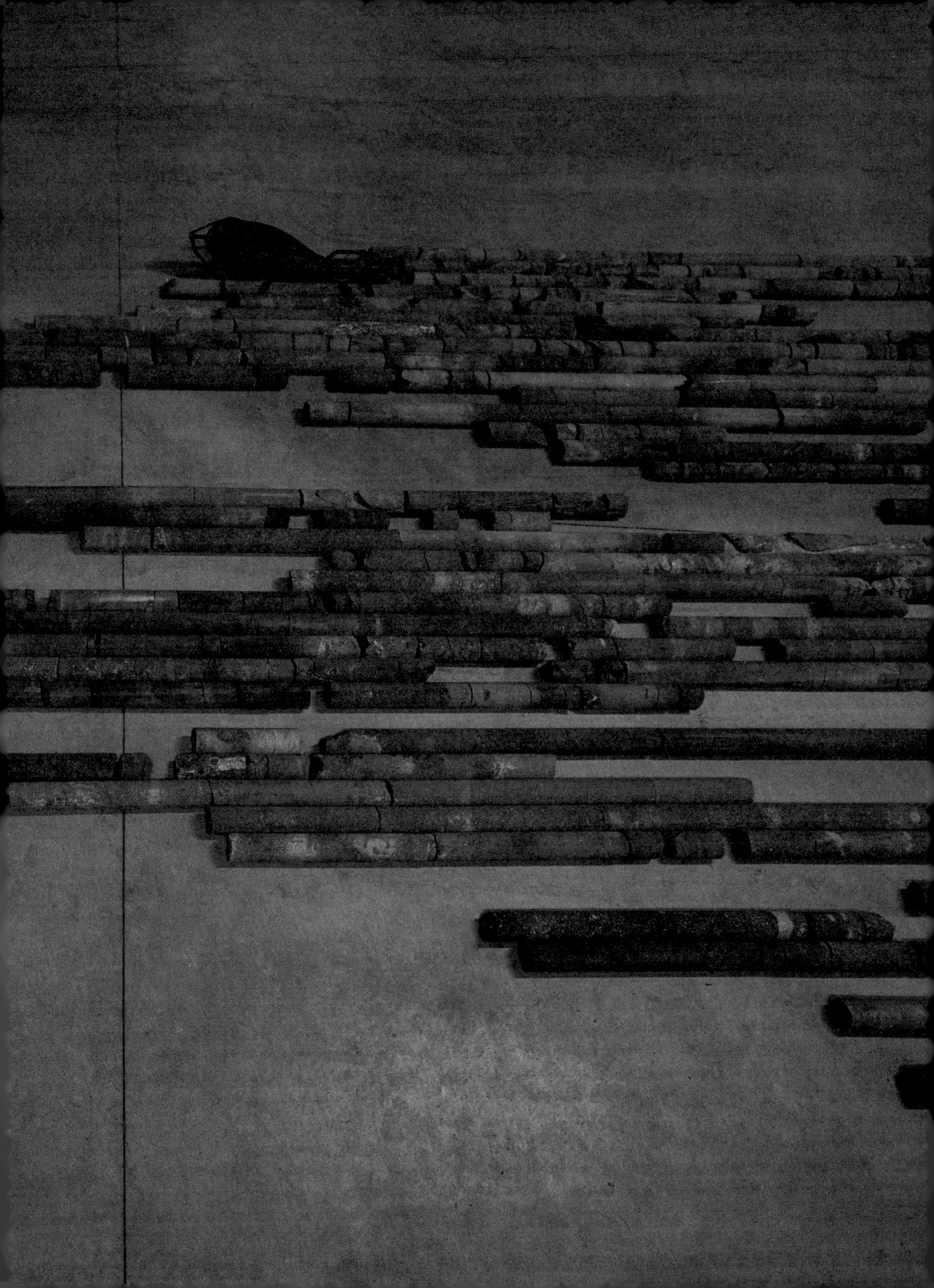

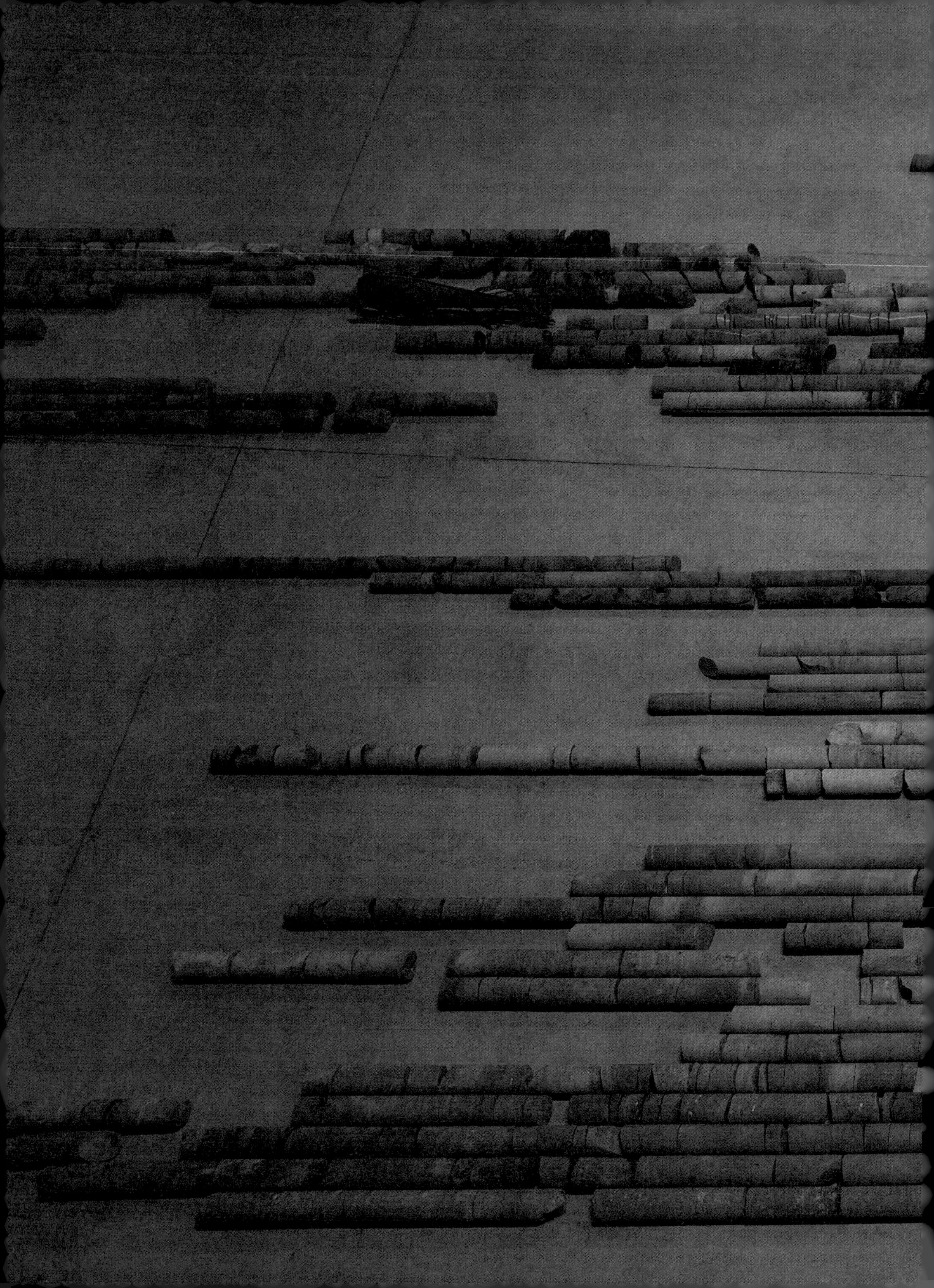

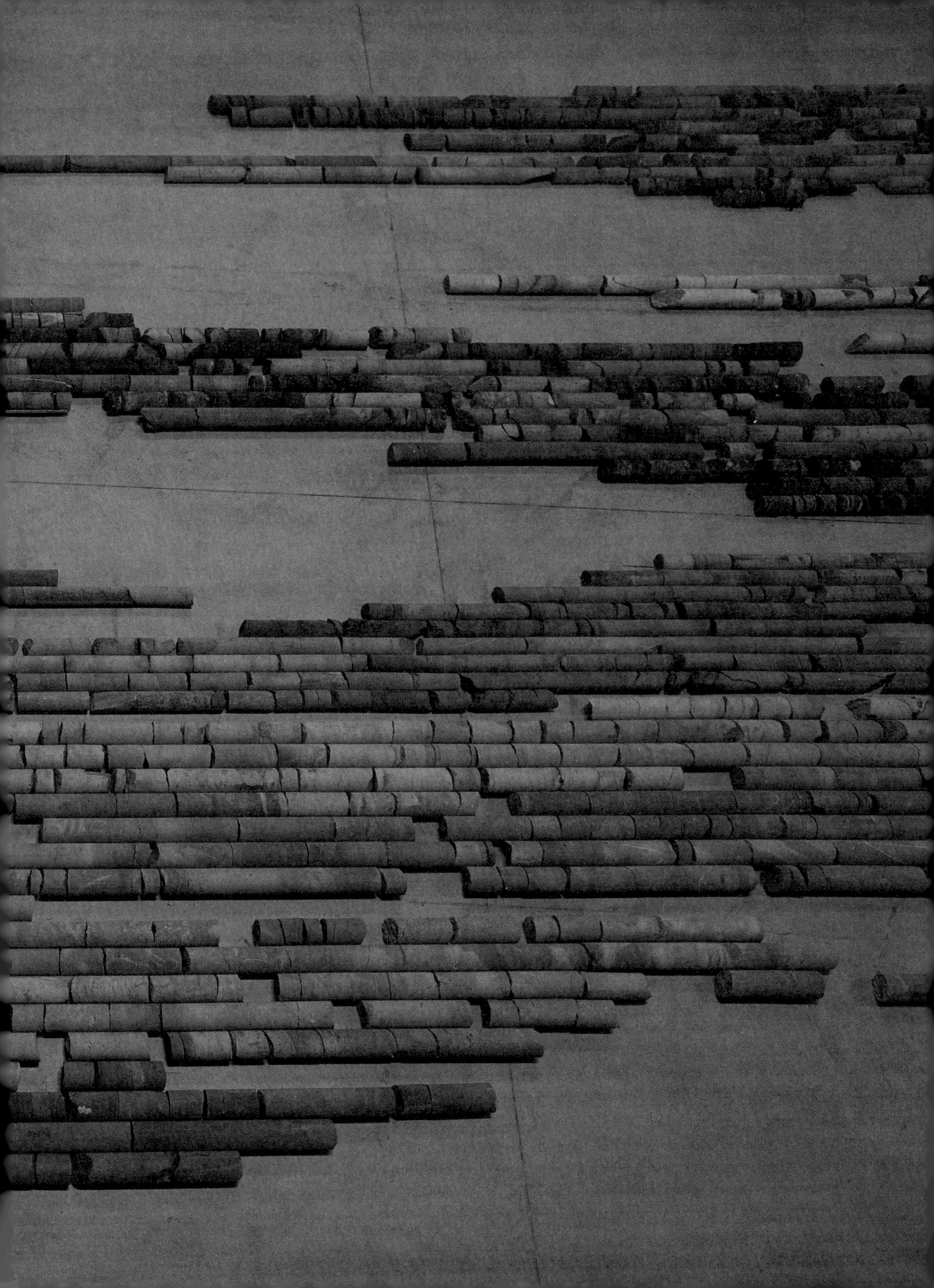

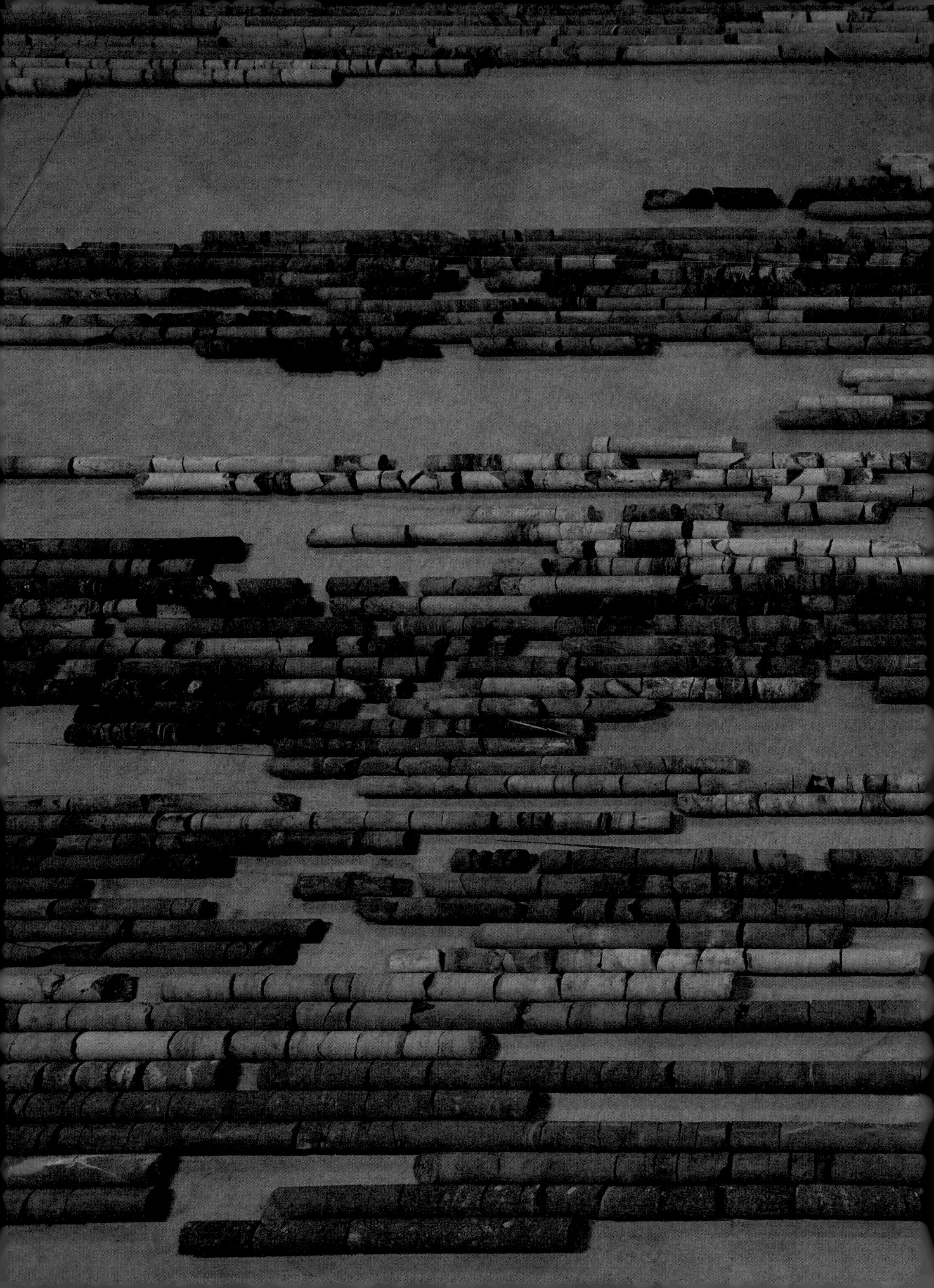

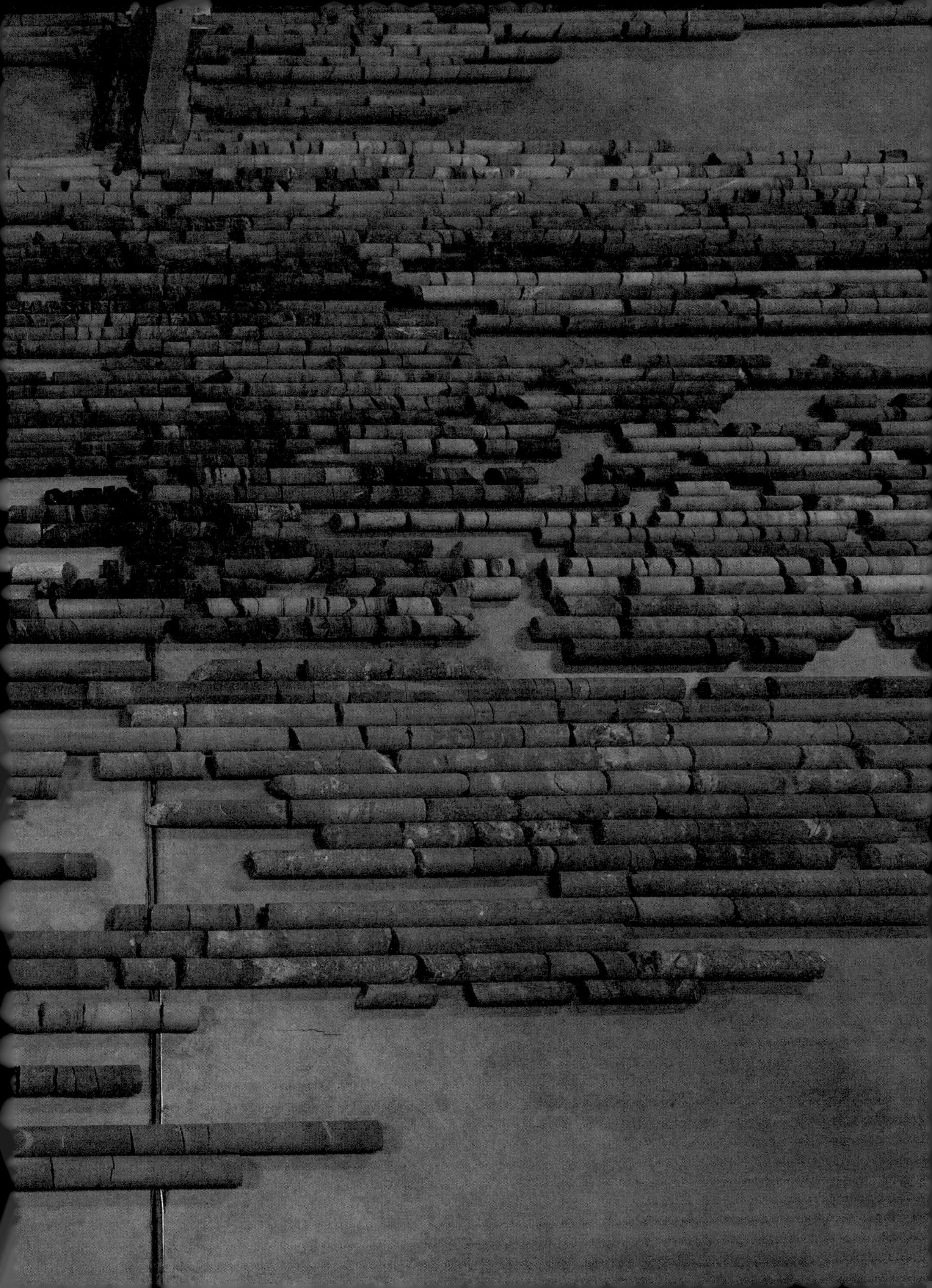

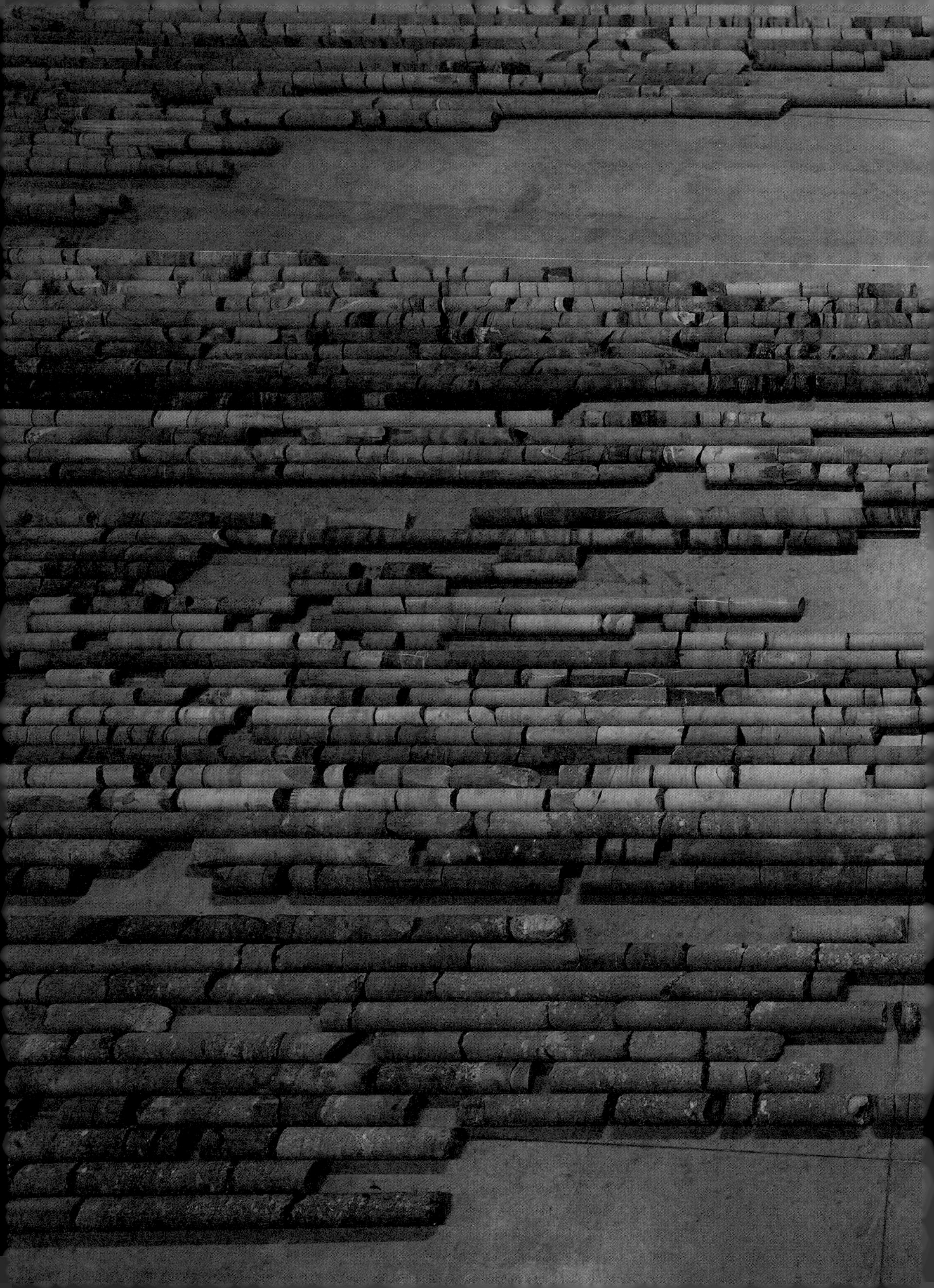

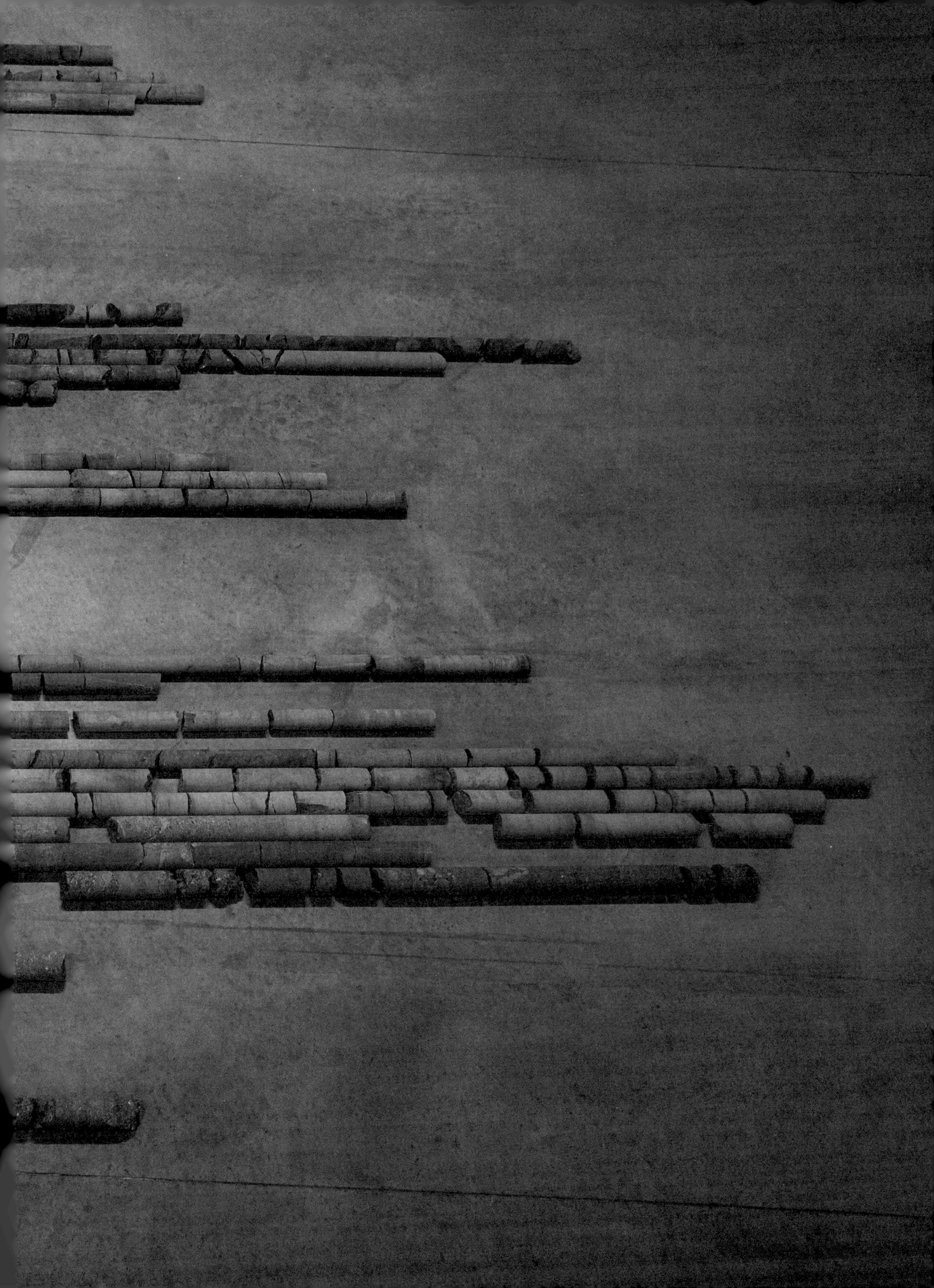

Produttivo, 2018-19

Installazione ambientale
Carotaggi dall'archivio Carbosulcis (vulcaniti, siltiti,
arenarie, lumachelle, microconglomerati, strati
carboniosi, calcare miliolitico)
Profondità di estrazione: -350-450 m s.l.m.
1500 m lineari, circa 130 × Ø 7,5 cm ciascun
carotaggio, dimensioni complessive variabili

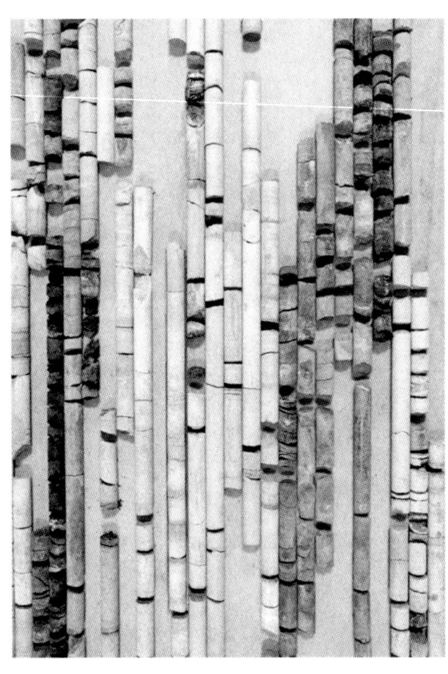

↑ *Produttivo*, 2018-19
(particolare / *detail*)

A partire dal 2014 Andreotta Calò crea una serie
di opere impiegando carotaggi, campioni di
materiale prelevati dal sottosuolo nell'ambito
di ricerche geologiche e ingegneristiche per
studiarne le caratteristiche fisiche. Interessato
all'idea della trasformazione della materia,
l'artista realizza questi lavori selezionando
carotaggi recuperati da differenti contesti
geografici, conducendo talvolta delle campagne
di campionamento ex novo. In particolare per
Produttivo, opera prodotta appositamente per
la mostra "CITTÀDIMILANO", l'artista amplia
il processo di ricerca già intrapreso nel 2013 nel
Sulcis Iglesiente, nella Sardegna sud-occidentale.
    I carotaggi di cui si compone
Produttivo sono costituiti da campioni di rocce
vulcaniche, calcare e carbone prelevati dalla
miniera della Carbosulcis, ultima società
specializzata nell'estrazione di carbone in Italia,
che dalla fine degli anni settanta ha fortemente
caratterizzato il contesto economico e sociale
dell'area del Sulcis e che dal dicembre 2018 è in
fase di chiusura.
    I segmenti di campionamenti
cilindrici sono installati dall'artista
parallelamente tra loro sul pavimento,
restituendo visivamente i livelli di profondità
ai quali sono stati estratti. La disposizione
di questi elementi consente idealmente al
visitatore che percorre lo spazio espositivo di
discendere attraverso gli strati del sottosuolo.
La corrispondenza che l'artista attiva tra il piano
longitudinale – la sequenza stratigrafica – e la
traiettoria orizzontale evoca un cammino ideale
verso l'oscurità del sottosuolo, rendendo visibili
le trasformazioni della materia attuate dal tempo.

Produttivo, 2018–19

Environmental installation
Core samples from the Carbosulcis archive
(vulcanite, siltstone, sandstone, lumachella
limestone, microconglomerate, carbonaceous layers,
miliolidae limestone)
Depth of extraction: -350–450 m a.s.l.
1500 linear m, approx. 130 × Ø 7.5 cm each core
sample, overall dimensions variable

Starting in 2014, Andreotta Calò began creating a series of works using core samples of material extracted from underground in geological and engineering research to study their physical characteristics. Interested in the idea of transformation of matter, the artist creates these works by selecting core samples from different geographical contexts, on occasion conducting specific core drilling operations. For *Produttivo* [Productive], a work produced specifically for the "CITTÀDIMILANO" exhibition, the artist pursues his previous research process begun in 2013 at Sulcis Iglesiente, in south-western Sardinia.

The core samples that compose *Produttivo* are volcanic rocks, limestone and coal taken from the Carbosulcis mine. Italy's last company specialized in coal mining, Carbosulcis has strongly conditioned economic and social context in the Sulcis area since the late 1970s; it began stopping its mining activities in December 2018.

The artist installed segments of these cylindrical samples parallel to one another on the floor, visually restoring the depth levels from which they were extracted. The arrangement of these elements allows the visitor to the exhibition space to ideally descend through the layers of the subsoil. The correspondence the artist activates between the longitudinal plane—the stratigraphic sequence—and a horizontal trajectory evokes an ideal path towards the darkness of the subsoil, rendering visible the transformations of matter enacted by time. Extending in groups whose jagged outlines recall peninsulas and archipelagos, the colors and chromatic nuances of the core samples' surface progressively shift towards black (the coal), varying according to the type of material and depth of extraction.

For the realization of this work, Andreotta Calò obtained access to the Carbosulcis core drilling archive, selecting over 1,500 linear meters down to the layer labeled "productive". In mining, this term indicates the layer between 350 and 450 meters in depth, where coal usable as an energy source is found. Through the title of the work, the artist enacts a conceptual short circuit between the word for the stratigraphic section ("produttivo", or productive) from which the material in the installation is extracted, and the progressive decommissioning of this resource, thus generating a sort of paradox. Taking on a specific conformation related to the context of its presentation, *Produttivo* pervades the surface of the exhibition space, revealing memories of a place, while at the same time bringing to light the final witness to a world which is doomed to vanish.

Through his intention of preserving an archive of geological, social and economic history while enhancing a collective heritage represented by the uniqueness of the cores in the installation, Andreotta Calò performs further operation projecting into the future the work as a concrete and conceptual element. The stratigraphy of samples from the same area undergoes a process of geographical displacement: various groups of cores from *Produttivo* were donated by the artist and transferred to museums across Italy.[1] By generating a network of places and activating new mapping through this renewed, "widespread" geographical reconfiguration, *Produttivo* will live on as an archive that, in its new dislocations and with its constituent parts independent of one another, preserves a unitary coherence transcendent of spatial and territorial boundaries.

M. L.

Estendendosi secondo raggruppamenti dai contorni frastagliati che richiamano penisole e arcipelaghi, i carotaggi presentano sulla superficie colorazioni e sfumature cromatiche che digradano verso il nero (del carbone) e variano in funzione della tipologia di materiale e della profondità di estrazione.

Per la realizzazione del lavoro, Andreotta Calò ha avuto accesso all'archivio di carotaggi della Carbosulcis, da cui ha selezionato oltre 1500 metri lineari appartenenti allo strato denominato "produttivo". Questo termine indica in ambito minerario lo strato posto tra i 350 e i 450 metri di profondità in cui è presente carbone utilizzato come fonte energetica. Già nel titolo dell'opera l'artista mette in atto un cortocircuito concettuale, fra il termine della sezione stratigrafica ("produttivo", appunto) da cui è estratto il materiale che compone l'installazione e la progressiva dismissione di questa risorsa, generando così una sorta di paradosso. Assumendo una conformazione specifica in relazione al contesto in cui viene presentato, *Produttivo* pervade la superficie dello spazio espositivo, facendo riemergere la memoria di un territorio e portando alla luce l'ultima testimonianza di una realtà destinata a scomparire.

Con l'intenzione di conservare un archivio di storia geologica, sociale ed economica e di valorizzare il patrimonio collettivo rappresentato dall'unicità dei carotaggi che compongono l'installazione, Andreotta Calò attiva un'ulteriore operazione rivolta al futuro, che diviene parte concreta e concettuale dell'opera stessa. Le stratigrafie di campionamenti provenienti da un medesimo territorio, infatti, sono soggette per volere dell'artista a un processo di dislocazione geografica, secondo il quale i diversi raggruppamenti di carotaggi che compongono *Produttivo* vengono donati e trasferiti in diverse istituzioni museali sul territorio nazionale[1]. Generando una rete di luoghi e attivando mappature inedite attraverso una nuova riconfigurazione geografica "diffusa", *Produttivo* continua a vivere come un archivio che, nella sua nuova dislocazione e pur nell'autonomia delle parti di cui si compone, conserva una coerenza unitaria trascendendo i confini spaziali e territoriali.

M.L.

1   A fine mostra l'artista ha donato l'opera in una inedita forma di co-proprietà a undici musei della rete AMACI: GAMEC - Galleria D'Arte Moderna e Contemporanea di Bergamo (Bergamo); MA*GA - Fondazione Galleria d'Arte Moderna e Contemporanea Silvio Zanella (Gallarate); Museo del Novecento (Milano); Fondazione Torino Musei - GAM - Galleria Civica d'Arte Moderna e Contemporanea di Torino (Torino); Fondazione Modena Arti Visive, Galleria Civica (Modena); Istituzione Bologna Musei | MAMbo - Museo d'Arte Moderna di Bologna (Bologna); Centro per l'Arte contemporanea Luigi Pecci, Fondazione per le Arti Contemporanee in Toscana (Prato); MAXXI Museo nazionale delle arti del XXI secolo (Roma); Fondazione Donnaregina per le arti contemporanee - MADRE - Museo d'Arte Contemporanea Donnaregina (Napoli); MUSMA - Museo della Scultura Contemporanea Matera (Matera); MAN - Museo d'Arte Provincia di Nuoro (Nuoro).
Inoltre, 11 segmenti, ciascuno appartenente a una rispettiva porzione (individuata in relazione alla profondità di estrazione dei carotaggi), sono stati acquisiti da collezioni private a supporto del progetto: ZERO..., Milano; Nomas Foundation; Massimo Adario & Dimitri Borri; Nicoletta Fiorucci; Luca Zaniboni; Rodolfo Dordoni; Carlo Clerici; Renato Ferri Pacini; Yuanart; Simone Becchio; Studio Giorgio Andreotta Calò.
Hanno collaborato alla realizzazione dell'opera: Marialuisa Prestini (progettazione tecnica); Angela Zanda, Giorgio Sardu (Carbosulcis); Stefano Elli, Dario Leone, Marialuisa Prestini, Cesare Rossi, Alberto Scodro (recupero e selezione carotaggi).

1   At the end of the exhibition, the artist donated the work in a new form of co-ownership to eleven museums in the AMACI (Association of Italian Museums of Contemporary Art) network: GAMeC - Galleria d'Arte Moderna e Contemporanea, Bergamo, Museo arte Gallarate, Museo del Novecento, Milan, GAM - Galleria Civica d'Arte Moderna e Contemporanea, Turin, Galleria Civica di Modena, MAMbo - Museo d'Arte Moderna di Bologna, Centro per l'arte contemporanea Luigi Pecci, Prato, MAXXI Museo nazionale delle arti del XXI secolo, Rome, MADRE Museo d'Arte Contemporanea Donna Regina, Naples, MUSMA - Museo della Scultura Contemporanea, Matera, and the MAN Museo d'arte in the Province of Nuoro.
In addition, 11 segments, each belonging to a respective portion (identified in relation to the core sample depth), have been acquired from private collections to support the project: ZERO..., Milano; Nomas Foundation; Massimo Adario & Dimitri Borri; Nicoletta Fiorucci; Luca Zaniboni; Rodolfo Dordoni; Carlo Clerici; Renato Ferri Pacini; Yuanart; Simone Becchio; Giorgio Andreotta Calò Studio.
The following people collaborated to the realization of the work: Marialuisa Prestini (technical project); Angela Zanda, Giorgio Sardu (Carbosulcis); Stefano Elli, Dario Leone, Marialuisa Prestini, Cesare Rossi, Alberto Scodro (retrieval and selection of core samples).

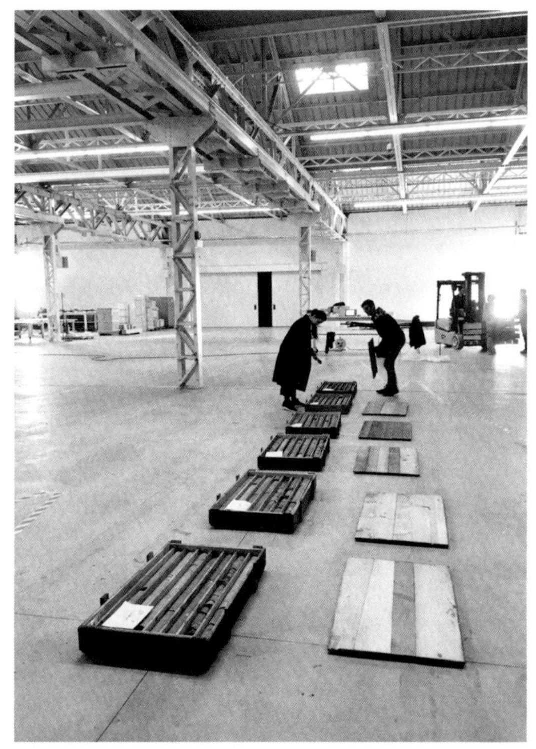

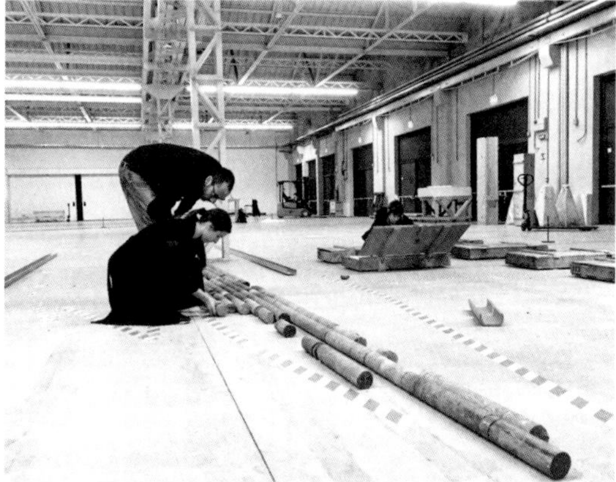

→ *Produttivo*, 2018-19
Allestimento dell'opera / *Work installation*,
Pirelli HangarBicocca, Milano,
febbraio / *February* 2019

↓ *Produttivo*, 2018-19
Recupero carotaggi / *Retrieval of core samples*,
archivio Carbosulcis, Nuraxi Figus, Sardegna,
gennaio / *January* 2019

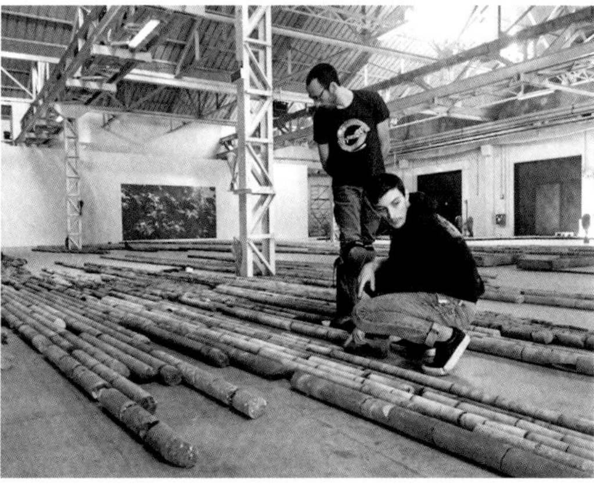

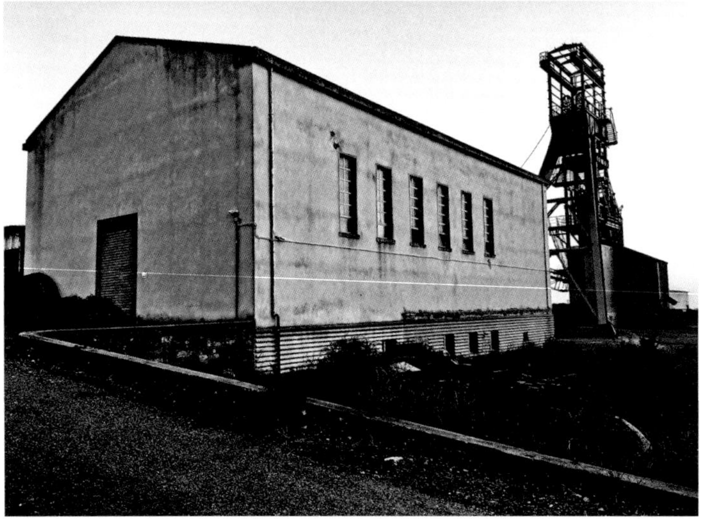

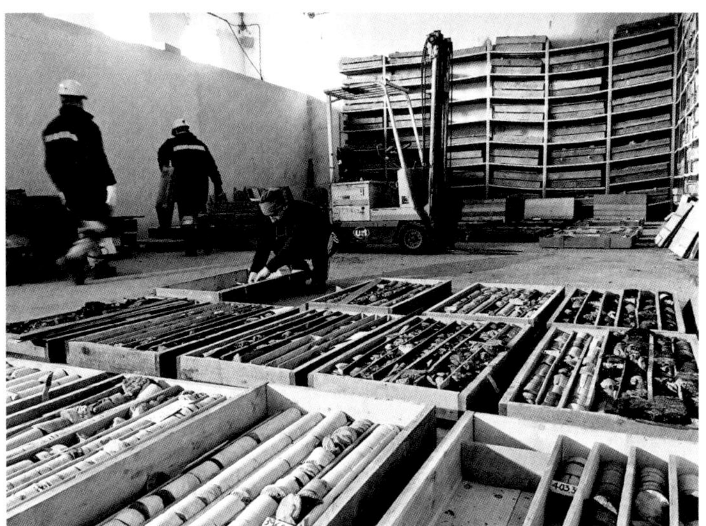

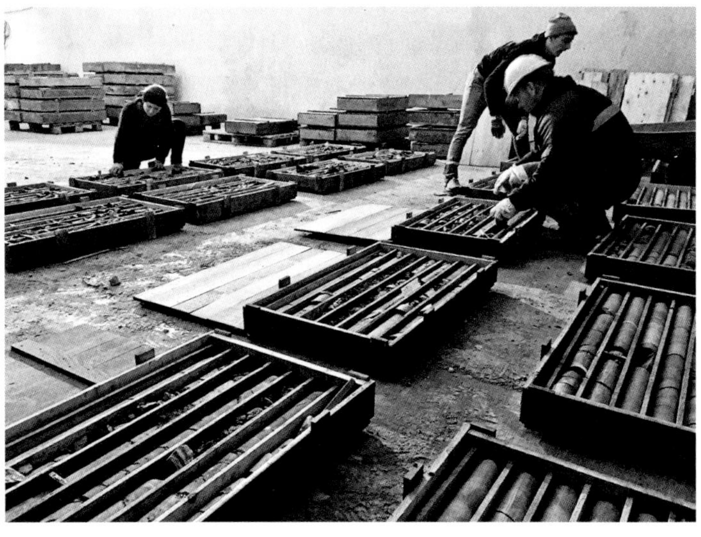

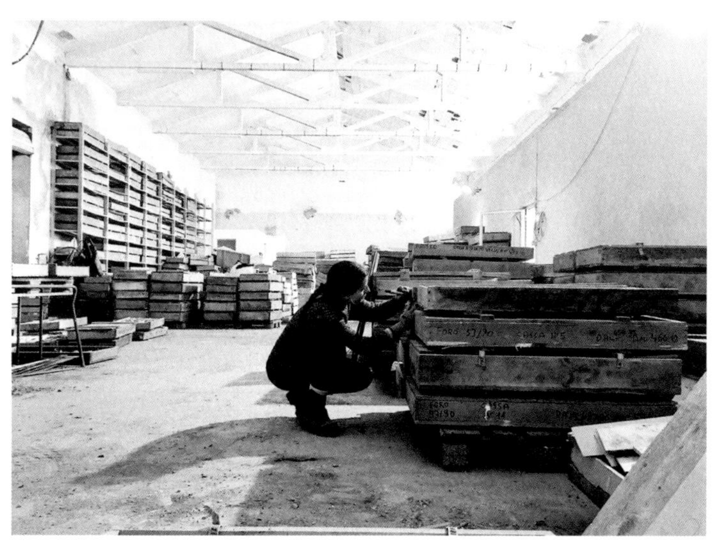

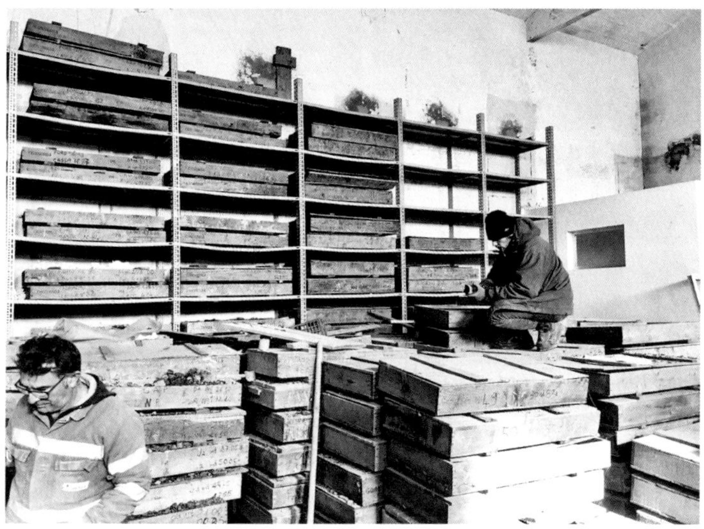

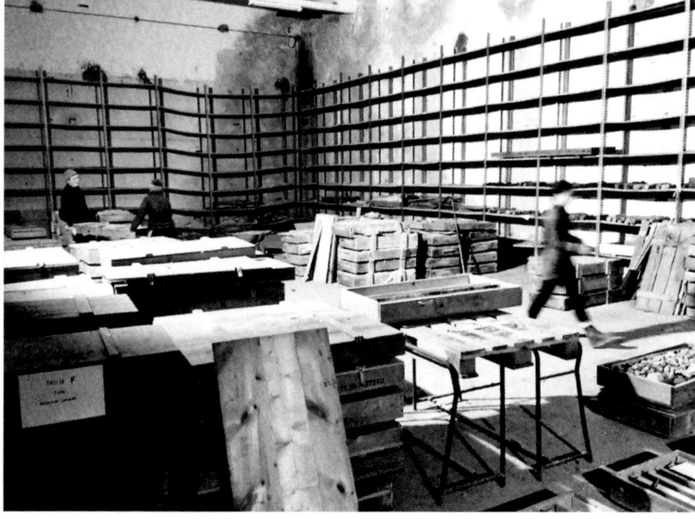

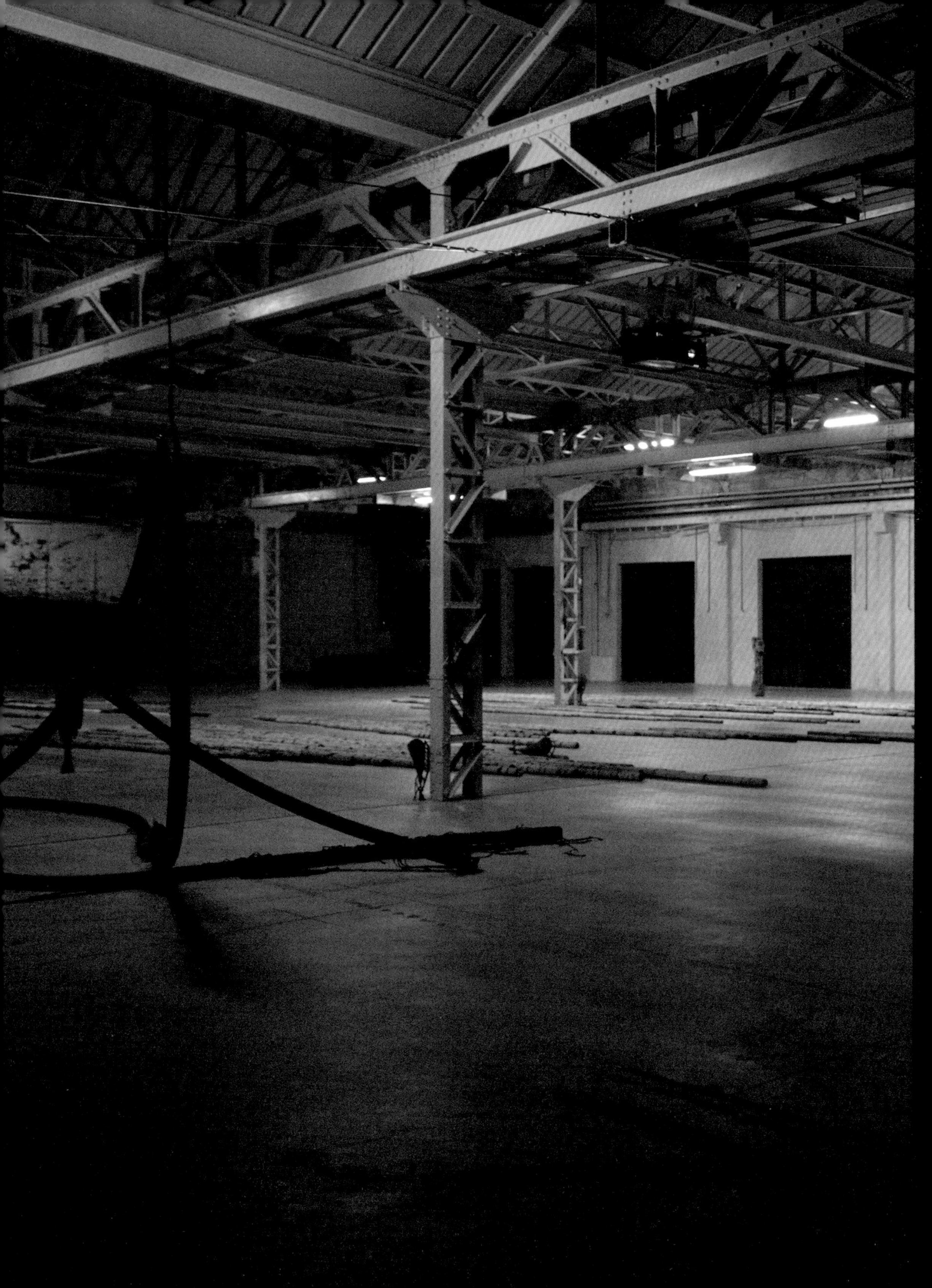

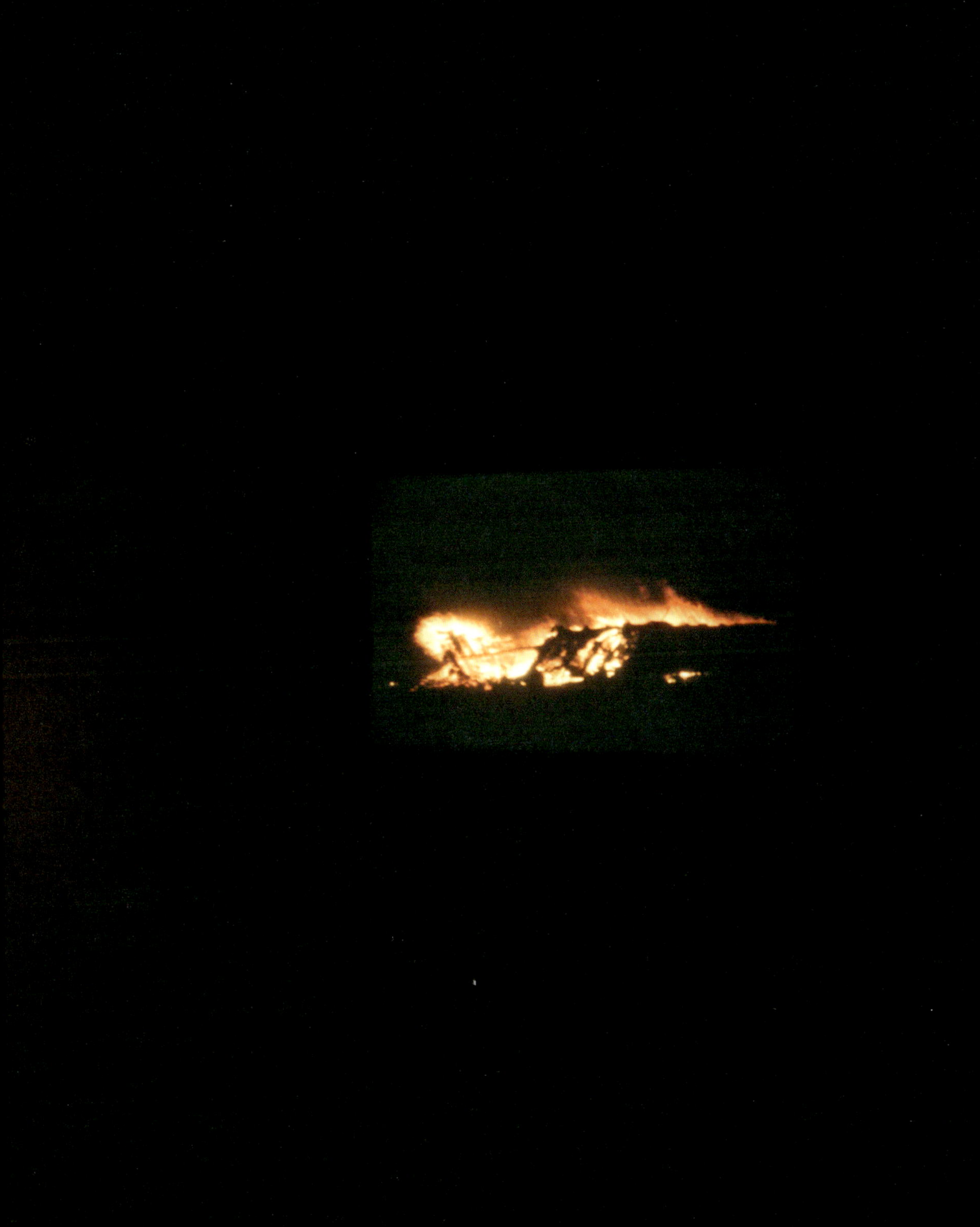

In girum imus nocte, 2014

Film 16mm, bianco e nero e colore, silenzioso
13' 59"
Riprese e montaggio: Hector Castells-Matutano

In girum imus nocte è un film 16mm girato nel
2014 da Giorgio Andreotta Calò in Sardegna.
L'opera documenta un'azione che si svolge dal
tramonto all'alba, durante la celebrazione di
Santa Barbara[1], la notte del 4 dicembre, in cui
l'artista ha compiuto insieme a un gruppo di
minatori un cammino notturno dalla miniera
Carbosulcis all'isola di Sant'Antioco. Il film
segue l'incedere del gruppo nell'oscurità della
notte, illuminato dalle sole luci provenienti
dai fari degli elmetti: salita su barche condotte
da pescatori locali, la compagine raggiunge la
sponda più vicina dell'isola di Sant'Antioco per
proseguire il cammino verso la spiaggia. È qui
che parallelamente si svolge l'incendio di una
barca di legno. Il fuoco illumina la notte,
consumandosi lentamente e trasformando la
barca in carbone.

    L'opera è l'esito di un più ampio
progetto di indagine condotto a partire dal 2013
nel territorio del Sulcis Iglesiente, nella Sardegna
sud-occidentale, durante il quale Andreotta Calò
ha trascorso lunghi periodi di lavoro, muovendosi
nell'entroterra del parco minerario tra Carbonia
e Nuraxi Figus, fino a raggiungere l'Isola di
Sant'Antioco e la circostante zona lagunare.
L'interesse per le attività che caratterizzano
l'identità del territorio ha portato l'artista a
collaborare con varie figure del luogo, tra cui i
dipendenti della Carbosulcis e alcuni pescatori
locali. In più occasioni, infatti, l'artista è disceso
con i minatori negli impianti di estrazione della
Carbosulcis, a 500 metri di profondità: una
di queste discese è documentata nel film e ne
costituisce il punto di partenza.

    L'azione del camminare costituisce
un elemento fondamentale nella pratica di
Giorgio Andreotta Calò, in quanto rappresenta
un'esperienza unica strettamente legata al
contesto e alla contingenza in cui l'artista

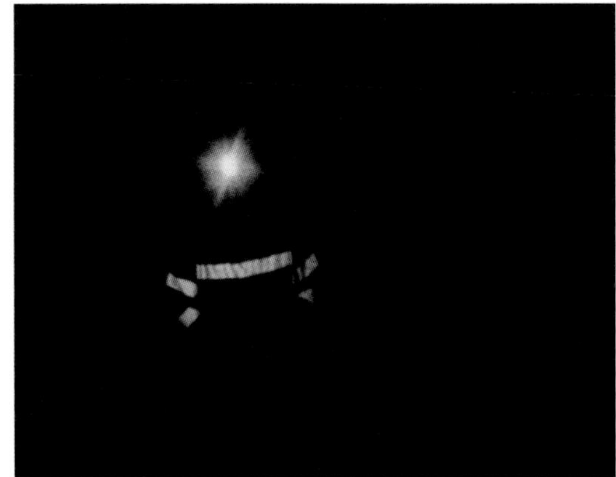

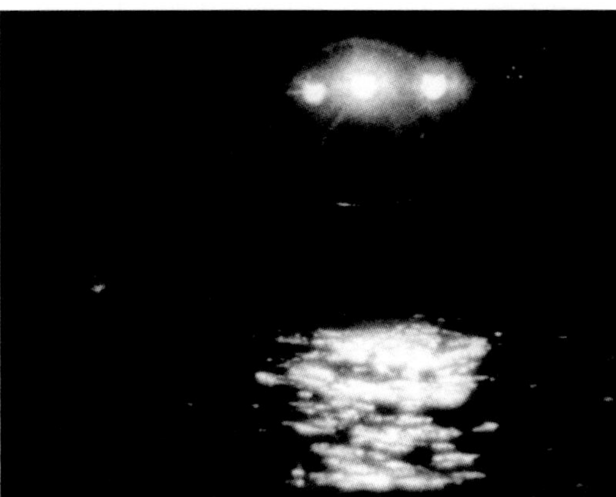

↑ *In girum imus nocte*, 2014
Fotogrammi / *Film stills*

In girum imus nocte, 2014

16mm film, black and white and color, silent
13' 59''
Shooting and editing: Hector Castells-Matutano

In girum imus nocte is a 16mm film Giorgio Andreotta Calò shot in Sardinia in 2014. The work documents an action that unfolds from dusk to dawn, during the celebration of Santa Barbara[1] on the night of 4 December, when the artist and a group of miners walked by night from the Carbosulcis mine to the island of Sant'Antioco. The film follows the group's procession through the darkness, illuminated by the miners' helmet torches: boarding a boat driven by local fishermen, the group reaches the nearest shore of the island of Sant'Antioco and continues its journey towards the beach. Here, in parallel, a wooden boat is burned in a fire that illuminates the night, slowly consuming itself and turning into coal.

The work is part of a wider project the artist has been engaged in since 2013 in the Sulcis Iglesiente area, in south-western Sardinia, during which he spent long periods working, exploring the inland of the mining zone between Carbonia and Nuraxi Figus, until he reached the Island of Sant'Antioco and the surrounding lagoon area. Andreotta Calò's interest in the activities characteristic of the area's identity prompted him to collaborate with a number of local figures, including Carbosulcis employees and local fishermen. On several occasions, the artist went down with the miners into the Carbosulcis mine to a depth of 500 meters: one of these descents is documented in the film and constitutes its starting point. The action of walking is a fundamental element in Giorgio Andreotta Calò's practice, as it does represent a unique experience closely associated with context and contingency. In the film that documents the journey, the times and places of the action are reconfigured into a narrative structure that reflects a symbolic dimension. The burning boat (the first narrative trigger) is followed by the miners' descent underground (which, for the artist, is associated with moving towards the depths of the unconscious). In a poetic inversion, from the depths of the mine the viewer pass directly to the external landscape, now transfigured into a dreamlike scenario. This movement is made fluid by the film's chromatic continuity, which remains pervaded by the color black. This same continuity returns in the process of transformation that occurs to the matter activated by fire. The wooden boat, this emblem of the fishermen, burns to become coal, which is a primary resource for the miners. The artist's choice of film as a medium ties in to a material transformation too: 16mm film is a medium that is subject to a change of state when it is imprinted through photosensitive emulsion.

The title *In girum imus nocte*, which is the first part of a palindrome Latin expression that conveys meaning read in either direction, emphasizes the circular dynamic that characterizes the action. Through the circularity of ritual time, the miners and fishermen are projected into a new dimension that puts their symbolic role before their social role.[2] According to the artist's intention, their march transcends contingent political connotations; it bears witness to a productive function nearing exhaustion, transformed into an apotropaic path recognizant of their value and dignity.

M. B.

la mette in atto. Nel film che documenta il cammino, tempi e luoghi dell'azione sono riconfigurati in una struttura narrativa che ne riflette la dimensione simbolica. Alla barca in fiamme – primo innesco narrativo – segue la discesa dei minatori verso il sottosuolo – associata dall'artista al movimento verso le profondità dell'inconscio. Con un'inversione poetica, dalle profondità della miniera si passa direttamente al paesaggio esterno, trasfigurato così in uno scenario onirico. Un movimento reso fluido dalla continuità cromatica della pellicola, che rimane pervasa dal colore nero. La stessa continuità ritorna nel processo di trasformazione della materia innescato dal fuoco. La barca in legno, emblema dei pescatori, bruciando diventa carbone, risorsa primaria per i minatori. Una trasformazione materica a cui è legata anche la scelta da parte dell'artista del film come medium: la pellicola 16mm è un supporto che subisce un cambiamento di stato e viene impressa attraverso l'emulsione fotosensibile.

  Il titolo *In girum imus nocte*, costituito dalla prima parte di un'espressione palindroma latina che può essere quindi compresa in entrambi i sensi di lettura, enfatizza la dinamica circolare che caratterizza l'azione. Minatori e pescatori vengono proiettati, attraverso la circolarità del tempo rituale, in una nuova dimensione che ne rivendica il ruolo simbolico prima ancora di quello sociale[2]. Nelle intenzioni dell'artista la loro marcia trascende connotazioni politiche contingenti, pur nella consapevolezza di una funzione produttiva in esaurimento, diventando piuttosto un cammino apotropaico che ne riconosce il valore e la dignità.

  M.B.

1 Nell'agiografia Barbara è una martire cristiana nota per essere entrata in contrasto con il padre Dioscoro, pagano, a causa della sua conversione al cristianesimo. Dopo essere stata torturata con il fuoco, la notte del 4 dicembre 306 fu decapitata con la spada per mano dello stesso Dioscoro. Immediatamente dopo, quest'ultimo fu però colpito da un fulmine che lo incenerì. Santa Barbara viene per questo invocata contro la morte improvvisa per fuoco, contro i fulmini e le esplosioni. È la patrona di minatori, artificieri, vigili del fuoco, marinai, artiglieri, architetti, ingegneri ambientali, muratori, campanari, ombrellai. La scelta di girare il film durante la notte di Santa Barbara, oltre che alla presenza dei minatori, si lega all'incenerimento di Dioscoro, emblema della trasformazione della materia attraverso la combustione.

2 Il titolo rimanda al palindromo latino *in girum imus nocte et consumimur igni* ("andiamo in giro di notte e siamo consumati dal fuoco"). La frase è stata ripresa in varie occasioni, tra cui da Guy Debord come titolo del suo celebre film del 1978, ed è stata più volte interpretata come allusione in chiave metaforica al volo delle lucciole, o delle falene, che ricercano la luce nell'oscurità, compiendo spirali circolari fino a consumarsi e morire.

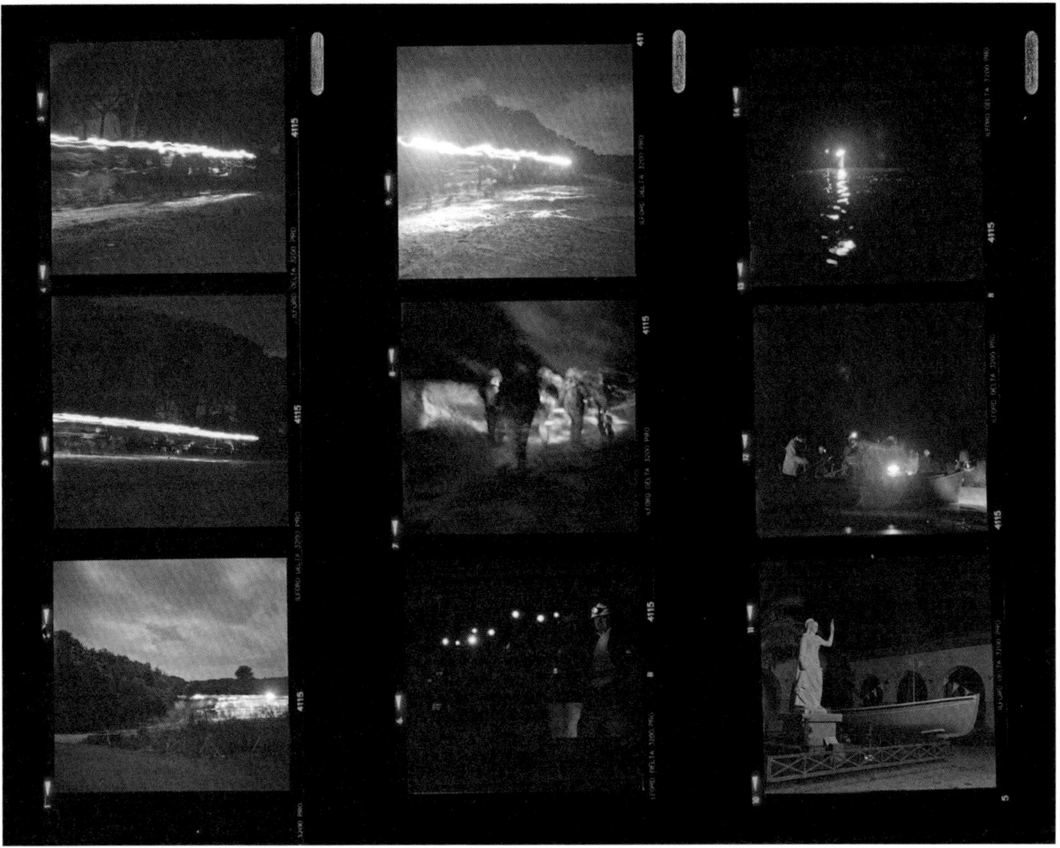

↑ *In girum imus nocte*, 2014
Documentazione fotografica dell'azione /
Photographic documentation of the action,
Sulcis Iglesiente, Sardegna,
4 dicembre / *December* 2014

1   In her hagiography, Barbara is a Christian martyr known to have come into conflict with her pagan father Dioscoro because she converted to Christianity. After being tortured with fire, on the night of 4 December 306 the same Dioscoro beheaded her with a sword. Immediately afterwards, he was struck by lightning and incinerated. This is why Saint Barbara is invoked against sudden death by fire, lightning and explosions. She is the patron saint of miners, pyrotechnicians, firemen, sailors, artillerymen, architects, environmental engineers, bricklayers, bell ringers, and umbrella makers. The artist's decision to shoot the film on the night of Santa Barbara, in addition to the presence of the miners, is linked to the incineration of Dioscoro as an emblem of the transformation of matter through combustion.

2   The title refers to the Latin palindrome *in girum imus nocte et consumimur igni* ("We go round and round in the night and are consumed by fire"). The phrase has been cited on several occasions, including by Guy Debord as the title of his famous 1978 film, and interpreted several times as a metaphorical allusion to the flight of fireflies or moths as they seek light in the darkness, making circular spirals until they weary and die.

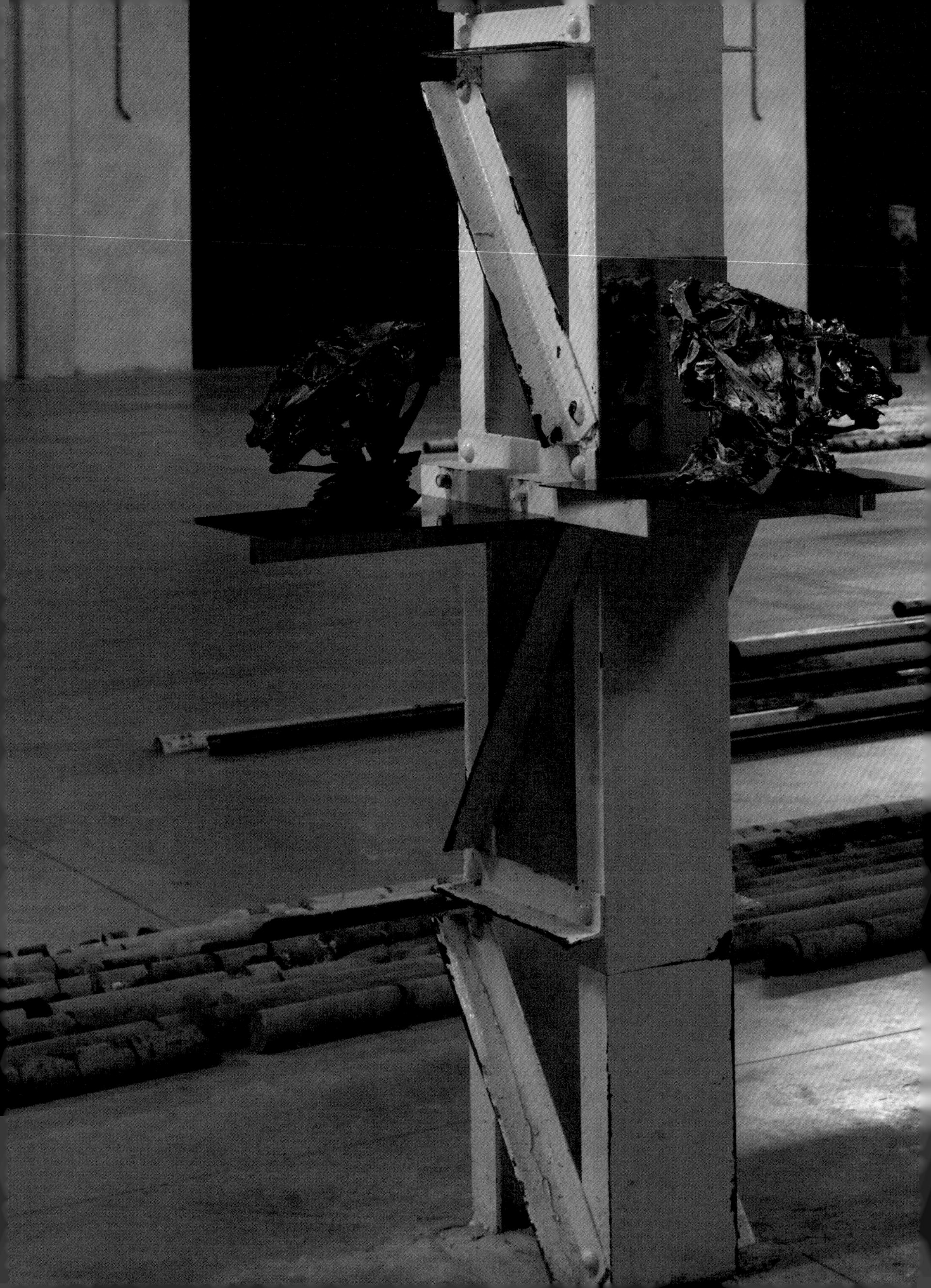

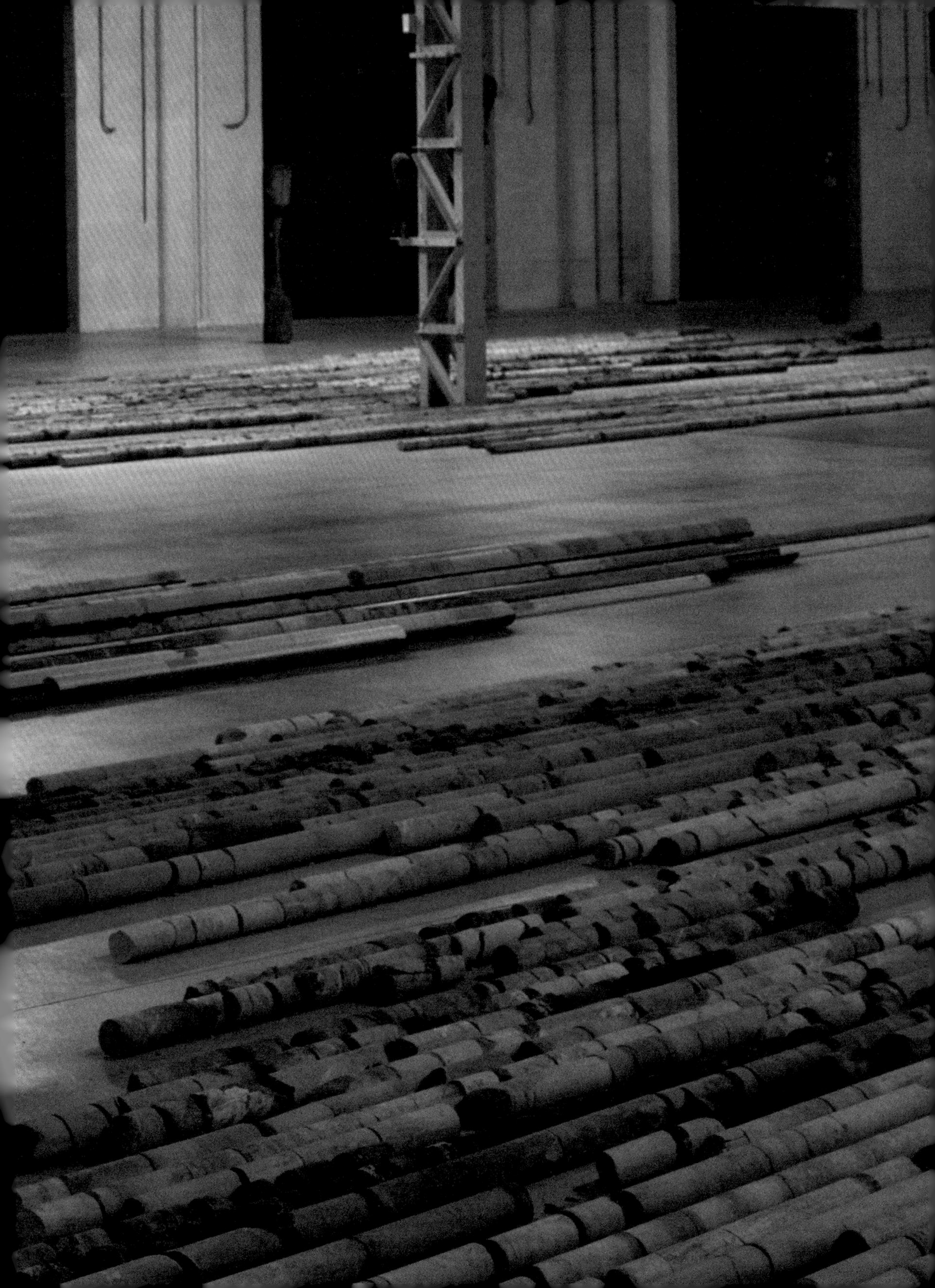

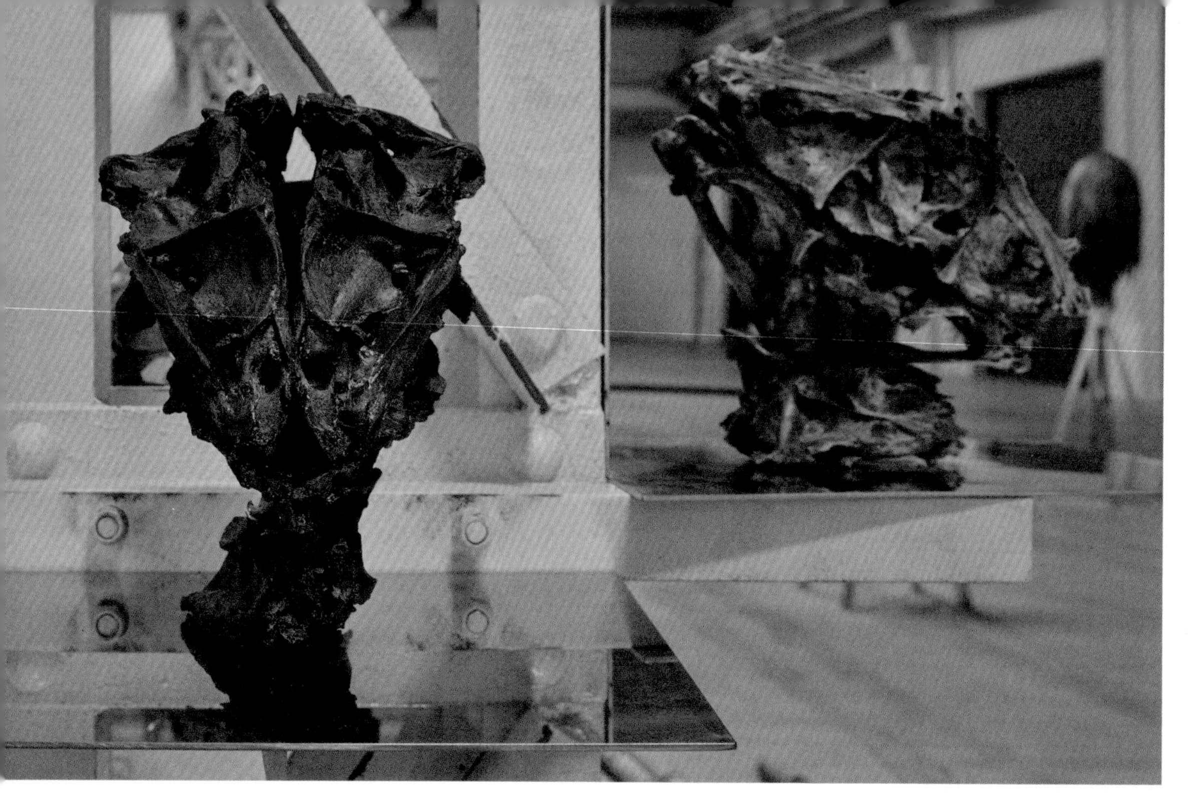

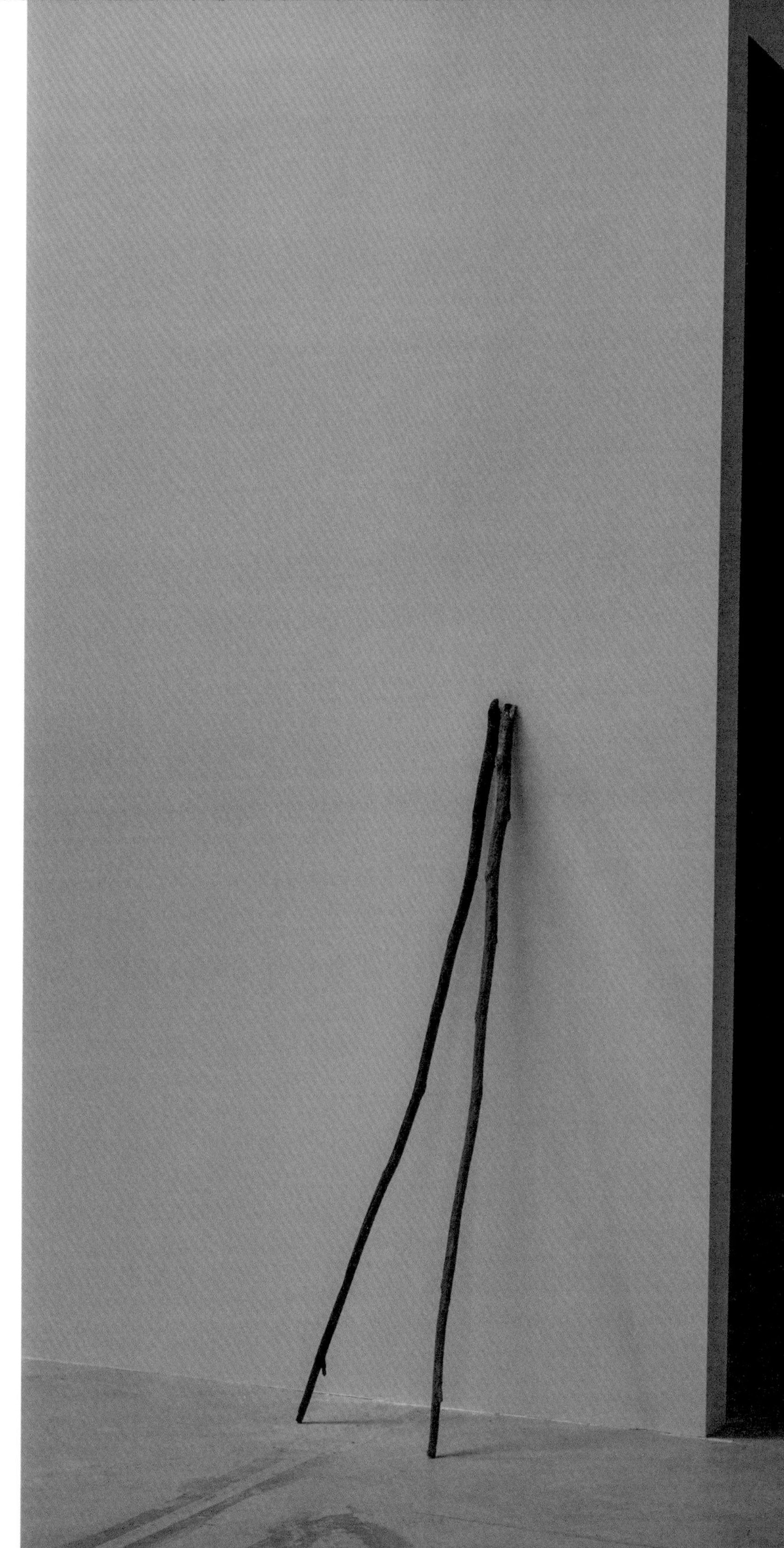

Dogod, 2014 - 2015 - 2015-16
Senza titolo, 2016

Dogod, 2014
Ossa
7 elementi, 20 × 20 × 30 cm

Dogod, 2015
Fusione in bronzo a cera persa
20 × 20 × 30 cm
Bronsgieterij Stijlaart, Tiel

Dogod, 2015-16
Fusione in bronzo bianco a cera persa
20 × 20 × 30 cm
Bronsgieterij Stijlaart, Tiel
Fonderia Artistica Battaglia, Milano

Senza titolo, 2016
Fusione in bronzo a cera persa, legno
2 elementi, 160 × Ø 3 cm ciascuno
Bronsgieterij Stijlaart, Tiel
Fonderia Artistica Battaglia, Milano

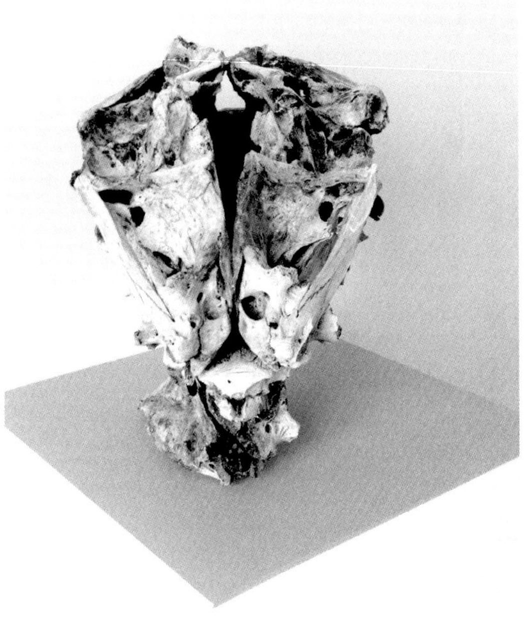

↑ *Dogod*, 2014

Dogod è una scultura realizzata da Giorgio Andreotta Calò nel 2014, durante la residenza presso l'ISCP (International Studio and Curatorial Program) di New York. La genesi dell'opera si lega al periodo e alle ricerche svolte dall'artista nel Sulcis Iglesiente, area in cui sono stati recuperati i sette elementi in osso di cui si compone la prima versione del lavoro. Riassemblati a richiamare il cranio di un animale misterioso, gli elementi danno origine a un oggetto "a più facce": ciascuna di esse, speculare alle altre come in un esaedro[1], riproduce una forma analoga indipendentemente dall'angolazione da cui la si osservi, visibile anche attraverso lo specchio che funge da base d'appoggio per la scultura. Il titolo *Dogod*, unione delle parole *dog* (cane) e *god* (divinità), è una parola palindroma che resta inalterata indipendentemente dalla direzione di lettura. Dalla prima scultura in ossa sono state poi realizzate, mediante la tecnica della fusione a cera persa, una replica in bronzo (2015) e una in bronzo bianco (2016). Le sembianze di queste sculture, identiche ma composte di materiali differenti, riportano alla memoria figure

Dogod, 2014 – 2015 – 2015–16
Senza titolo, 2016

Dogod, 2014
Bones
7 elements, 20 × 20 × 30 cm

Dogod, 2015
Lost wax bronze casting
20 × 20 × 30 cm
Bronsgieterij Stijlaart, Tiel

Dogod, 2015–16
Lost wax white bronze casting
20 × 20 × 30 cm
Bronsgieterij Stijlaart, Tiel
Fonderia Artistica Battaglia, Milan

Senza titolo, 2016
Lost wax bronze casting, wood
2 elements, 160 × Ø 3 cm each
Bronsgieterij Stijlaart, Tiel
Fonderia Artistica Battaglia, Milan

Dogod is a sculpture Giorgio Andreotta Calò created in 2014, during his residency at the ISCP (International Studio and Curatorial Program) in New York. The origin of the work is linked to the artist's period of research in Sulcis Iglesiente, an area in which the seven bone elements of which the first version of the work is composed were retrieved. Reassembled to recall the skull of a mysterious animal, the elements generate a "multi-faceted" object: as a mirror to the others arranged in a *hexahedron*,[1] each of them reproduces an analogous form regardless of the angle from which it is viewed, as well as being visible through the mirror that serves as the sculpture's base. The title *Dogod*, a union of the words *dog* and *god*, is a palindrome word that remains unchanged regardless of the direction in which it is read. After that first bone sculpture, Andreotta Calò made a bronze replica (2015) and a white bronze one (2016) using the lost wax casting technique. For the artist, the appearance of these identical sculptures, albeit composed from different materials, bring to mind mythological figures from distant cultures, from the Egyptian god Anubis to the Greek Cerberus, right up to the Inugami of Japanese tradition. These works recall artifacts of ancestral origin, objects of worship, simulacra with thaumaturgical power belonging to a universal imaginary, all the while referring to an unknown time and place.

A similar process is related to the sculpture *Senza titolo* [Untitled] (2016), which originates from work in Sulcis where a natural element, a burnt wooden branch, combines with its bronze casting. The two parts are placed next to one other in a mirror-like manner on a tangent to the vertex, making it almost impossible to distinguish the two transformational processes to which the matter has been subjected (carbonization on the one hand, fusion on the other). The combustion, recalling the burning boat of the film *In girum imus nocte* [We go round and round in the night] (2014), is conceived as a catalyzation of a process that represents a symbolic passage of state, reproposed in the juxtaposition between the original and the bronze copy. The work also recalls the shape of the stick, evoking the ritual aspect of the action of walking in the artist's practice in its primordial meaning.

M. B.

1   The volume resulting from the composition is considered to consist of six faces, as the seventh element has the function of support.

mitologiche che ricorrono in culture lontane, dal dio egizio Anubis al Cerbero greco, fino agli Inugami della tradizione giapponese. Le opere ricordano dei reperti di origine ancestrale, oggetti di culto, simulacri dal potere taumaturgico appartenenti a un immaginario universale e riferibili a un luogo e un tempo sconosciuti.

Un simile processo avviene nella scultura *Senza titolo* (2016), che ha origine dalle ricerche nel Sulcis, in cui un elemento naturale, un ramo di legno bruciato, viene accostato alla sua fusione in bronzo. Le due parti sono collocate l'una accanto all'altra in maniera speculare e tangente al vertice, rendendo quasi impossibile distinguere i due processi di trasformazione a cui è stata sottoposta la materia (la carbonizzazione da un lato e la fusione dall'altro). La combustione, richiamando la barca in fiamme del film *In girum imus nocte* (2014), si configura come catalizzazione di un processo e rappresenta un passaggio di stato simbolico, riproposto nell'accostamento tra originale e copia in bronzo. L'opera allude inoltre alla configurazione del bastone evocando, secondo un'accezione primordiale, la dimensione rituale legata all'azione del camminare nella pratica dell'artista.

M.B.

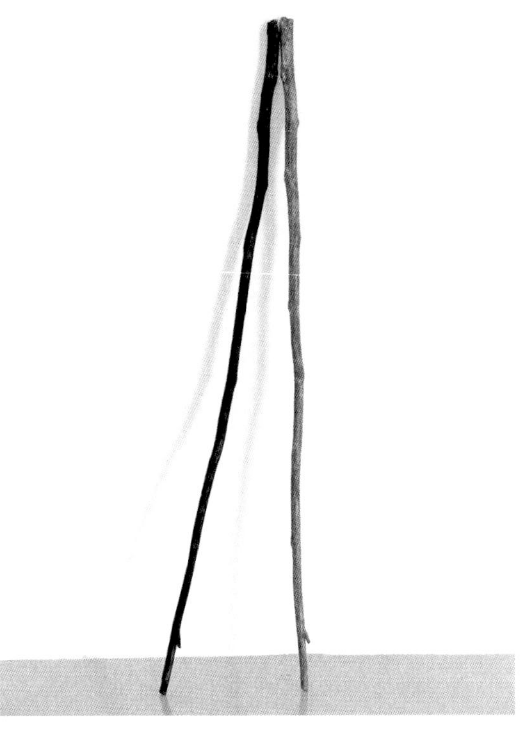

↑   *Senza titolo*, 2016

→   Disegno preparatorio per /
Preparatory sketch for Dogod, 2014
China su carta / *India ink on paper*, 13 × 21 cm

1   Il volume che risulta dall'assemblaggio è considerato composto da sei facce, in quanto il settimo elemento ha funzione di sostegno.

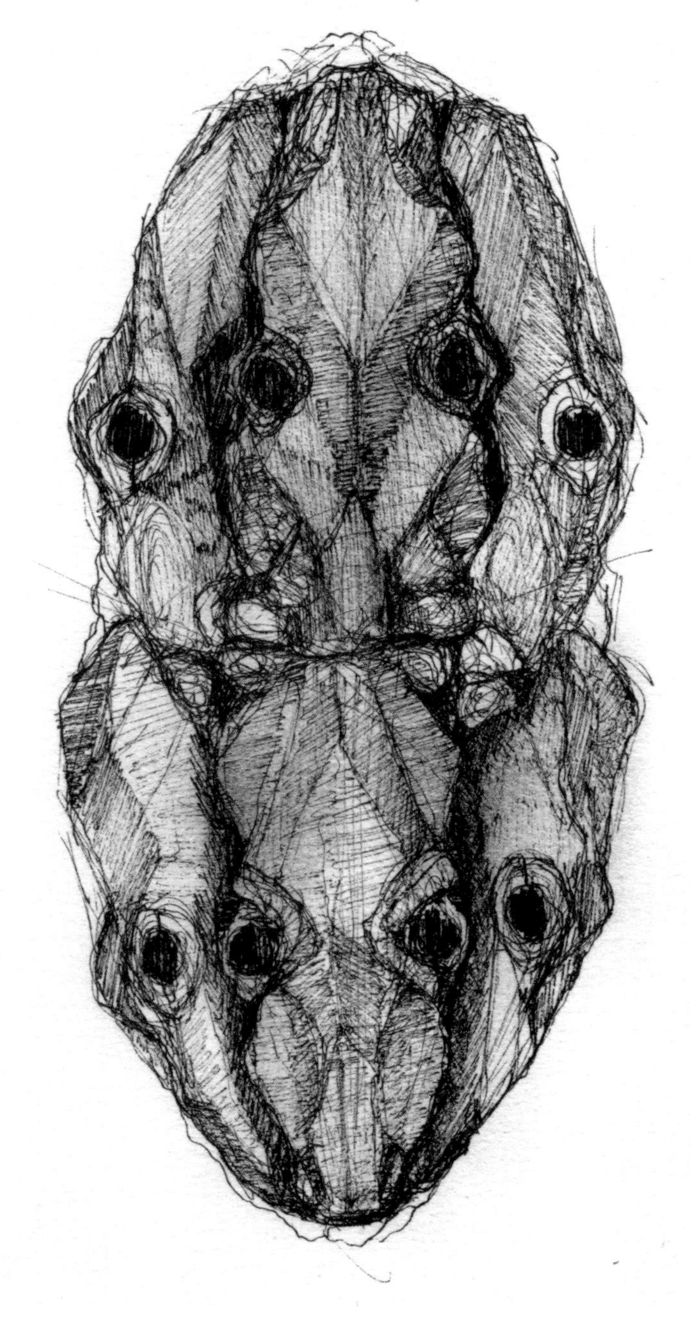

Dogod — Senza titolo

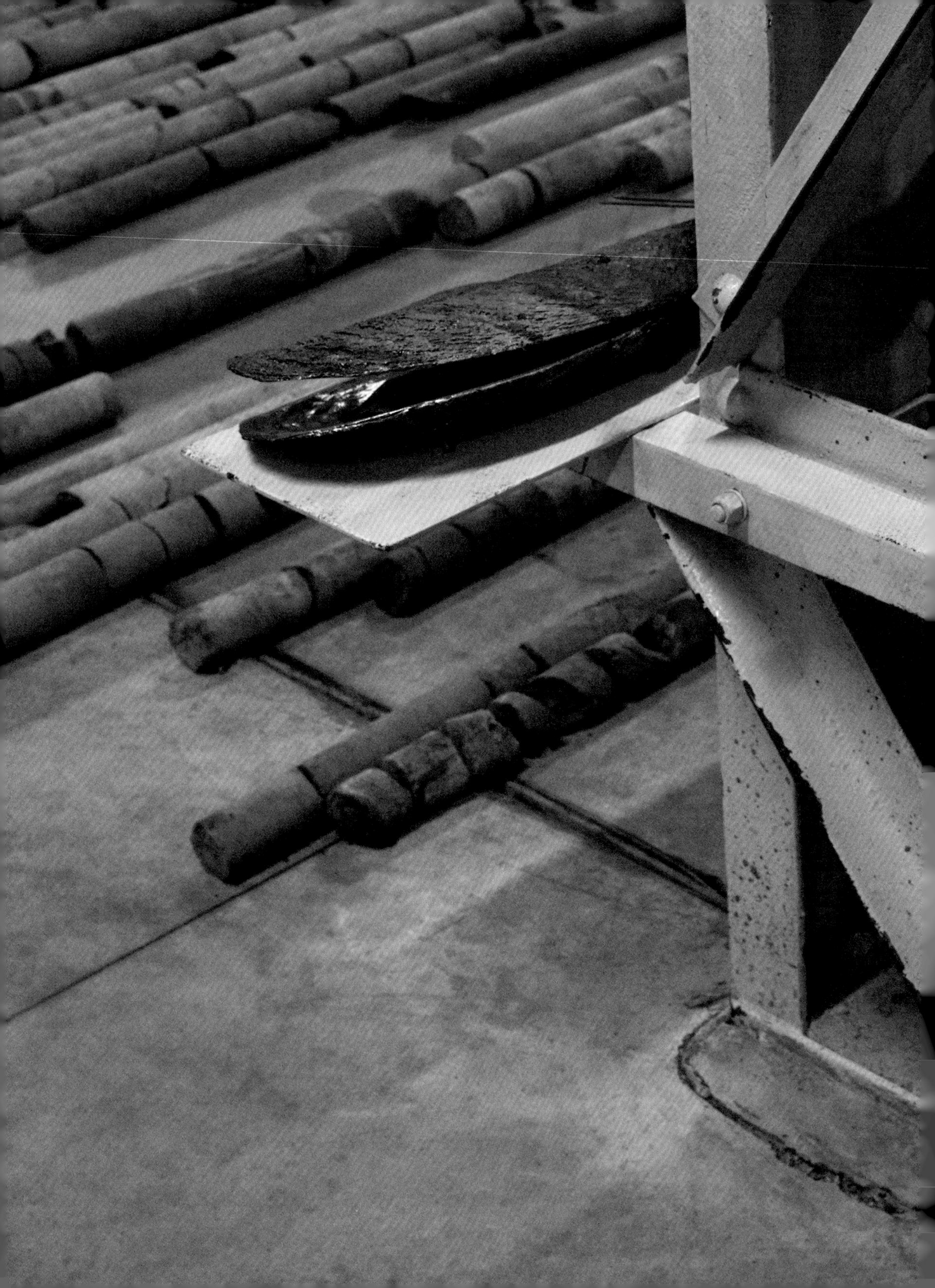

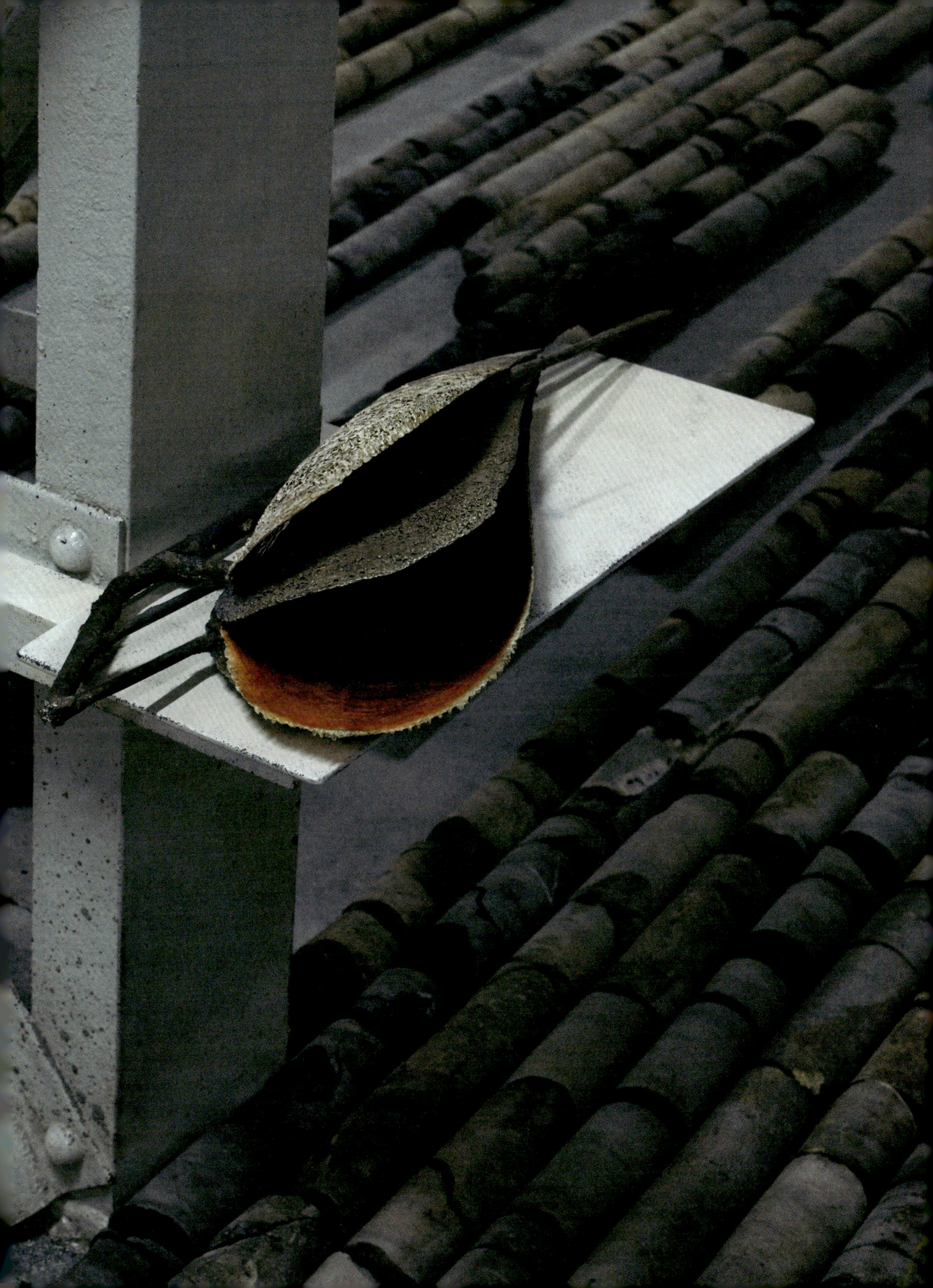

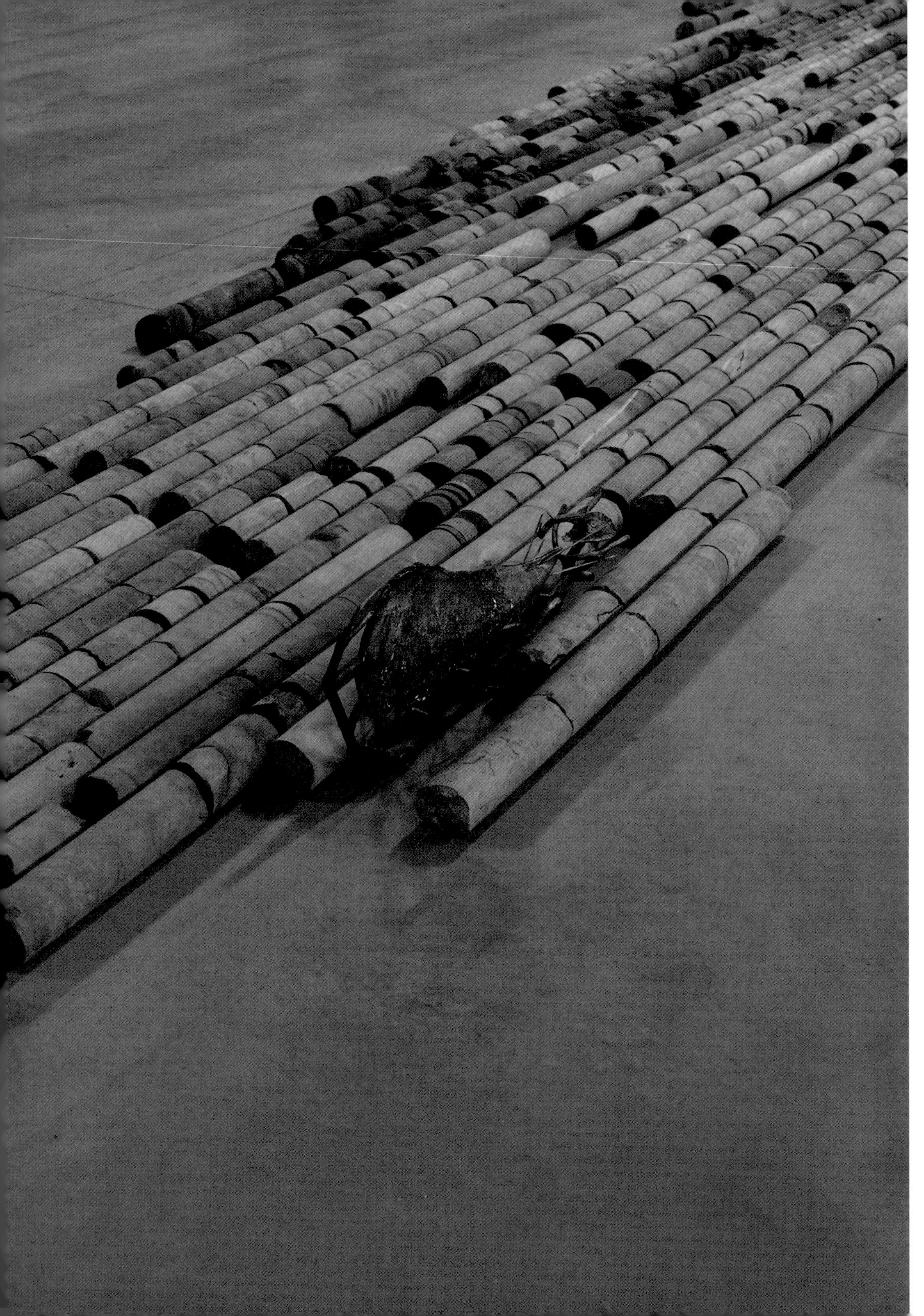

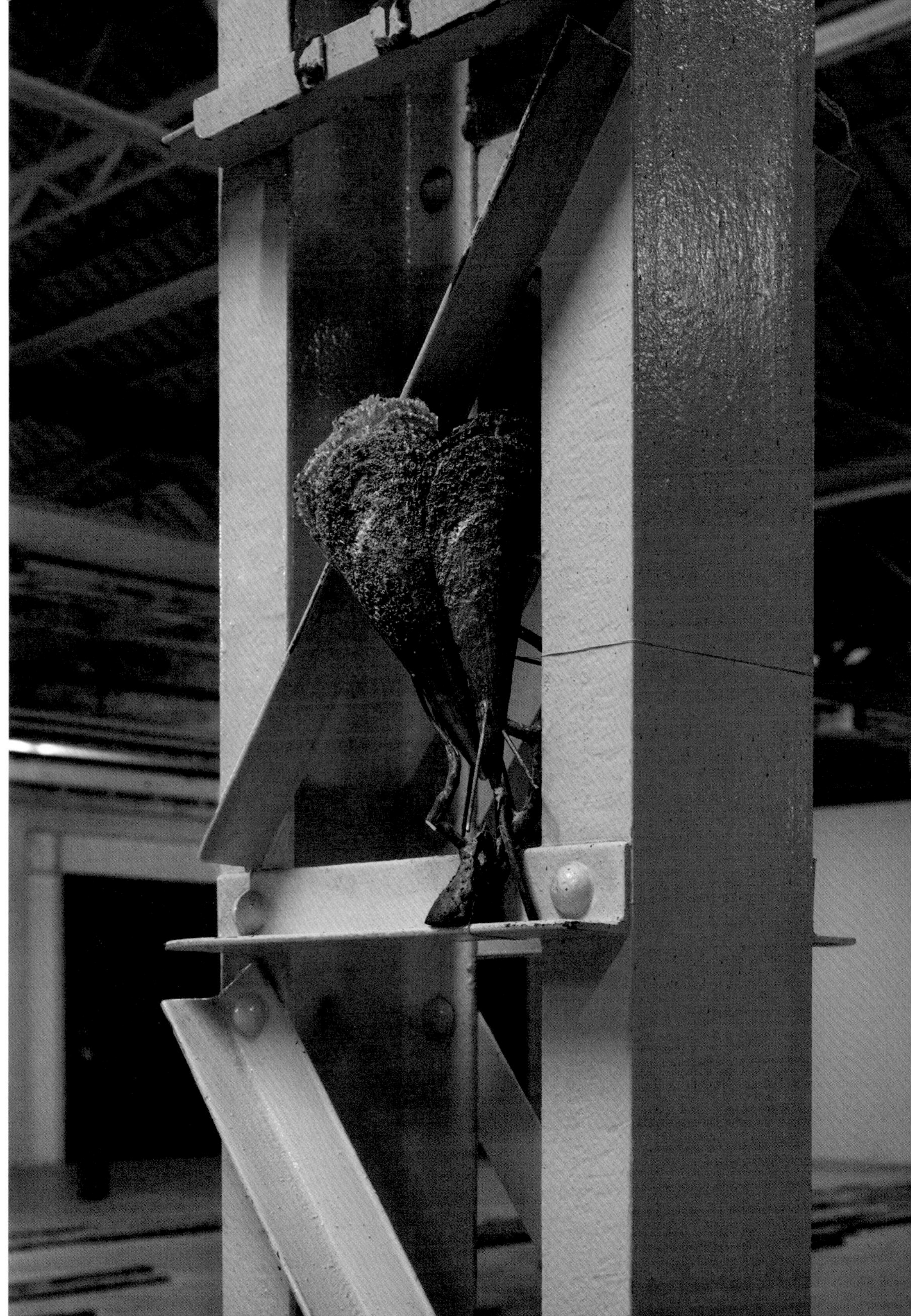

Pinna Nobilis, 2014 - in corso

Serie di sculture
Fusione in bronzo a cera persa e/o conchiglia
Dimensioni variabili
Bronsgieterij Stijlaart, Tiel
Fonderia Artistica Battaglia, Milano

Realizzata in bronzo a partire dal 2014[1], la serie
di sculture ha origine da alcuni esemplari di
Pinna Nobilis recuperati dall'artista e deriva
il proprio nome e le proprie sembianze dalla
conchiglia dell'omonimo mollusco. L'organismo
di grandi dimensioni[2] presente nelle acque
del Mediterraneo ha una conformazione
naturalmente simmetrica e si compone di due
valve laterali pressoché uguali tra loro[3]. Oltre
al corpo centrale fuso in bronzo costituito dalla
conchiglia, le opere conservano come parti
integranti del proprio volume i canali di colata
del metallo e l'"imbocco", tracce del processo
di fusione a cera persa trasformati in elementi
di sostegno della scultura stessa. In alcuni
esemplari, inoltre, la conchiglia originale è
contenuta all'interno della scultura in bronzo,
evidenziando la compresenza tra un elemento
naturale e la creazione dell'artista, concepita
da quest'ultimo come il risultato di una
trasmutazione alchemica.

Nel 2017 Giorgio Andreotta Calò
crea una serie di *Pinna Nobilis* in bronzo
bianco per l'installazione ambientale *Senza
titolo (La fine del mondo)*, in occasione della
partecipazione al Padiglione Italia della 57.
Biennale di Venezia. Integrate organicamente
alla struttura di ponteggi, sui cui pali erano
"aggrappate" come delle propaggini capillari,
le opere popolavano il livello inferiore
dell'installazione. Mentre contribuivano alla
figurazione di un ambiente oscuro e sommerso,
anticipavano, trasponendolo in forma scultorea,
il meccanismo di riflessione attivato al livello
superiore dall'intero intervento[4]. Dopo una
scalinata ascensionale si manifestava al pubblico
una visione vertiginosa, straniante e al contempo
limpida e calma e l'architettura dell'Arsenale,
lasciata integra, rifletteva i suoi volumi su un
grande specchio d'acqua. Il medesimo processo di

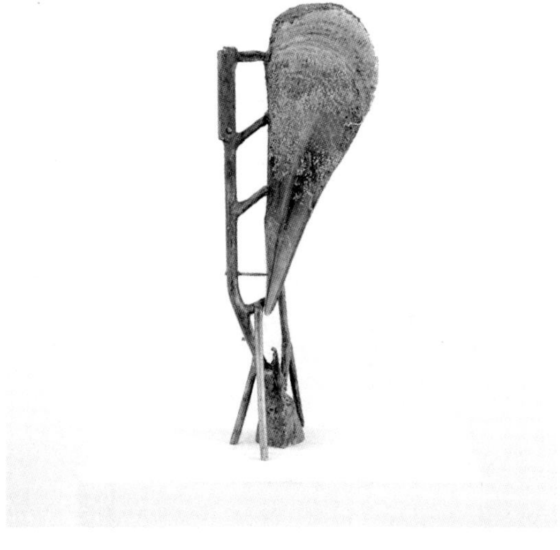

↑ *Pinna Nobilis (J/J)*, 2017
Bronzo bianco, conchiglia / *White bronze, shell*,
46 × 16 × 15 cm

Pinna Nobilis, 2014 – ongoing

Sculpture series
Lost wax bronze casting and/or shell
Variable dimensions
Bronsgieterij Stijlaart, Tiel
Fonderia Artistica Battaglia, Milan

This series of sculptures, which the artist has been casting in bronze since 2014,[1] originates from some specimens of Pinna Nobilis recovered by the artist and derives its name and appearance from the shell of the mollusk of that name. This large organism,[2] which lives in the waters of the Mediterranean, has a naturally symmetrical conformation and features two almost equal lateral valves.[3] In addition to the central body cast in bronze made of the creature's shell, these works include the metal casting channels and the "mouth", traces of the lost wax casting process transformed into supporting elements of the sculpture itself and retained as integral parts of its volume. In some pieces, however, the original shell is also part of the bronze sculpture, highlighting a coexistence between a natural element and the artist's creation, conceived as the result of an alchemical transmutation.

In 2017, Giorgio Andreotta Calò created a series of *Pinna Nobilis* in white bronze for the environmental installation *Senza titolo (La fine del mondo)* [Untitled (The end of the world)] exhibited at the Italian Pavilion during the 57th Venice Biennale. Organically integrated into the scaffolding structure on whose poles they "cling" like capillary ramifications, these works populated the lower level of the installation. While adding to the figuration of a dark, submerged environment, they transpose into sculptural form and anticipate the mechanism of reflection that the entire work activates at its upper level.[4] At the top of an ascending staircase, a dizzying, alienating and at the same time clear and calm vision appears to the public, with the untouched Arsenale architecture reflecting its volumes onto a large pool of water. The same process of these sculptures' mimesis with the surrounding environment occurs in the "CITTÀDIMILANO" exhibition installation, in which twenty-six examples of *Pinna Nobilis* integrate organically with the building's architecture and with the other works on display: some are placed on pillars in the space, others lay on the ground near the core samples from *Produttivo* [Productive] (2018–19).

The *Pinna Nobilis* series brings to light many themes that are recurrent in the artist's practice: notably, his view of the landscape, in particular the Venice lagoon, from which Andreotta Calò extracts fragments and reworks them into objects that possess a strong, symbolic and evocative charge. The symmetric form of Pinna Nobilis also recalls the symbology of the double as a vehicle of investigation for the present, suspended between reality and virtual representation.

M. B.

mimesi delle sculture con l'ambiente circostante avviene nell'installazione per la mostra "CITTÀDIMILANO", in cui ventisei esemplari di *Pinna Nobilis* si integrano in modo organico sia con l'architettura dell'edificio sia con le altre opere esposte: alcune sono collocate sui pilastri dello spazio, mentre altre sono disposte a terra in prossimità dei carotaggi che compongono l'installazione *Produttivo* (2018-19).

La serie *Pinna Nobilis* racchiude molteplici tematiche che percorrono trasversalmente la ricerca dell'artista: lo sguardo sul paesaggio e in particolare sulla laguna di Venezia, da cui Andreotta Calò estrae alcuni frammenti e li rielabora in oggetti dalla forte carica simbolica ed evocativa. La forma speculare della Pinna Nobilis richiama inoltre la simbologia del doppio e diventa uno strumento di indagine per il presente, sospeso tra la realtà e la sua virtuale rappresentazione.

M.B.

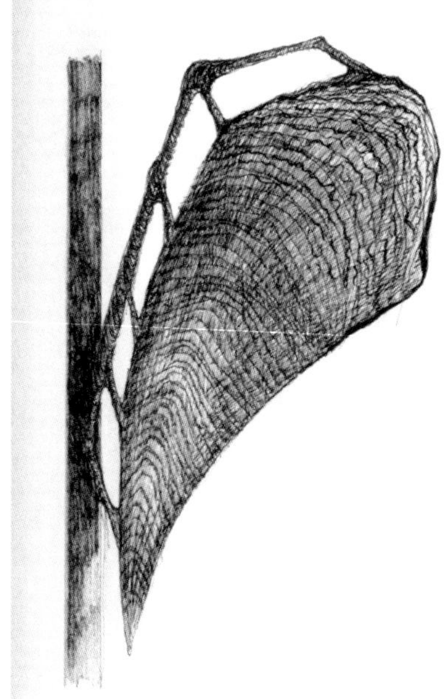

↑   Disegno preparatorio per / *Preparatory sketch for Pinna Nobilis*, 2016
China su carta / *India ink on paper*, 21 × 29 cm

1   Allo stesso anno risale la loro prima esposizione al pubblico nella mostra "La scultura lingua morta (I)", presso la galleria Wilfried Lentz, Rotterdam.

2   Organismo ermafrodita, esso produce un filamento, il *bisso marino*, da cui si ricava un prezioso tessuto simile alla seta, dal colore bruno dorato; con questo sin dall'antichità venivano realizzati pregiatissimi indumenti e ricami, tanto da essere citato nell'Apocalisse di Giovanni come emblema di ricchezza.
La presenza di questi organismi, endemica nel Mediterraneo, è minacciata da molte attività antropiche. In modo forse paradossale, diverse colonie di Pinna Nobilis sono nuovamente proliferate nella laguna di Venezia, dove erano ormai scomparse, come conseguenza del programma di ripopolamento della fauna lagunare che ha accompagnato la costruzione del MO.S.E. (acronimo di MOdulo Sperimentale Elettromeccanico), la grande opera architettonica, tuttora in corso di realizzazione, consistente in una diga di paratoie mobili volte a contrastare l'alta marea a Venezia.

3   La stessa struttura simmetrica può essere ritrovata in diverse sculture e interventi dell'artista, come ad esempio la serie *Clessidre* (1999 - in corso).

4   Nel 2017 Andreotta Calò è fra gli artisti che rappresentano l'Italia alla 57. Biennale di Venezia, dove presenta un intervento su grande scala all'interno dell'Arsenale. *Senza titolo (La fine del mondo)* è costituita a un livello inferiore da una complessa struttura di ponteggi: attraverso una scalinata i visitatori accedono a un livello superiore da cui osservare un grande volume d'acqua. A uno sguardo attento e prolungato, lo scenario appare come un ambiente straniante, attivato dalla presenza dello spettatore, che tramite il riflesso è collocato in una dimensione liminale e di sospensione.

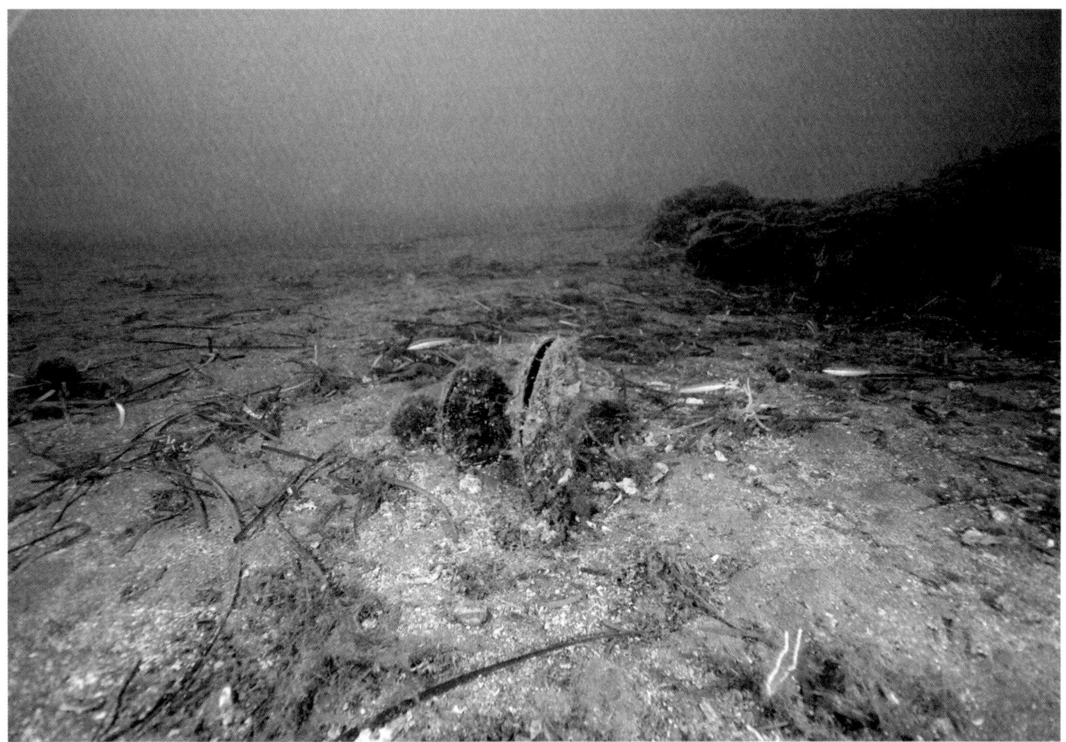

↑ Esemplare di / *Specimen of Pinna Nobilis*
Fotografia subacquea dalla documentazione
utilizzata per / *Underwater photography from
the shooting used for Senza titolo (Jona)*, 2019

1   They were displayed that year for the first time,
    in the exhibition "La scultura lingua morta (I)"
    [The dead language sculpture (I)] presented at
    the Wilfried Lentz Gallery, Rotterdam.
2   A hermaphrodite organism, it produces a
    filament, known as *sea-silk*, from which a
    valuable golden brown color fabric similar to
    silk is obtained; since ancient times, this thread
    was used to make highly precious garments
    and embroideries; indeed, so prized was it
    that it is mentioned in the Apocalypse of John
    as a symbol of wealth. The presence of these
    organisms, endemic to the Mediterranean,
    is threatened by many human activities.
    Paradoxically perhaps, several colonies of Pinna
    Nobilis have once again proliferated in the
    Venice lagoon, where they had disappeared, as
    a consequence of the lagoon fauna repopulation
    program run alongside the ongoing construction
    of the huge MO.S.E. (acronym of MOdulo
    Sperimentale Elettromeccanico) architectural
    work, consisting of a dam of mobile sluice gates
    to fend off high tides from Venice.

3   The same symmetrical structure appears
    in several of the artist's sculptures and
    interventions, for example his *Clessidre*
    [Hourglasses] series (1999 – ongoing).
4   In 2017, Andreotta Calò was among the artists
    representing Italy at the 57th Venice Biennale,
    where he presented a large-scale work inside
    the Arsenale. *Senza titolo (La fine del mondo)*
    was made up of a complex scaffolding structure
    on a lower level: through a staircase visitors
    accessed an upper level from which to observe
    a large volume of water. To a careful, prolonged
    gaze, the scenario appeared as an alienating
    environment, activated by the presence of the
    spectator, who through their reflection was
    placed within a liminal, suspended dimension.

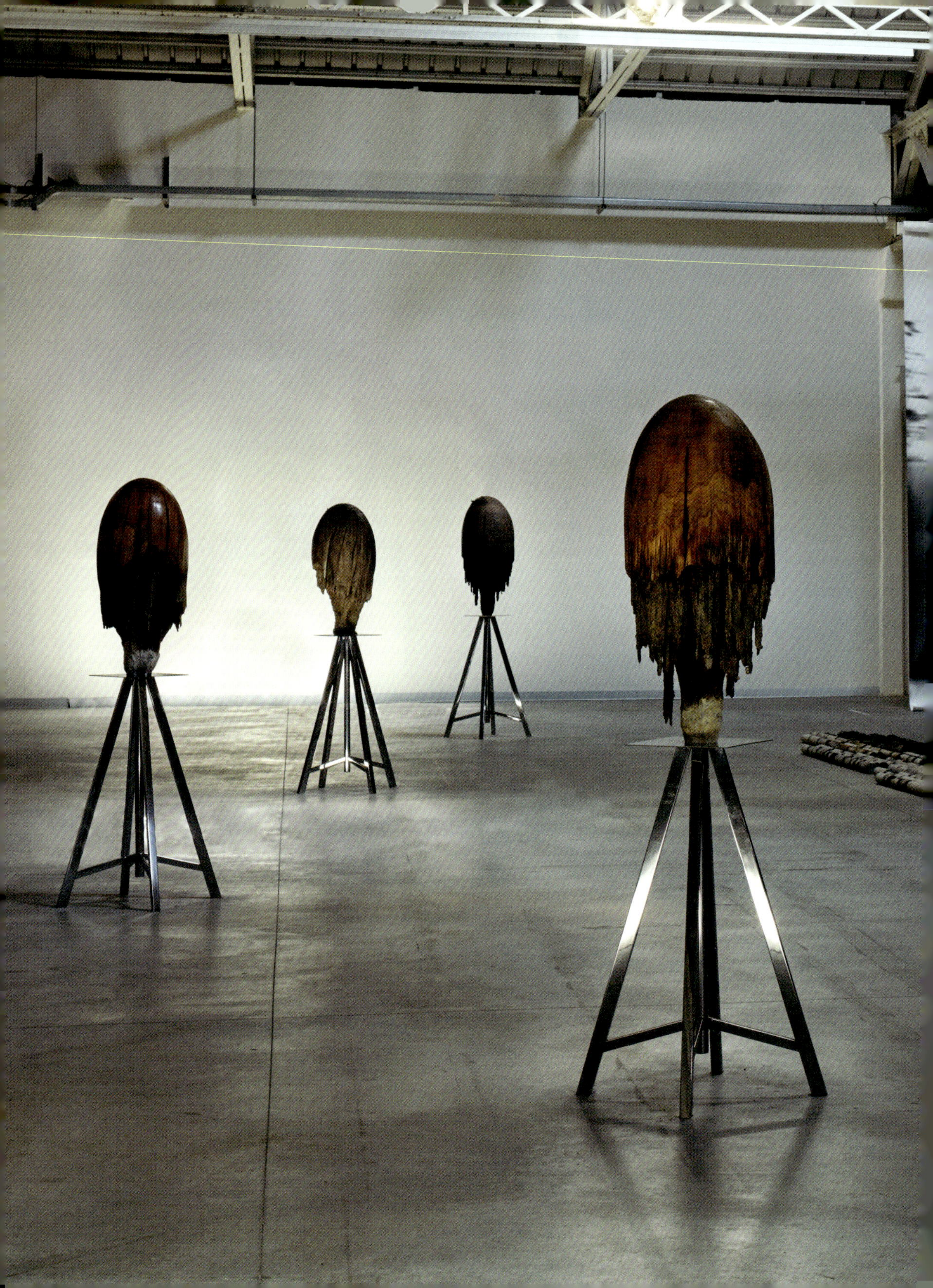

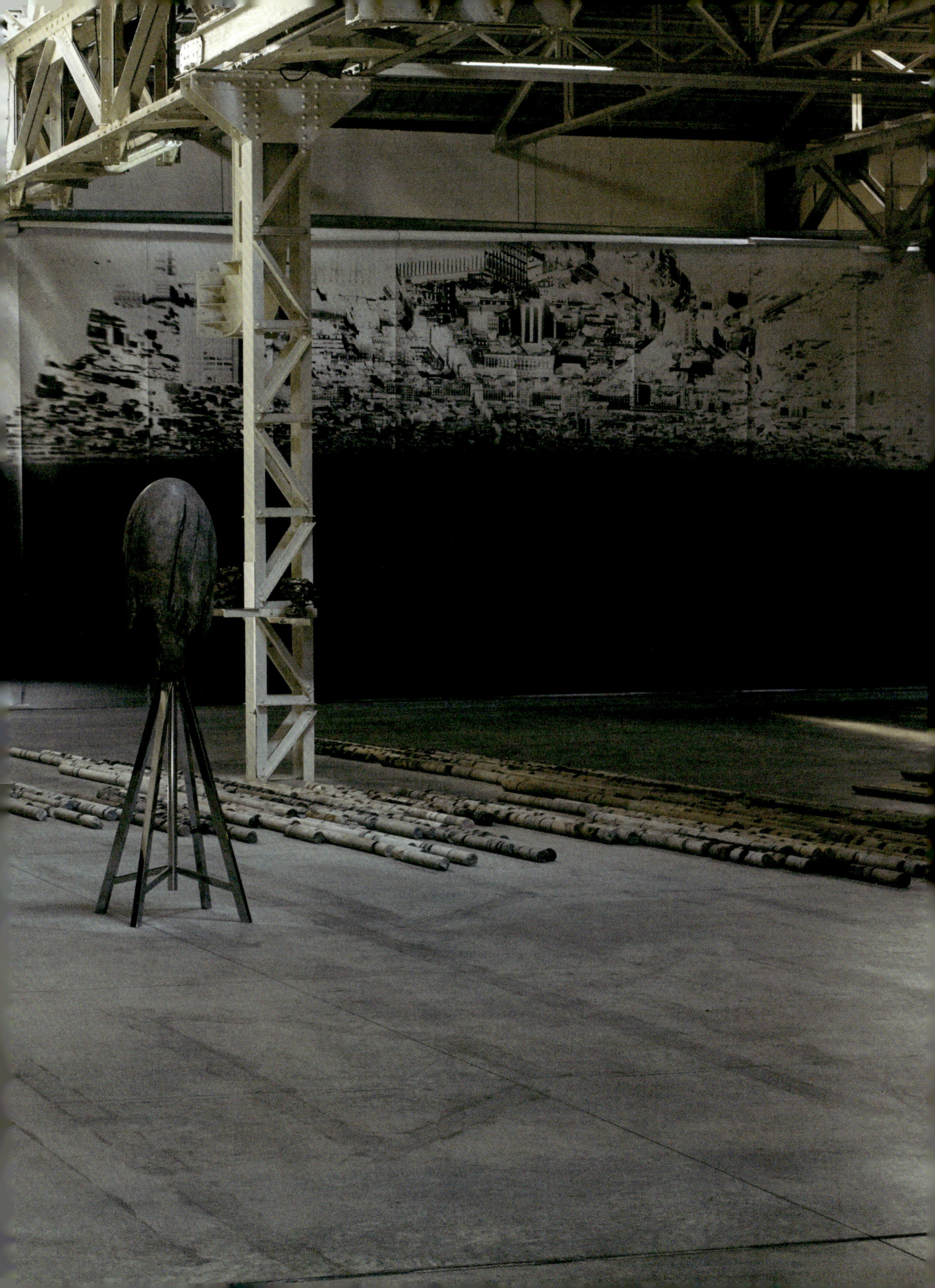

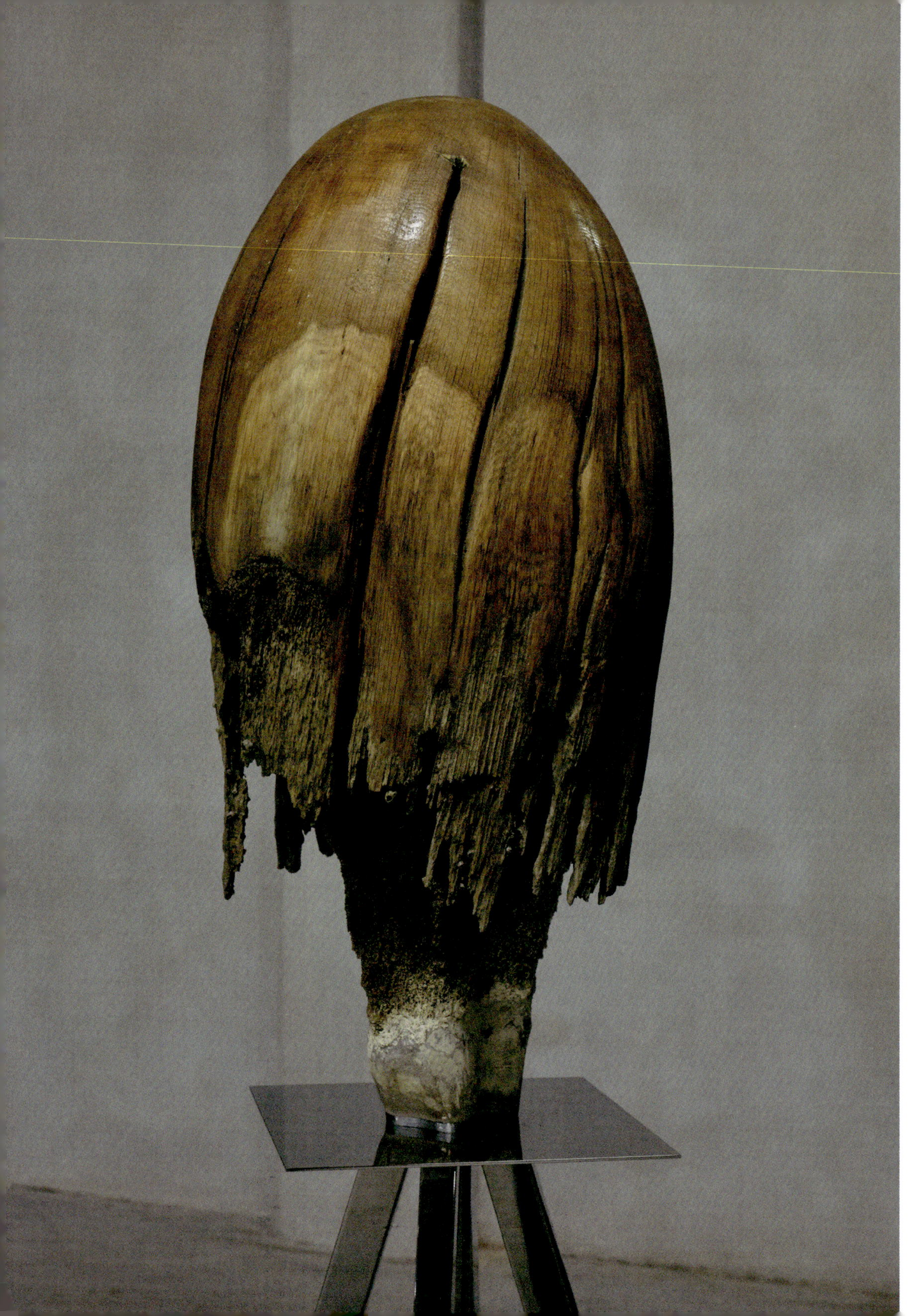

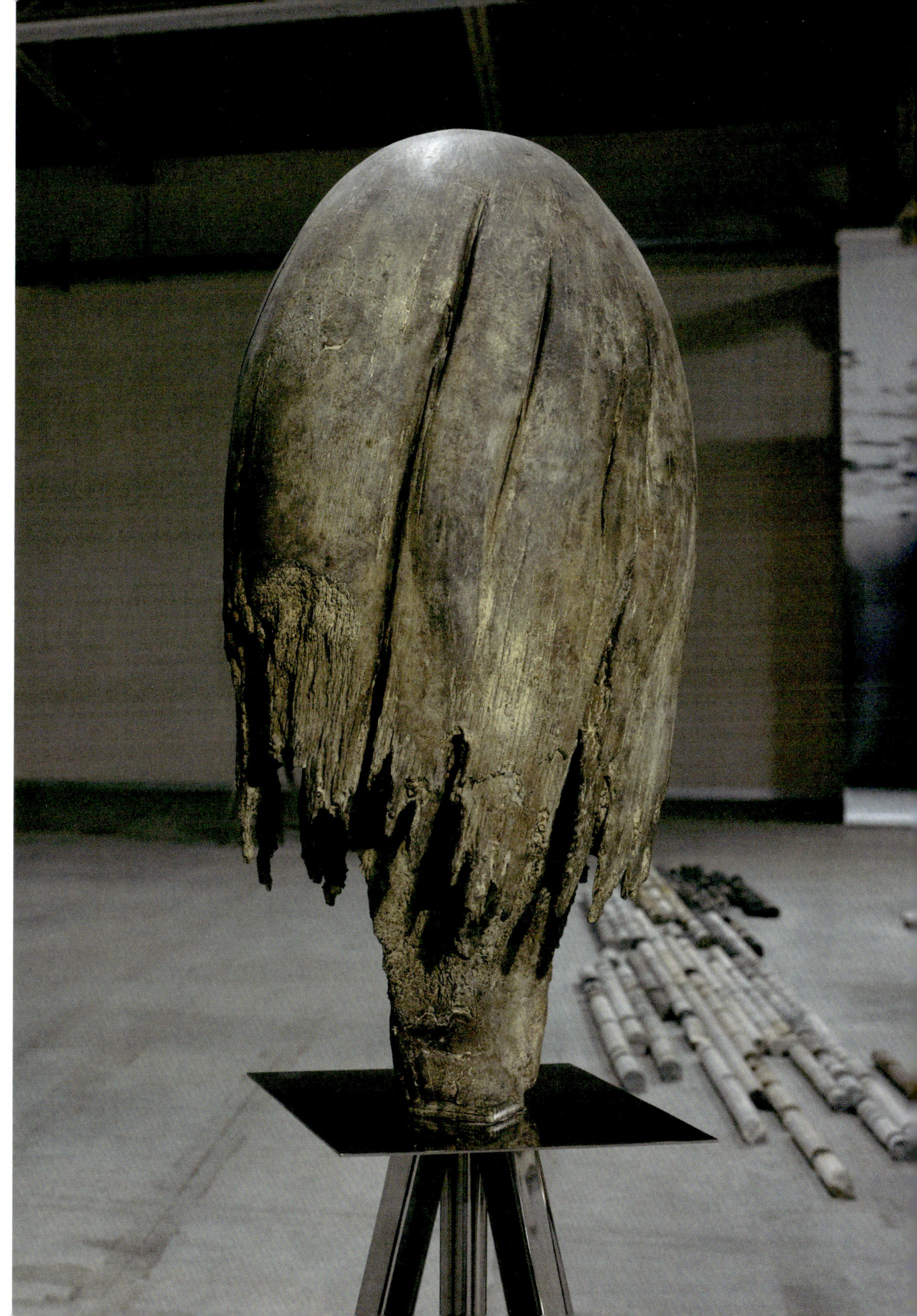

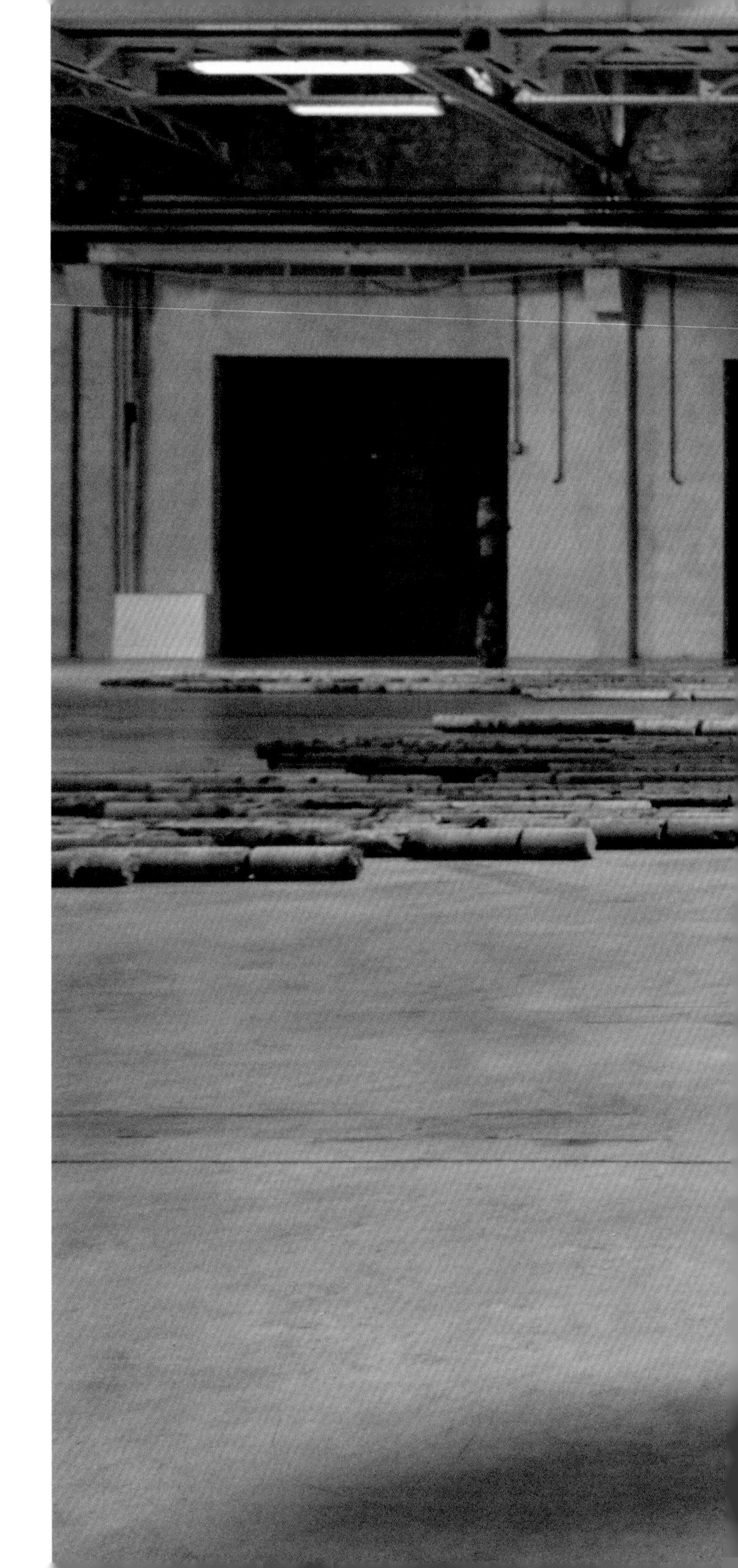

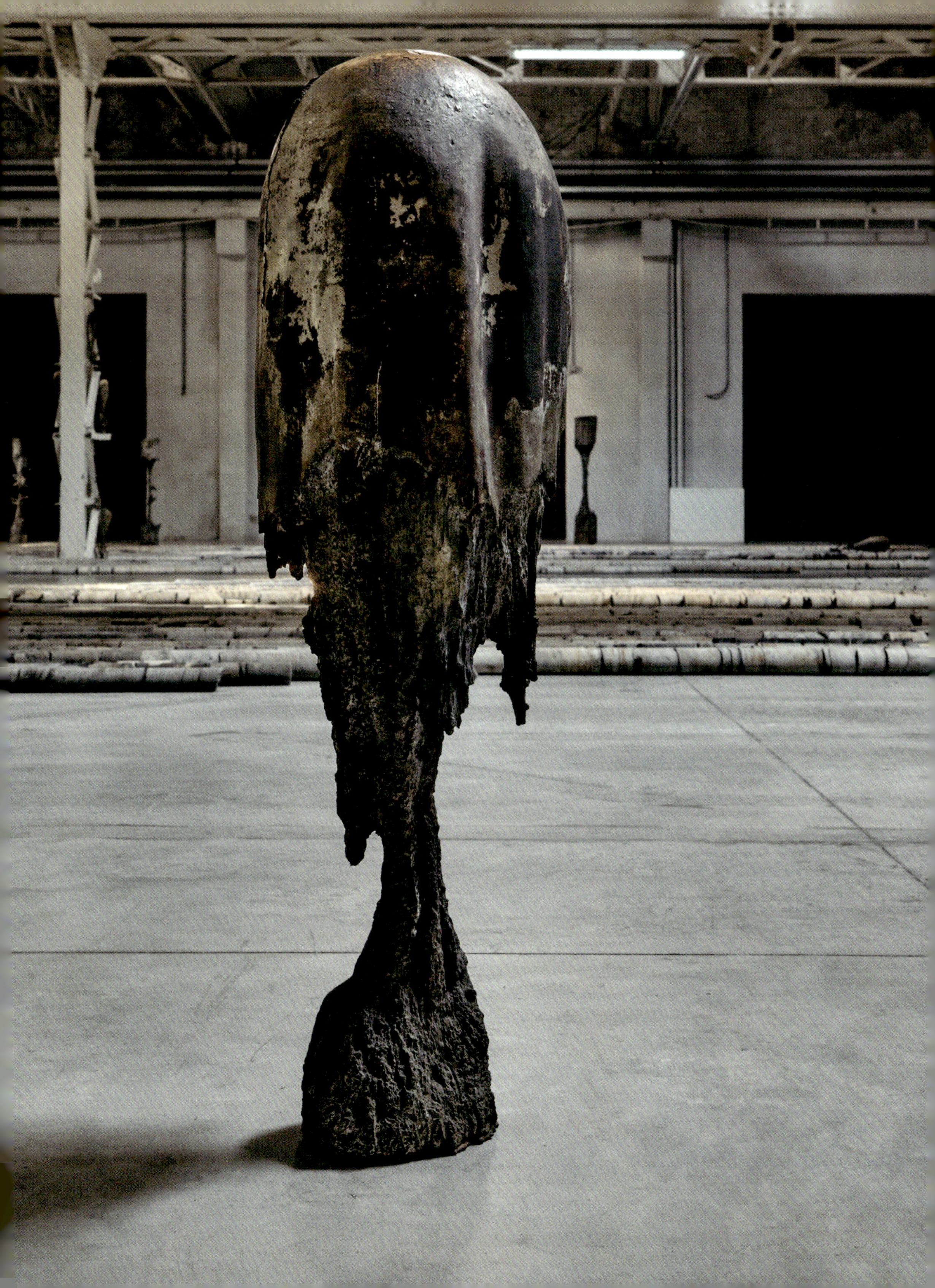

Medusa, 2013 - in corso

Serie di sculture
Legno o fusione in bronzo a cera persa
Dimensioni variabili
Bronsgieterij Stijlaart, Tiel
Fonderia Artistica Battaglia, Milano

Andreotta Calò realizza le opere della serie
intitolata *Medusa* a partire dal 2013, dapprima
in legno e successivamente in bronzo attraverso
la fusione a cera persa. Secondo una pratica
ricorrente, le sculture hanno origine dall'utilizzo
di alcuni elementi del paesaggio con cui l'artista
entra in relazione. Questi elementi, trovandosi
in uno stadio specifico di una metamorfosi
innescata dall'uomo, così come da fattori naturali
e atmosferici, rivelano un potenziale inespresso,
che Andreotta Calò individua ed estrinseca
modificandoli[1].

      In particolare, l'artista interviene
su alcuni pali estratti dalla laguna di Venezia, le
bricole (in veneziano, in italiano *briccole*) – gli
stessi da cui provengono le sculture denominate
Clessidra (1999 - in corso). La costante erosione
esercitata dall'acqua attraverso il moto delle
maree corrode naturalmente questi elementi
nella loro parte centrale, in corrispondenza
del livello del medio mare, provocando il
distacco della parte superiore. Questa porzione
è quindi levigata a mano dall'artista, fino a
essere completamente arrotondata, mentre le
irregolarità "stalattitiche" della parte inferiore
corrosa dall'acqua vengono mantenute inalterate.

      Alcune delle opere della serie
sono costituite da bricole originali in legno
lavorate dall'artista, mentre altre ne sono una
trasposizione in bronzo. Il lavoro manuale si
integra così all'azione della natura, che genera la
particolare forma avvitata della *Medusa*, dovuta
alla collocazione dei pali in prossimità delle
correnti più forti della laguna. In questo processo
di trasformazione naturale e antropica, le sculture
richiamano l'aspetto di una medusa. Il corpo di
questo organismo è composto quasi totalmente
da acqua – ed è proprio l'acqua l'ambiente dove
sono compresenti questi animali e i legni da cui
originano le sculture, quasi che la prossimità

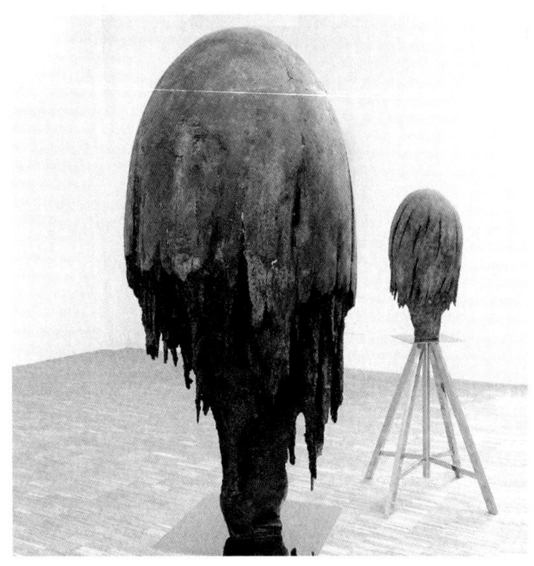

↑ *Medusa (B)*, 2015
(in primo piano / *foreground*)
Bronzo / *Bronze*,
base in acciaio inox / *stainless steel base*,
100 × Ø 44 cm

Medusa (A), 2015
(in secondo piano / *background*)
Bronzo / *Bronze*,
base in acciaio inox / *stainless steel base*,
86 × Ø 38 cm

Medusa, 2013 – ongoing

Sculpture series
Wood or lost wax bronze casting
Variable dimensions
Bronsgieterij Stijlaart, Tiel
Fonderia Artistica Battaglia, Milan

The works from the series *Medusa* [Jellyfish] have been realized by Andreotta Calò since 2013, first in wood, then in bronze via lost wax casting. According to a recurrent practice in his work, the sculptures originate from the use of certain elements collected from the landscape with which the artist enters into a relationship. In a specific stage of metamorphosis started by man, as well as by natural and atmospheric factors, these elements reveal an unexpressed potential that Andreotta Calò identifies and develops by modifying them.[1]

In particular, the artist has worked on poles extracted from the Venice lagoon known as *bricole* (in Venetian—*briccole* in Italian). These mooring posts are the same as the ones he uses to make *Clessidra* [Hourglass] sculptures (1999 – ongoing). Constant erosion by the water through tidal motion naturally corrodes the central part of these posts where they meet the sea, causing detachment of their upper portion. The artist subsequently smooths down by hand this portion until it is completely rounded; the "stalactite" irregularities of the lower part corroded by water remain unchanged.

Some of the works in the series are made from original wooden *bricole* that the artist has worked on; others from their bronze transposition. Here, the artist's manual work is integrated into the acts of nature that generate the particular spiral shape of *Medusa* where the poles come from near the lagoon's strongest currents.

In this process of natural and anthropic transformation, the sculptures recall the appearance of jellyfish. The body of this creature is composed almost entirely of water—the same element that makes up the environment of these animals and the wood from which the sculptures originate—almost as if their proximity induces similarity. Moreover, the shape of *Medusa* is reminiscent of a head, referencing the sculptural tradition of the "bust"[2] and, by extension, the mythological figure of the Medusa.[3]

M. B.

1 See Mara Ambrožič, *Third Act: Volver. Reflections at the End of a Flight*, written on the occasion of Giorgio Andreotta Calò's solo show at Zero gallery, Milan, 2008. The text is presented in this volume on p. 155.
2 In some versions, the work is mounted directly on the floor; in others, it is presented on metal pedestals specially designed by the artist.
3 Typically, the Gorgon is represented in classical iconography with his head cut off by Perseus, snakes instead of hair, capable of killing those who look upon it by turning them to stone. For references to classical statuary, see Vincenzo De Bellis (ed.), *Ennesima: una mostra di sette mostre sull'arte italiana*, exhibition catalog, Triennale Milano, 2015, Milan: Mousse Publishing, 2015, pp. 178, 179.

ne induca la somiglianza. La forma di *Medusa*, inoltre, ricorda quella di una testa, ponendosi in relazione con la tradizione scultorea del "busto"[2], e in questi termini è richiamata anche la figura mitologica della Medusa[3].

M.B.

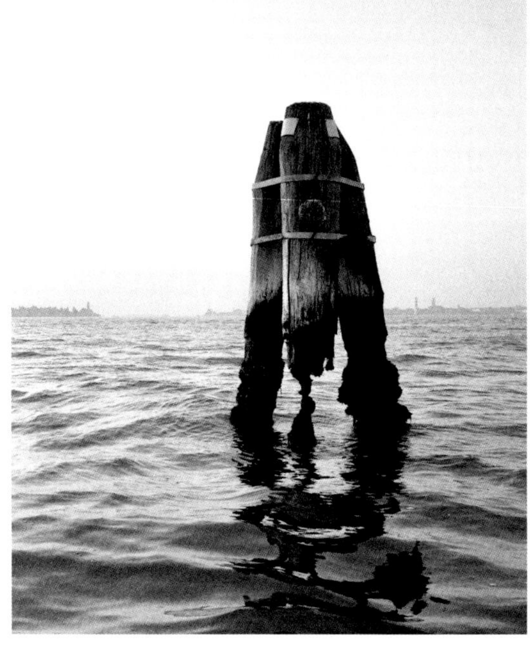

↑ Bricola, laguna di Venezia / *Venice lagoon*, 2019

→ Recupero delle / *Retrieval of bricole*, cantiere CO.GE.FO, Isola delle Vignole, Venezia, 2015

1   Cfr. Mara Ambrožič, *Atto terzo. Volver. Riflessioni a termine di un volo*, scritto nel 2008 in occasione della mostra personale di Giorgio Andreotta Calò presso la galleria Zero, Milano (2008), è pubblicato in questo volume a p. 154.
2   In alcune sue edizioni l'opera è installata direttamente a pavimento, in altre è presentata su piedistalli in metallo appositamente progettati dall'artista.
3   Nell'iconografia classica la Gorgone è generalmente rappresentata con serpi al posto dei capelli sulla testa mozzata da Perseo, in grado di pietrificare e uccidere chi posi su di essa il suo sguardo. Per il richiamo alla statuaria classica cfr. Vincenzo De Bellis (a cura di), *Ennesima: una mostra di sette mostre sull'arte italiana*, catalogo della mostra, Triennale di Milano, 2015, Mousse Publishing, Milano 2015, pp. 178, 179.

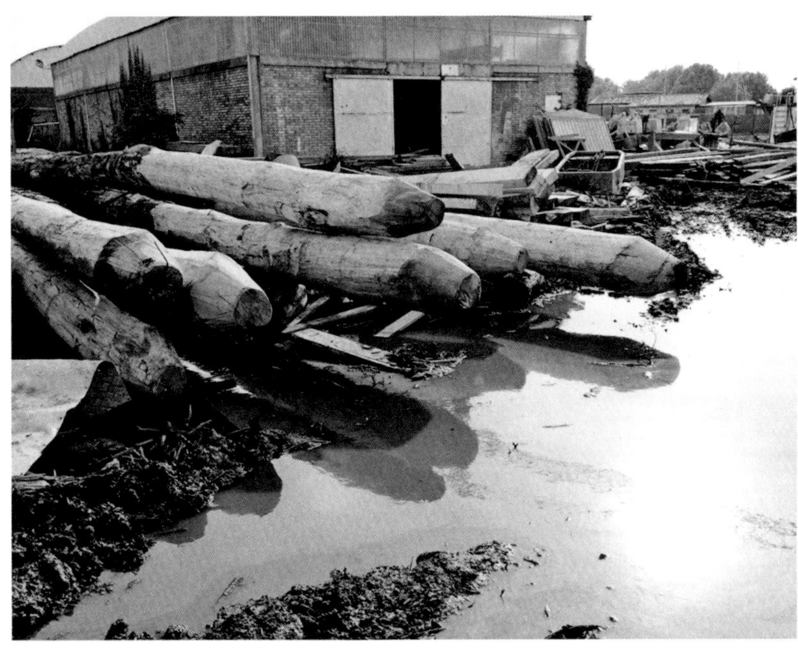

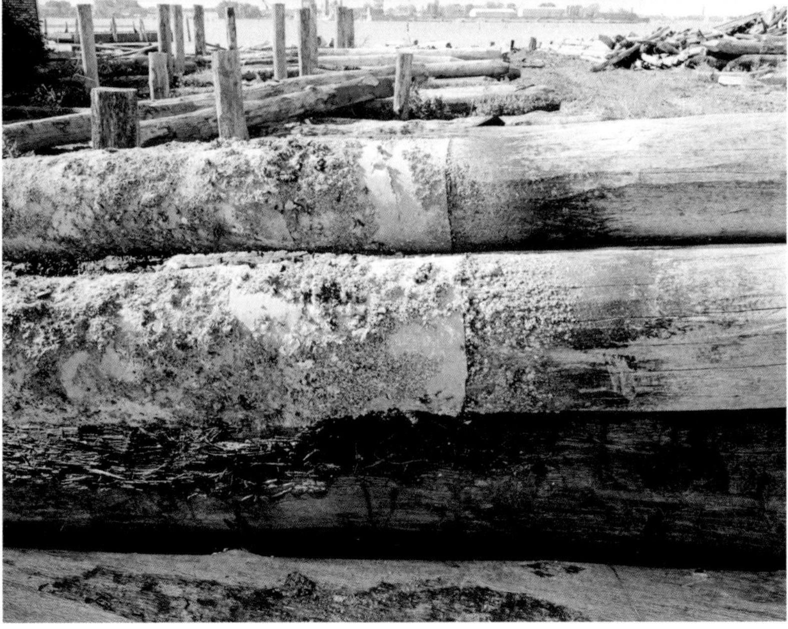

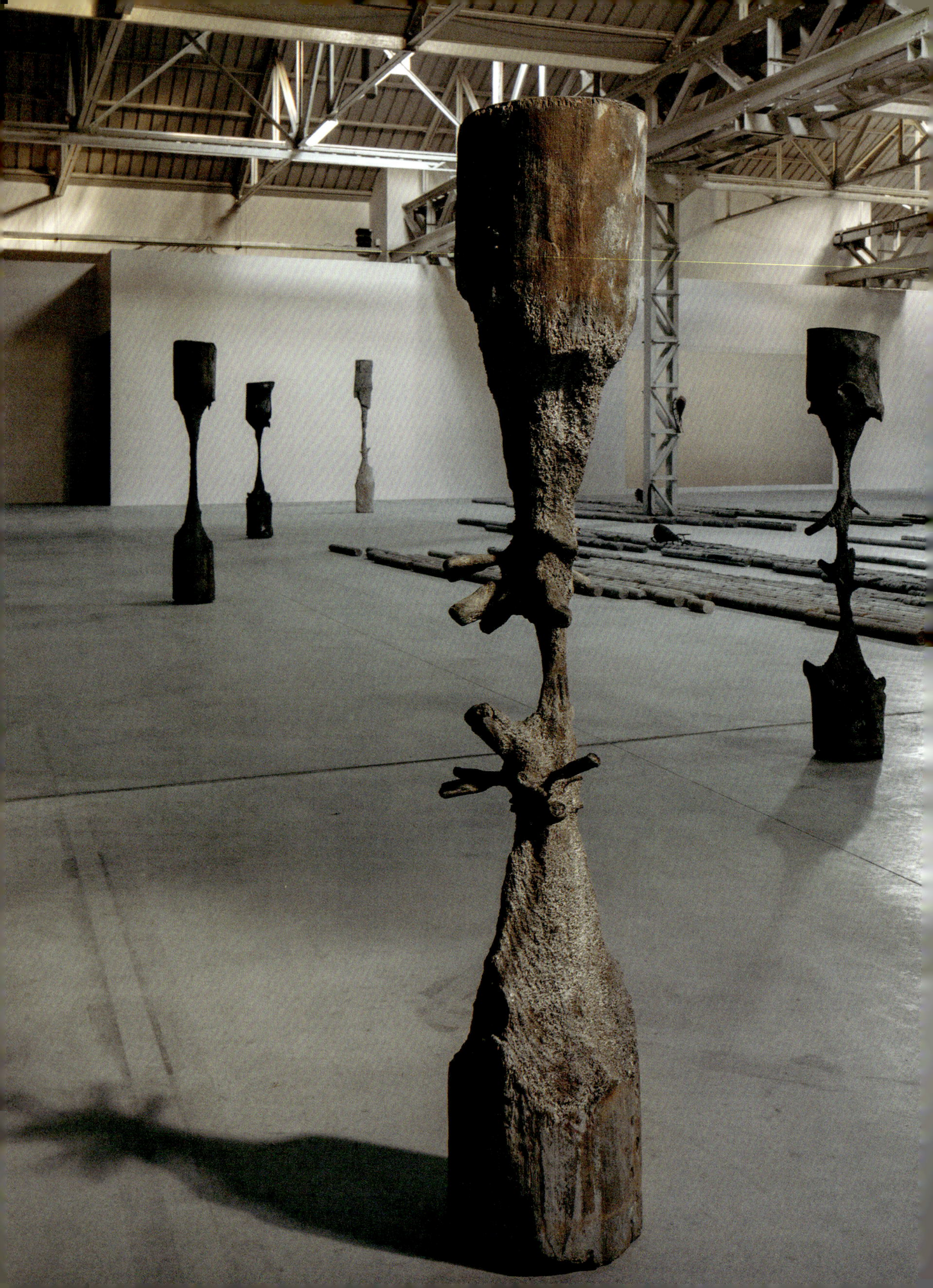

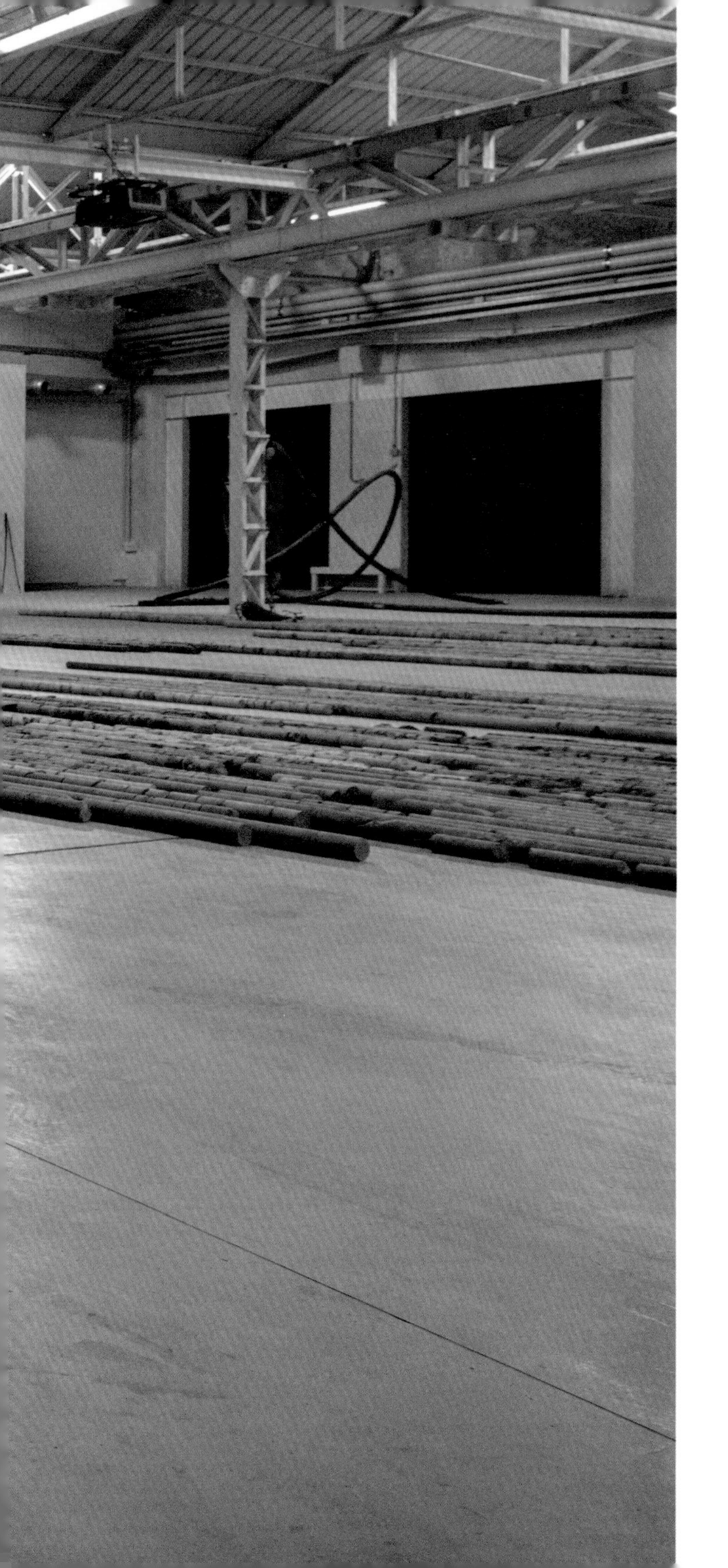

Clessidra, 1999 - in corso

Serie di sculture
Fusione in bronzo a cera persa;
primo esemplare del 1999 in legno
Dimensioni variabili
Bronsgieterij Stijlaart, Tiel
Fonderia Artistica Battaglia, Milano

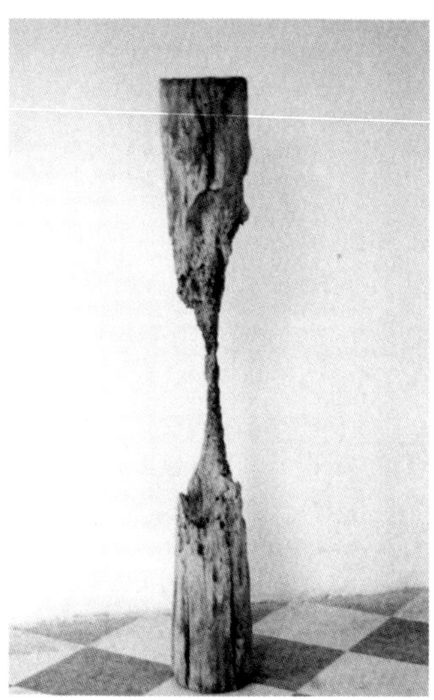

Giorgio Andreotta Calò realizza la serie di
sculture denominate *Clessidre* con varianti
ed evoluzioni a partire dal 1999; le opere
racchiudono alcuni riferimenti e pratiche centrali
nella sua ricerca artistica. Da un punto di vista
formale, ogni *Clessidra* nasce dalla riproduzione
in bronzo di un frammento di bricola, palo di
legno tipicamente impiegato nella laguna di
Venezia per delimitare canali od ormeggiare
imbarcazioni, nonché elemento che caratterizza
la genesi urbanistica della città[1].

   L'acqua, con le sue cadenzate
variazioni di livello dettate dalla marea, corrode
questi pali in prossimità della superficie lagunare,
assottigliandoli nella loro sezione centrale
fino a determinare il distaccamento della parte
superiore dalla base conficcata nel fondale.
Questa forma residuale, determinata nel tempo
dall'azione erosiva e costante dell'acqua, è poi
riproposta dall'artista: dal calco del frammento
sono generati due positivi identici in cera,
successivamente fusi in bronzo, materiale
incorruttibile. I due elementi, assemblati l'uno
sopra l'altro in verticale, generano la forma
di una clessidra, strumento utilizzato per la
misurazione del tempo.

   Forze naturali e gesti umani
concorrono quindi a determinare la forma della
scultura, innescando processi di trasformazione
della materia che si alternano e si susseguono
nel tempo e nello spazio. L'artista interviene
riconoscendo e intercettando questo mutamento:
attraverso la fusione in bronzo, egli arresta il
decorso naturale, sottoponendo la materia a
un'ultima metamorfosi e fissandola in un tempo
sospeso.

   Il ricongiungimento speculare
riconduce alla visione originaria del palo
in legno riflesso nella superficie dell'acqua
lagunare. Attraverso il concetto di "riflessione",

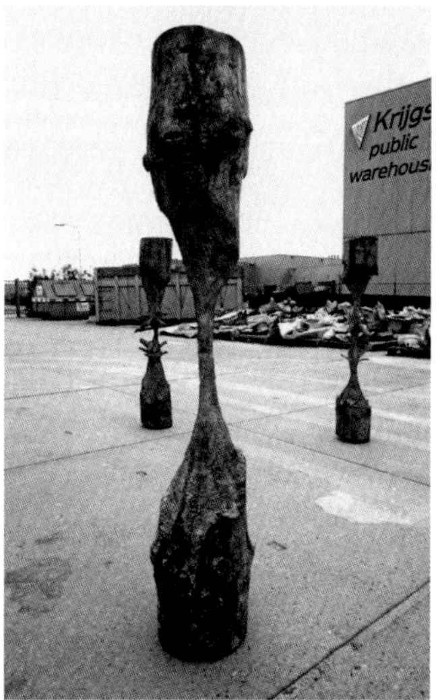

↑ *Clessidra*, 1999
Primo esemplare / *Prototype*
Legno / *Wood*,
170 × 40 × 30 cm

Scolpire il Tempo, 2010
Bronzo / *Bronze*,
3 elementi / *elements*,
dimensioni varie / *various dimensions*

Clessidra, 1999 – ongoing

Sculpture series
Lost wax bronze casting; wood prototype 1999
Variable dimensions
Bronsgieterij Stijlaart, Tiel
Fonderia Artistica Battaglia, Milan

Giorgio Andreotta Calò has been making *Clessidre* [Hourglasses] series of sculptures with variations and evolutions since 1999. These works feature some of the core references and practices of his artistic research. From a formal point of view, each *Clessidra* is generated from a bronze reproduction of a fragment of *bricola*, a type of wooden pole typically used in the Venice lagoon to mark the boundaries of a canal or to moor boats, as well as element that characterizes the urban genesis of the city.[1]

With its rhythmic changes in level as the tide ebbs and flows, the water corrodes these poles at the lagoon's surface, thinning their central section until the upper part becomes detached from the base sunk into the lagoon bottom. The artist subsequently repurposes this residual form, created over time by the water's ceaseless erosive action—from the cast of the fragment are generated two identical wax positives, subsequently cast in bronze, an incorruptible material. The two elements, assembled vertically on top of each other, generate the shape of an hourglass, an instrument used for measuring time.

Natural forces and human gestures thus come together to determine the shape of the sculpture, initiating a process of material transformation that alternates and interleaves through time and space. The artist's work is to recognize and intercept this change: through bronze casting, he arrests the natural course of events, subjecting the material to a final metamorphosis and then fixing it in suspended time.

The specular reunion leads back to the original vision of the wooden pole reflected in the surface of the lagoon water. Through the concept of "reflection", which refers both to the symmetry of the structure and to the act of "reflecting" understood as thinking, the coincidence and synthesis between the formal and conceptual dimensions of these sculptures is highlighted. Specularity is one of the elements that run transversally through the artist's research, whose gaze has been shaped by the city and the Venice lagoon, emblem of integration between natural and anthropic. The work condenses the modes of this coexistence and translates them into sculptural language, crystallizing them in a formal balance. The horizontal movement of the surface of the water and the rising tide determine the breaking of the *bricola* in its central part—at the intersection of the two orthogonal axes, at the point of greatest fragility of the wooden fragment, its symbolic reconfiguration is grafted.

The hourglass thus becomes an instrument of landscape awareness, a material synthesis of the relationship between human forces and natural processes.

M. B.

1 The wooden pole is the main element used for the construction of the foundations of the city of Venice. The wood of the *bricole*, an oak with a resistant pulp, historically comes from the Cadore area. The link with the area can be found in the architecture of Venetian *squeri* (typical boatyards) often built on the model of mountain dwellings.

che rimanda sia alla simmetria della struttura sia all'atto di "riflettere" inteso come pensare, si evidenzia la coincidenza e la sintesi tra la dimensione formale e quella concettuale di queste sculture.

La specularità è uno degli elementi che percorrono trasversalmente la ricerca dell'artista, il cui sguardo è stato plasmato dalla città e dalla laguna di Venezia, emblema di integrazione tra naturale e antropico. L'opera condensa le modalità di questa convivenza e le traduce nel linguaggio scultoreo, cristallizzandole in un equilibrio formale. Il movimento orizzontale della superficie dell'acqua e quello ascensionale della marea determinano la rottura della bricola nella sua parte centrale – all'incrocio dei due assi ortogonali, nel punto di maggiore fragilità del frammento in legno, si innesta la sua riconfigurazione simbolica.
La clessidra diventa così strumento di coscienza del paesaggio, sintesi materiale della relazione tra forze umane e processi naturali.

M.B.

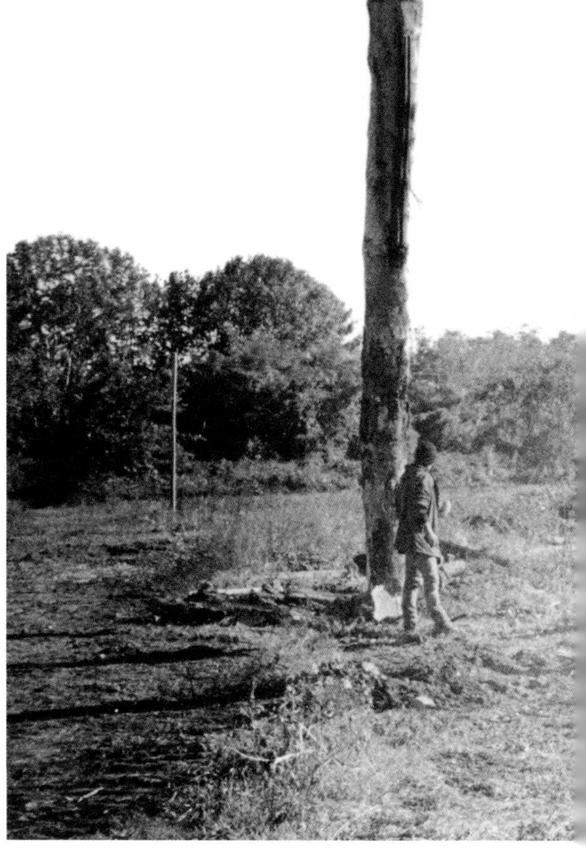

↑ Studio per una scultura pubblica /
Study for a public sculpture, cantiere CO.GE.FO,
Isola delle Vignole, Venezia, 2015

1 Il palo in legno è l'elemento principale utilizzato per la costruzione delle fondamenta della città di Venezia. Il legno delle bricole, un rovere dalla pasta resistente, proviene storicamente dall'area del Cadore. Il legame con la zona è rintracciabile nell'architettura degli squeri veneziani (tipici cantieri per imbarcazioni) costruiti spesso sul modello di abitazioni di montagna.

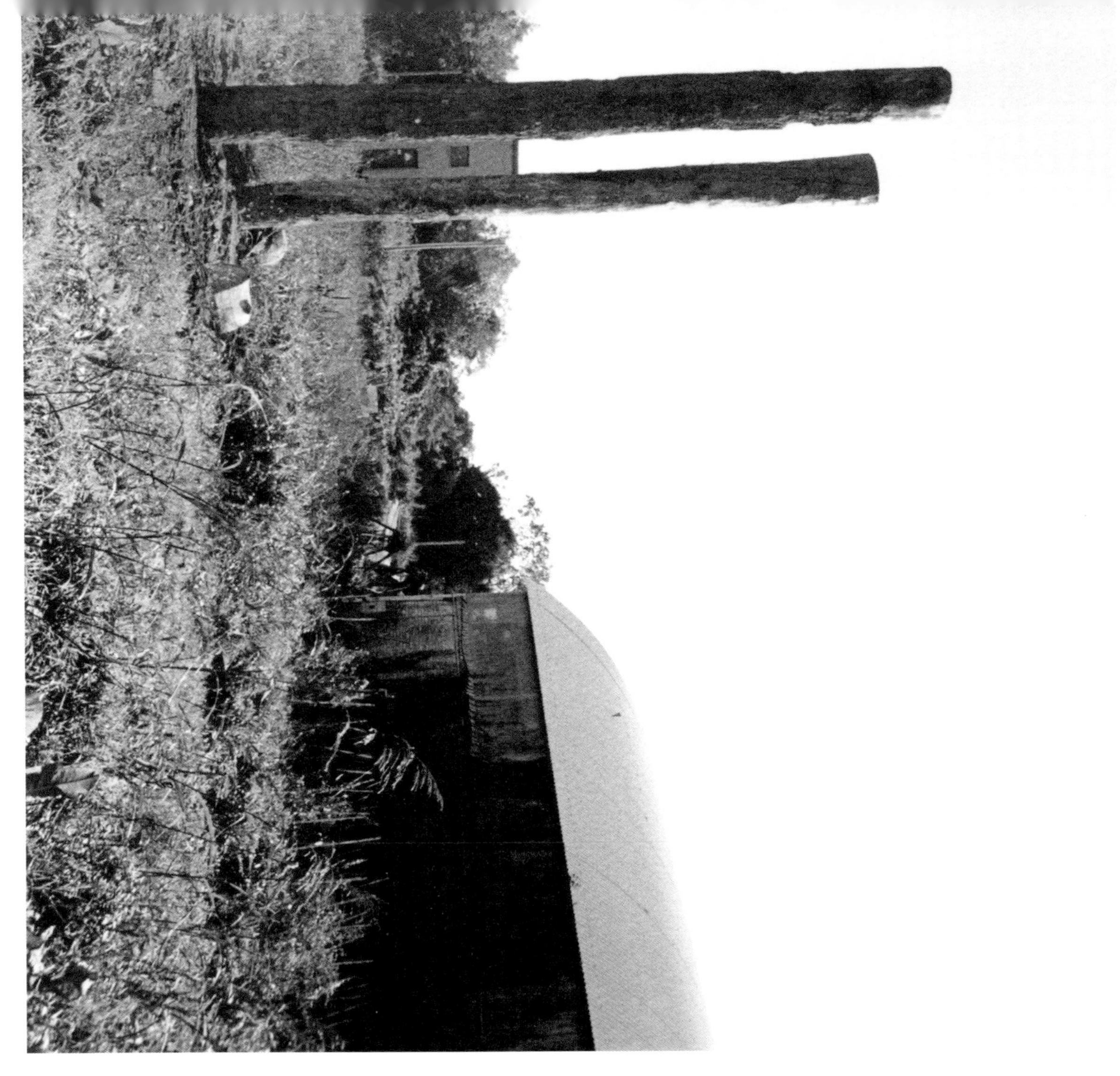

Clessidra

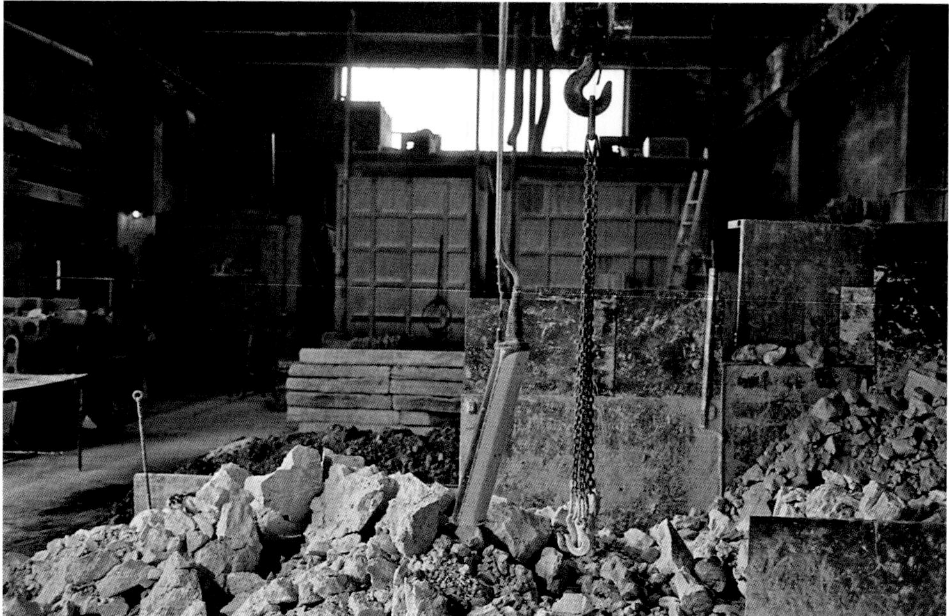

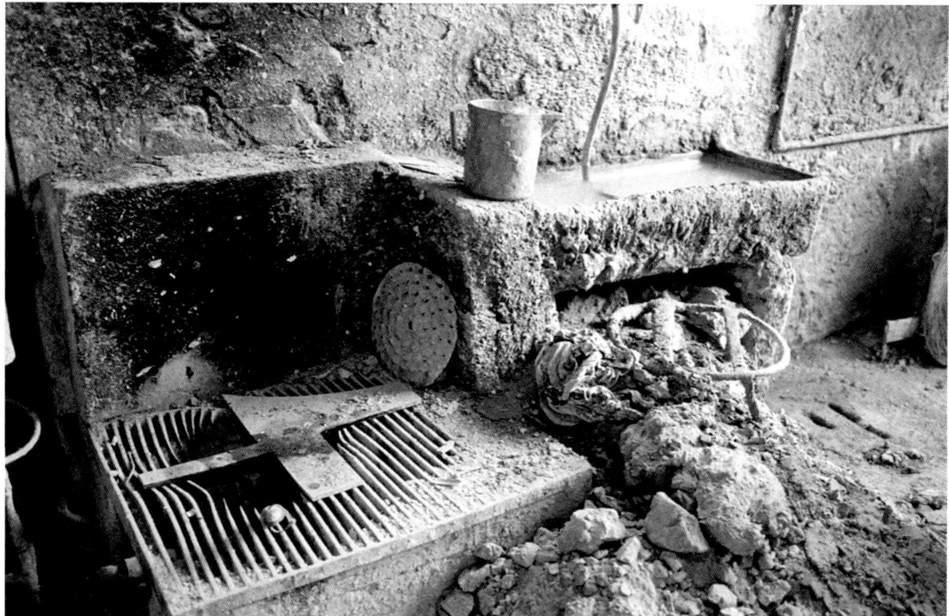

↑ Processo di fusione in bronzo a cera persa / *Lost wax*
→ *bronze casting process*
Fonderia Artistica Battaglia, Milano, 2015

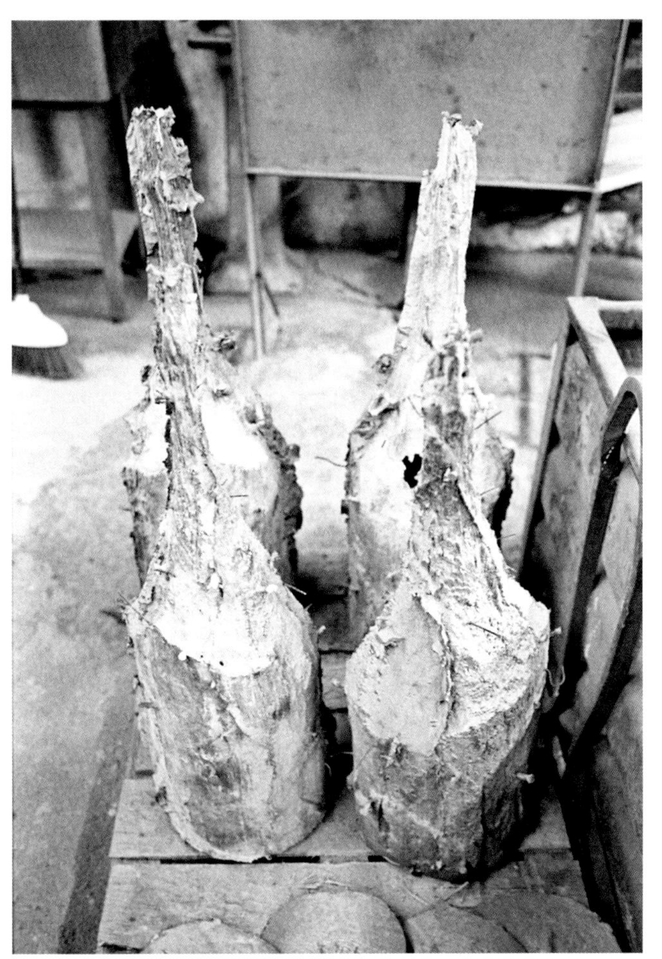

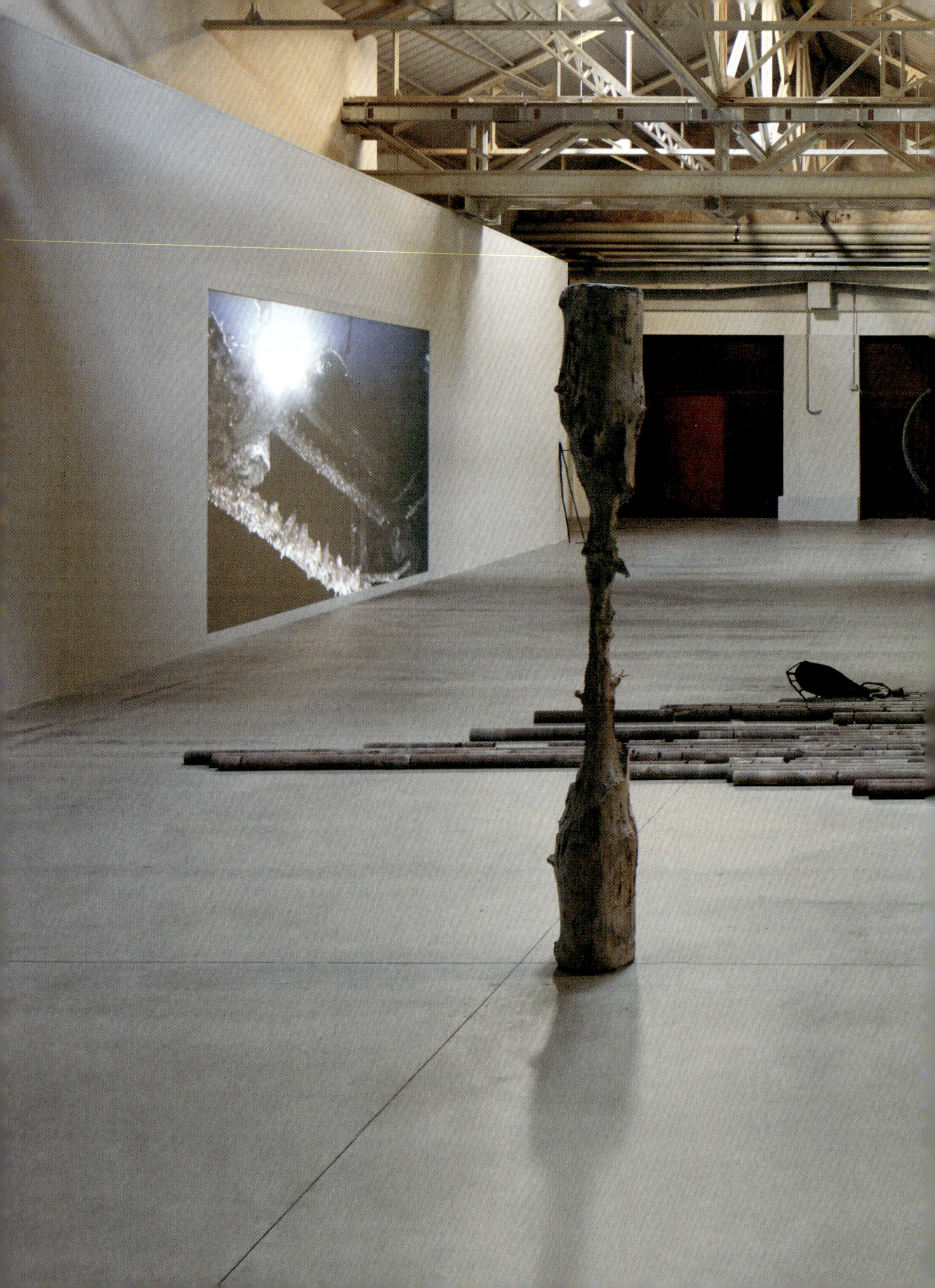

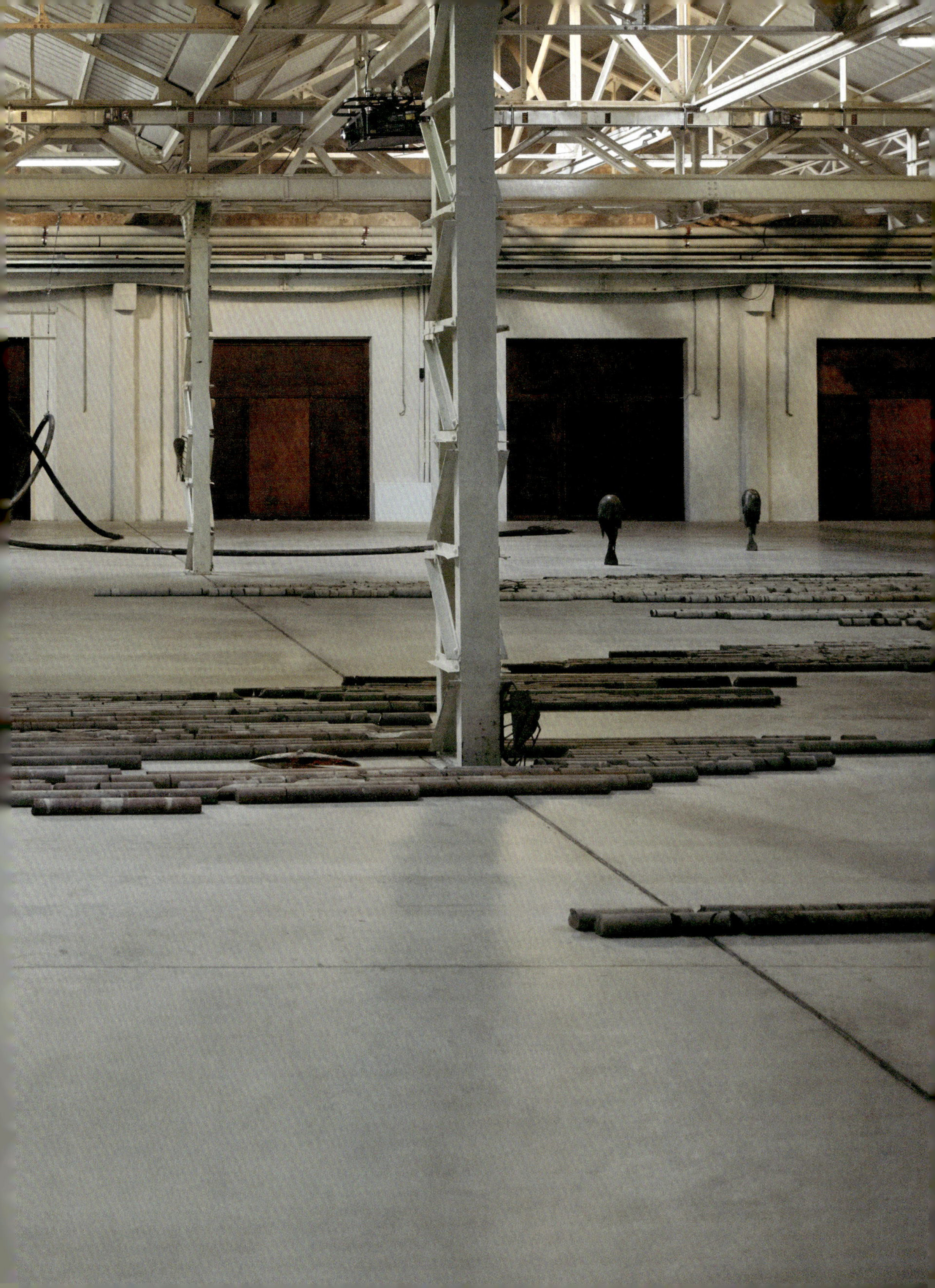

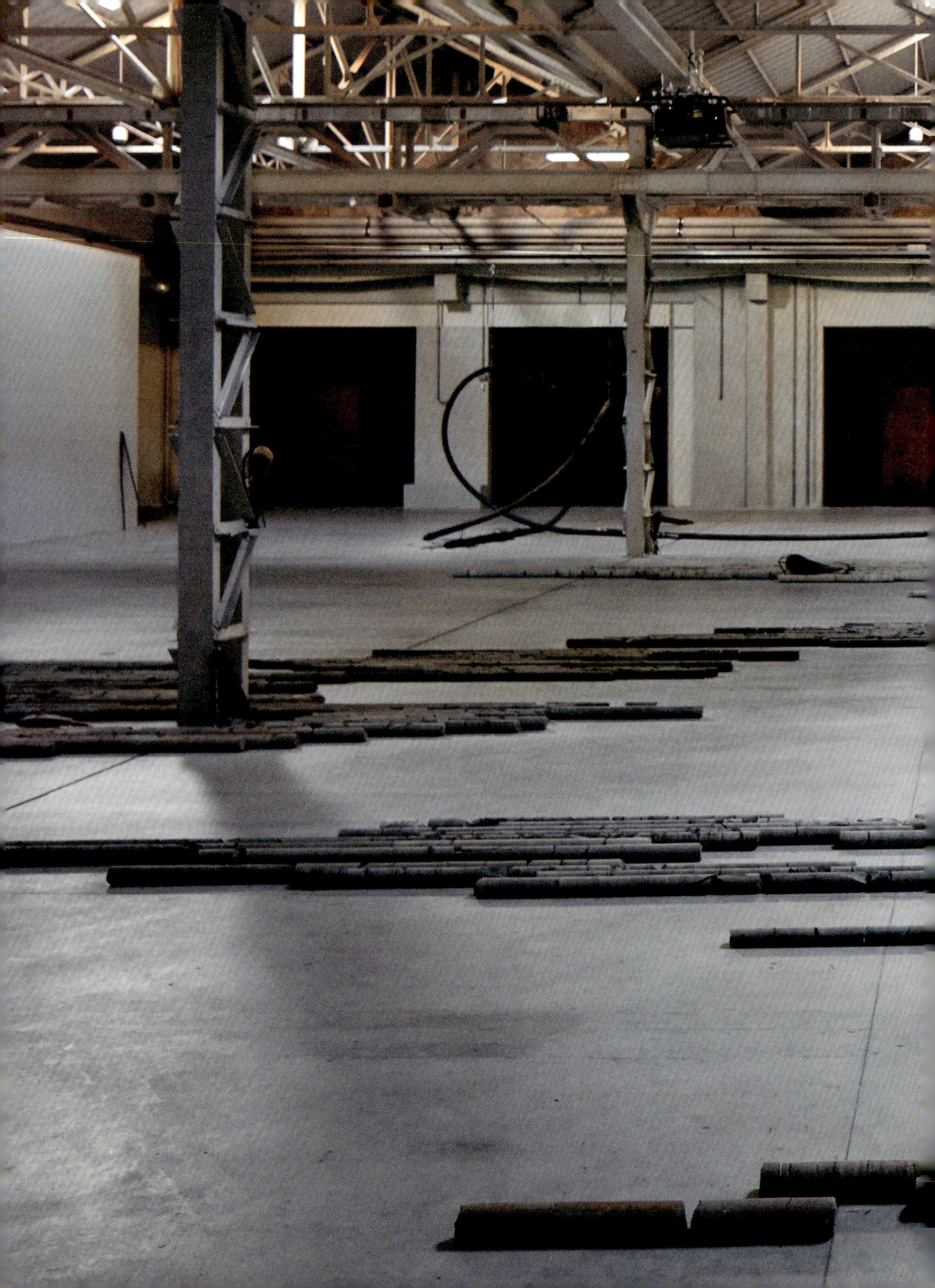

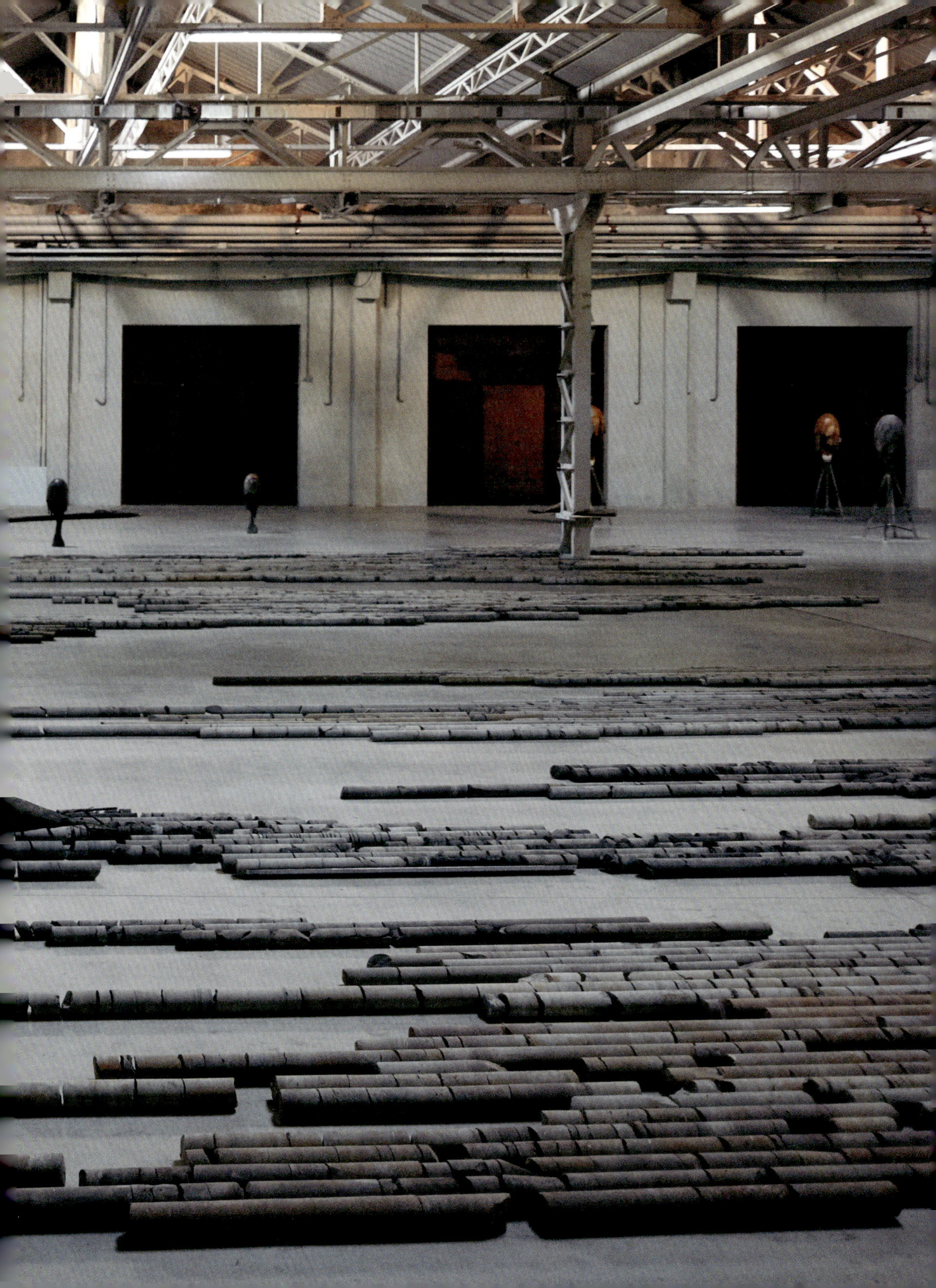

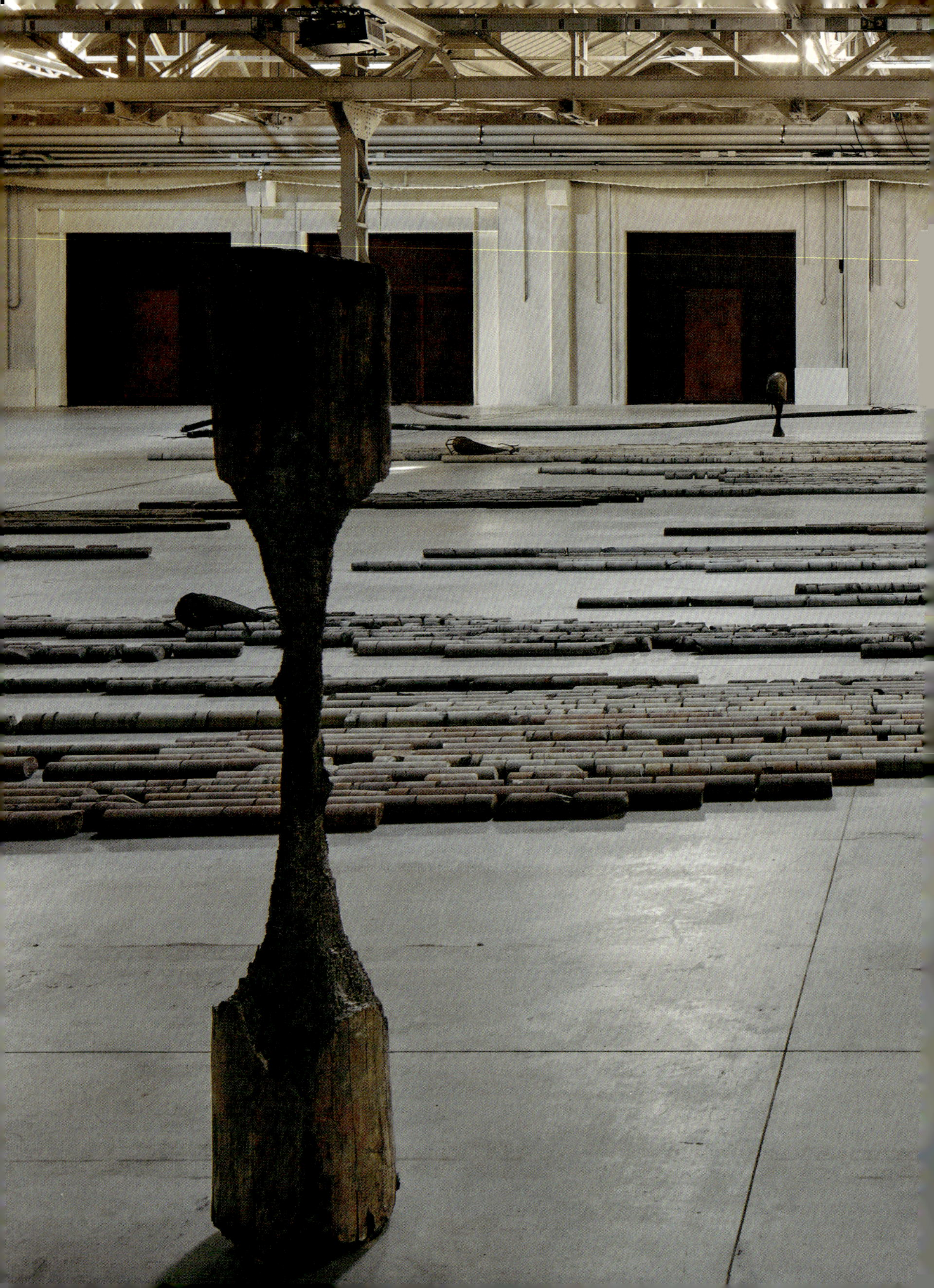

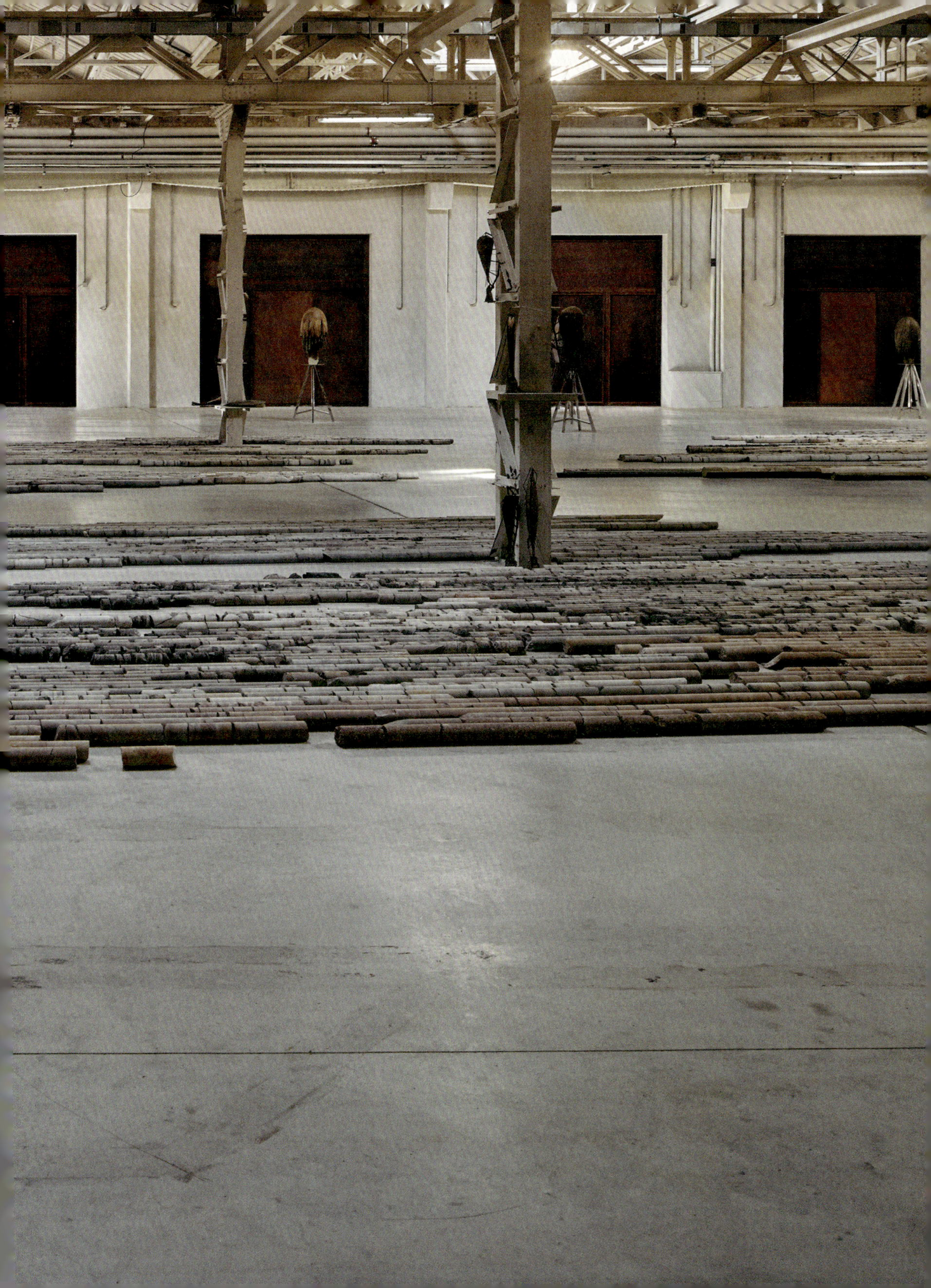

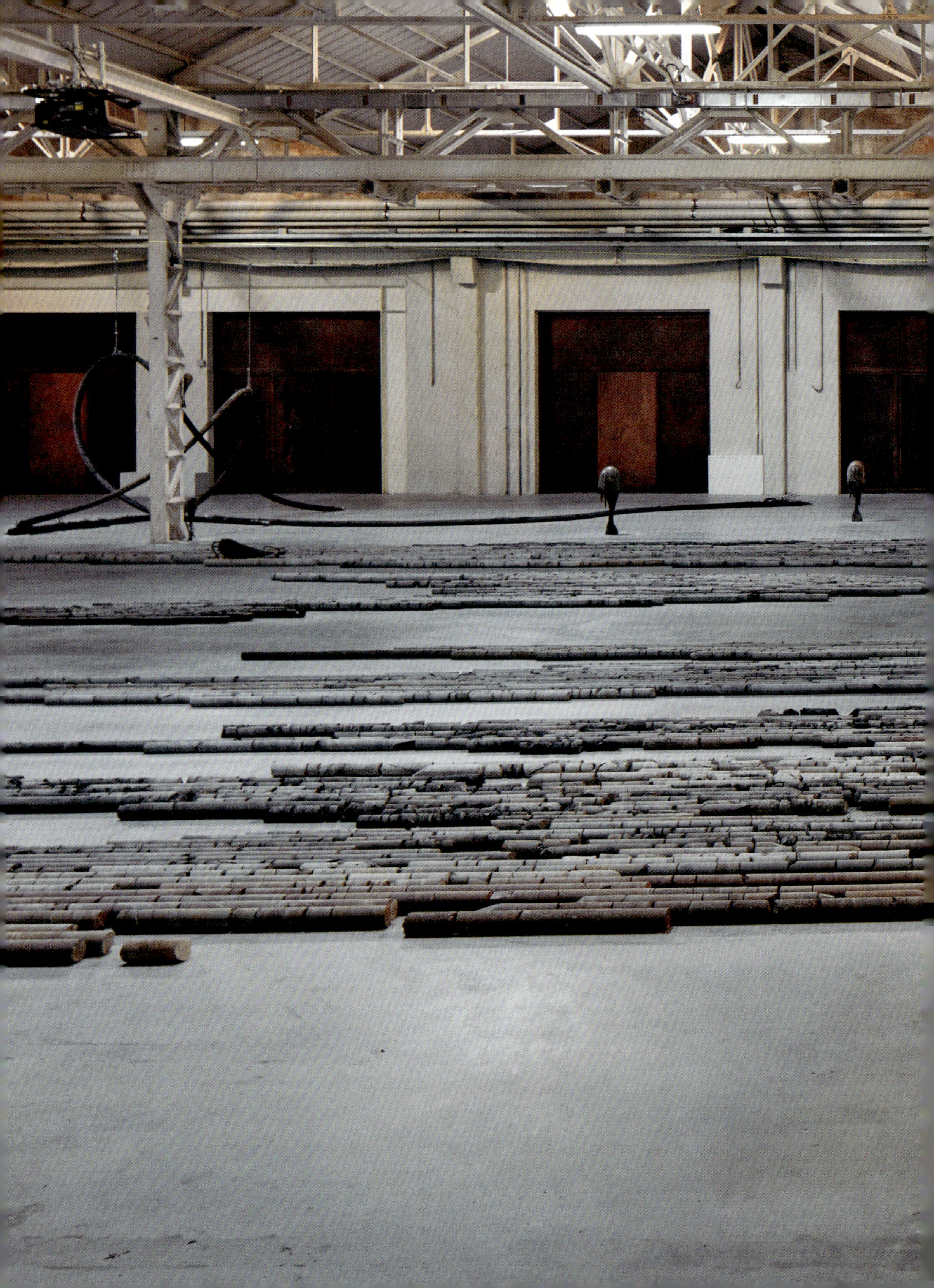

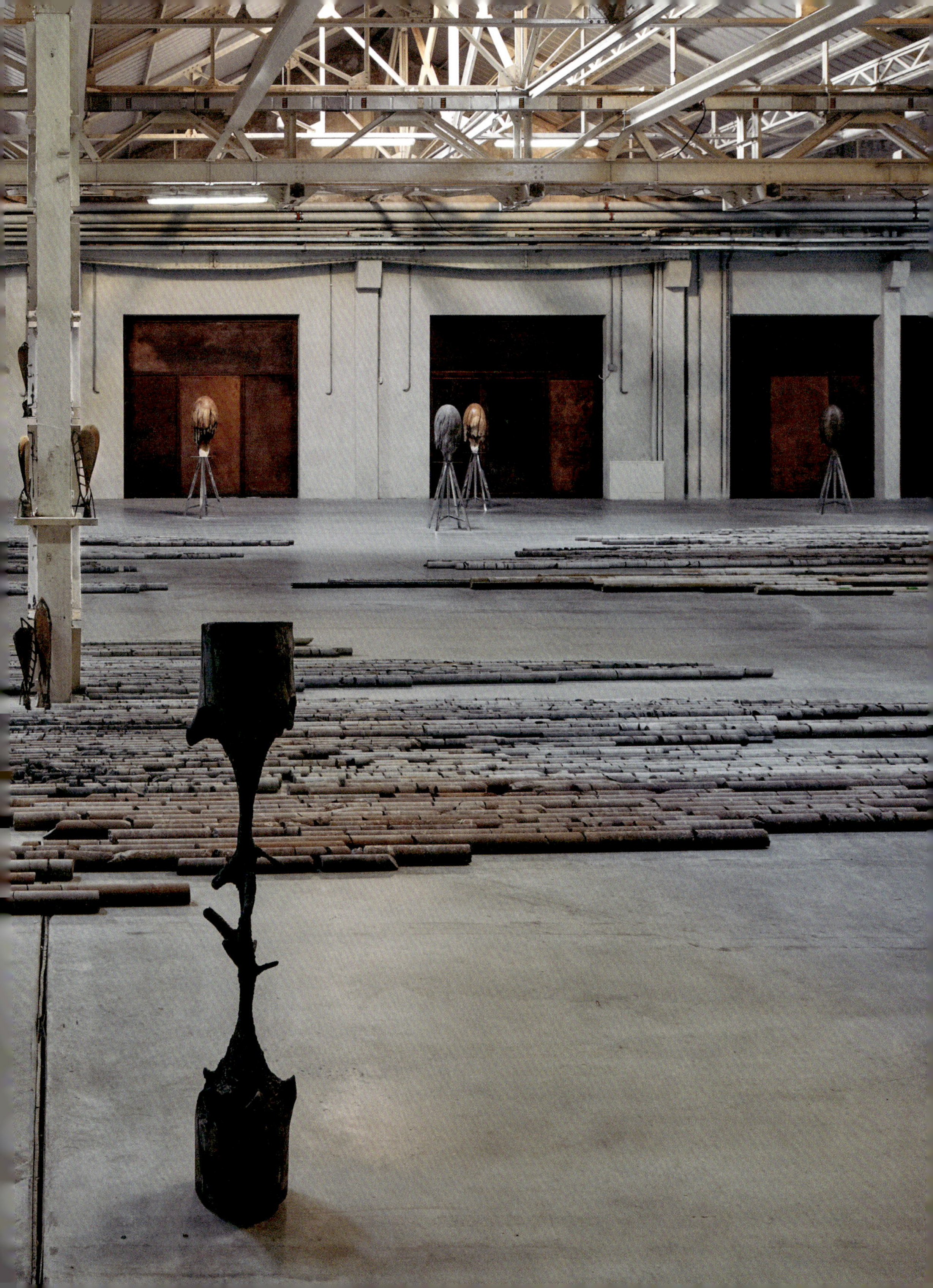

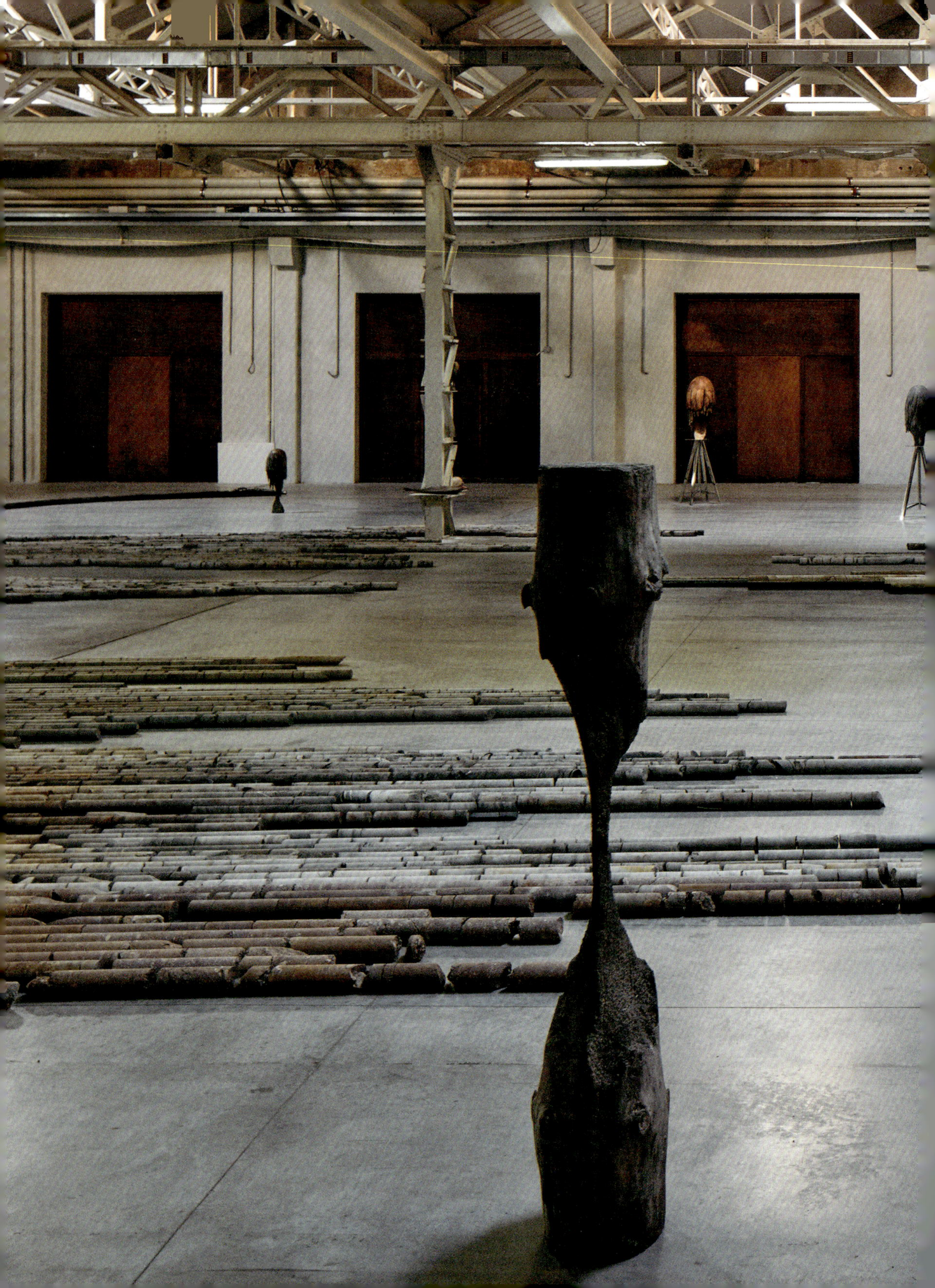

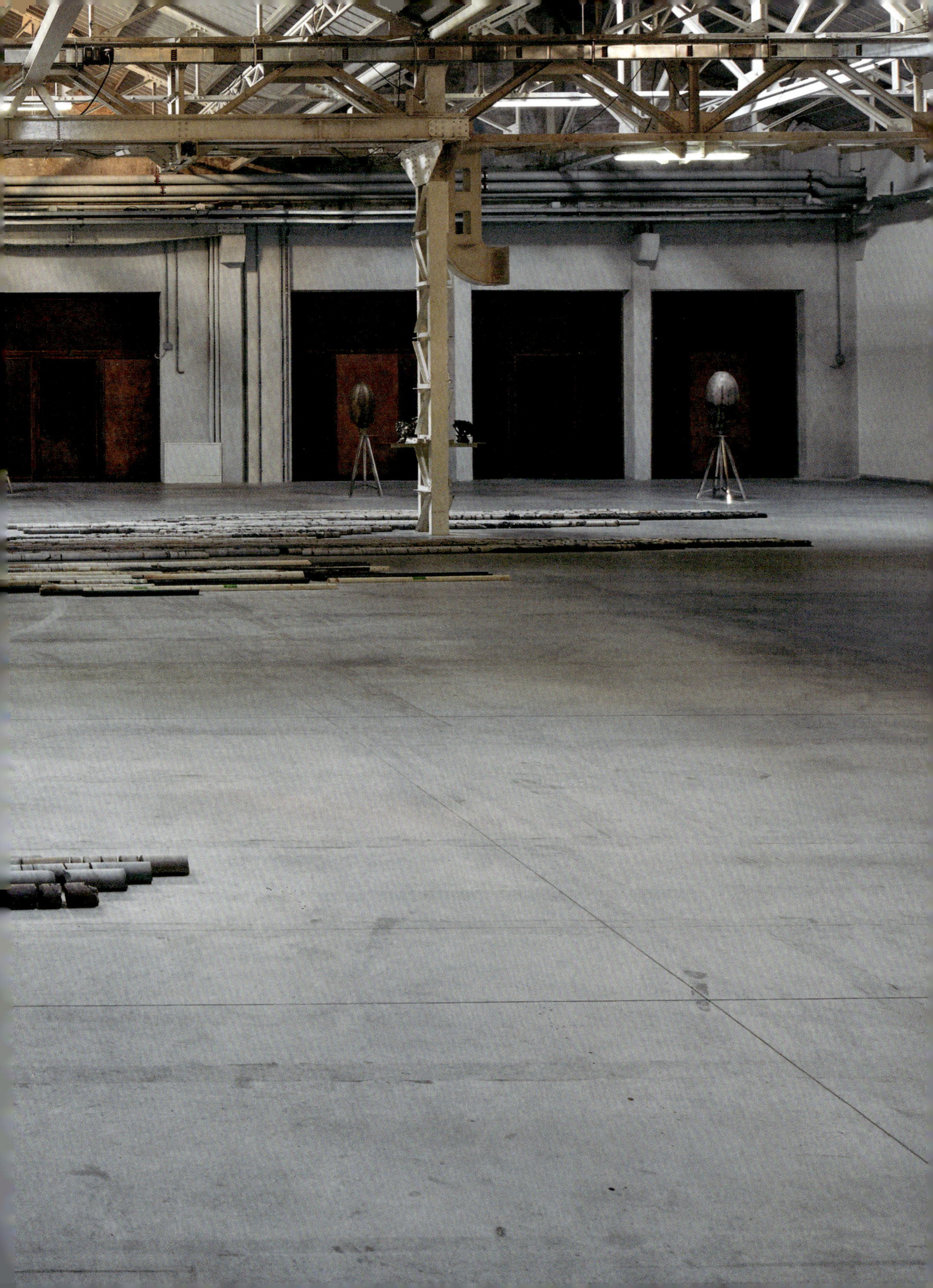

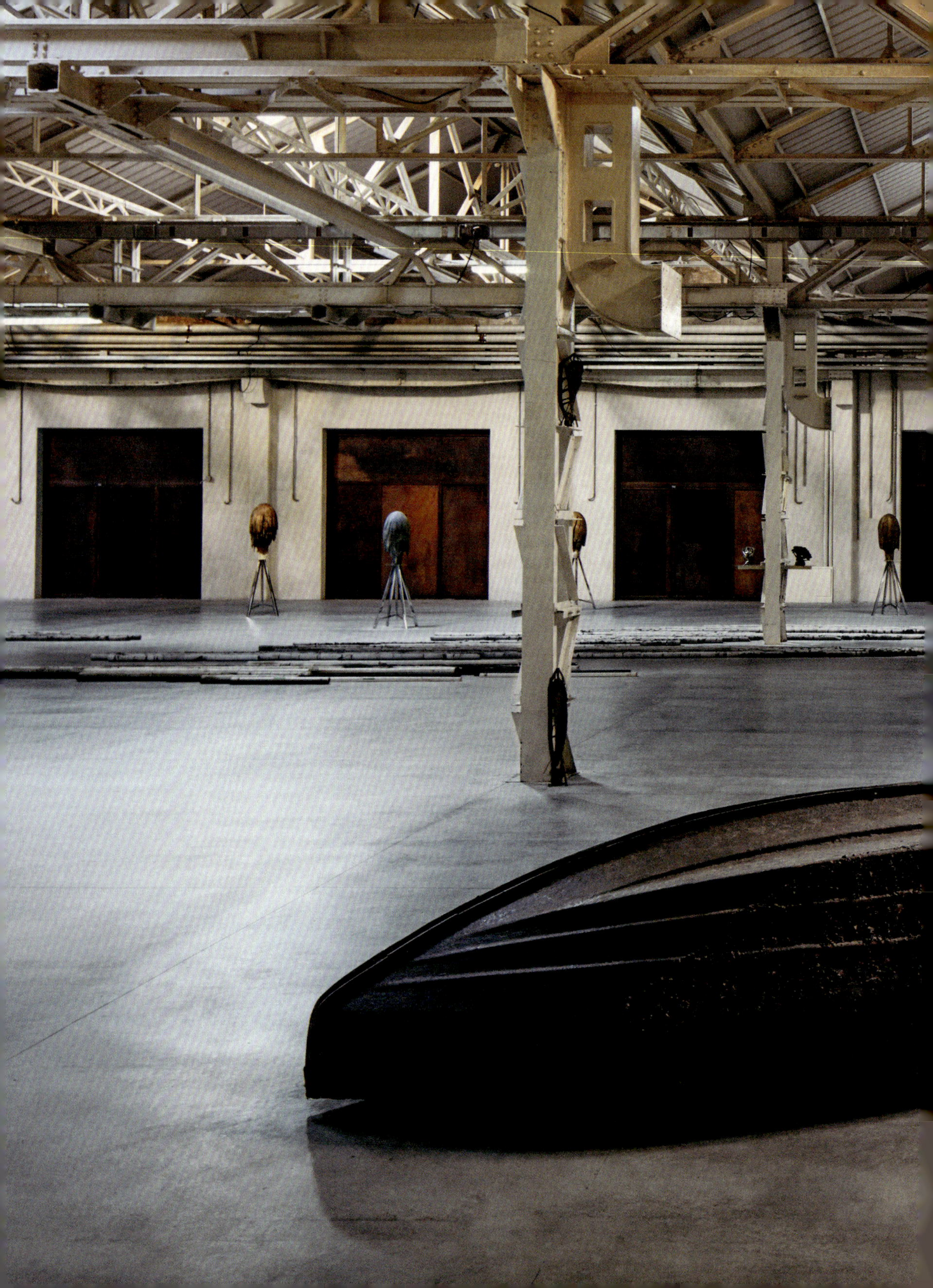

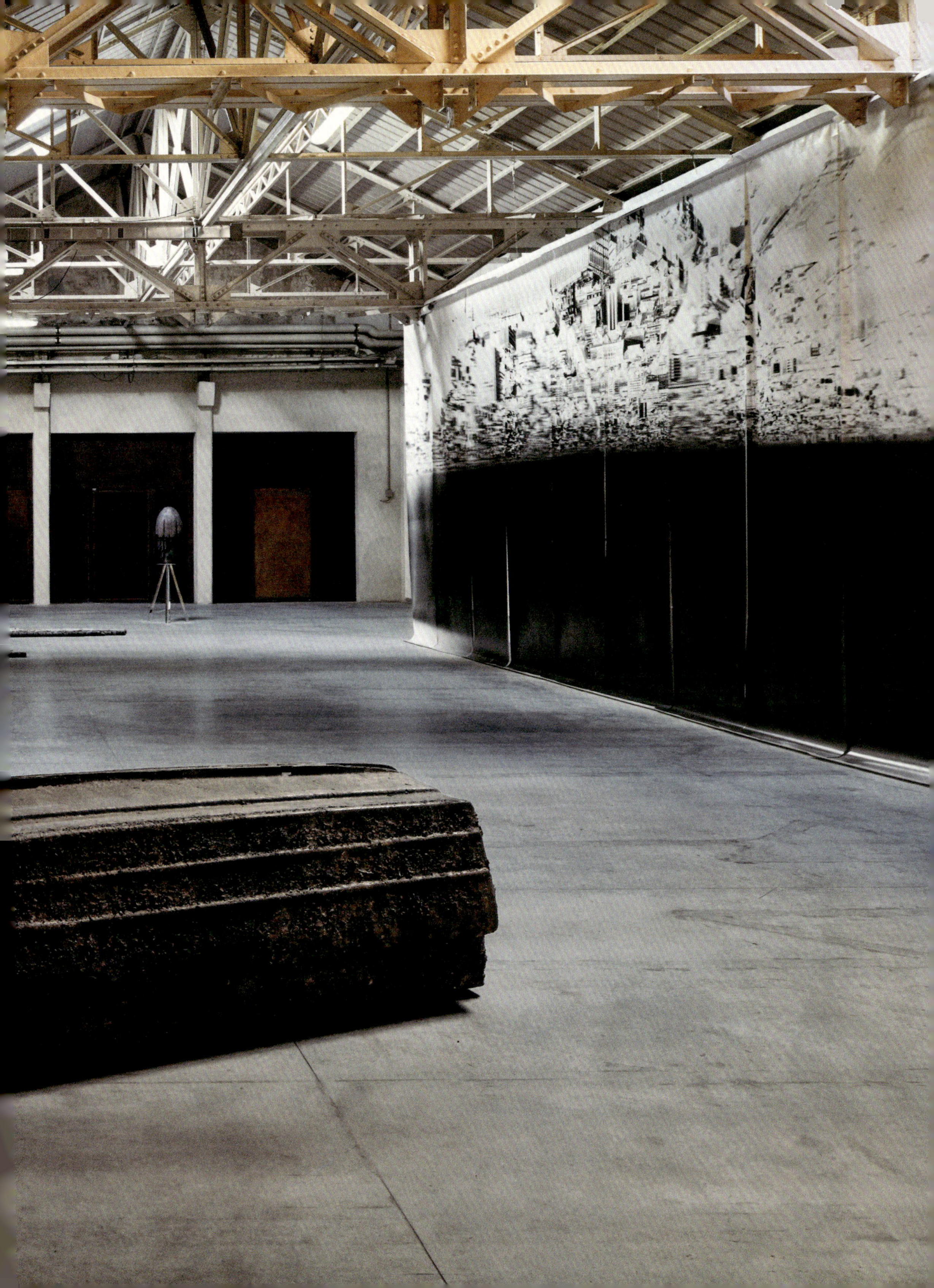

Piano sequenza sulla luce
Mariagiulia Leuzzi

Concepita come un elemento che attiva il paesaggio, la luce rappresenta uno degli aspetti che distinguono a livello percettivo e concettuale la pratica di Giorgio Andreotta Calò, rendendo l'architettura monumento temporaneo ed espressione della mutevolezza del contesto urbano circostante. Già in numerosi dei suoi lavori – tra cui l'intervento concepito per Castel Sant'Elmo e il DAMM a Napoli (2005), e quello per la Torre del Parlamento di Sarajevo in *Dal Tramonto all'Alba* (2006), per il Municipio di Bologna in *Monumento ai Caduti* (2010) e per il Teatro Margherita di Bari in *22 luglio 1911/ 22 luglio 2011* (2011) – l'artista plasma l'elemento luminoso, evocando a seconda dei casi il sole che sorge, il crepuscolo o il fuoco che divampa in un incendio. In *Dal Tramonto all'Alba* la luce, in quanto manifestazione dello scorrere del tempo, trasforma ad esempio in modo metaforico la verticalità costitutiva dell'architettura in uno strumento di misurazione del tempo, assimilando la Torre del Parlamento di Sarajevo a una meridiana.

Se in questi lavori la luce viene utilizzata come materia visibile – presente attraverso fari Fresnell e attrezzature per l'illuminotecnica teatrale – nel corso degli anni viene impiegata da Andreotta Calò in quanto "traccia". Come in una "scultura per via di levare", nelle sperimentazioni di Andreotta Calò la luce viene utilizzata *in assenza* secondo il procedimento fotografico a impressione diretta, indagando la potenzialità della luce di creare e far emergere immagini. In *Los Angeles Sunset Boulevard* (2010), ad esempio, l'artista ha trasformato il portabagagli di un'auto in movimento per le strade di Los Angeles in una camera oscura, realizzando – chiuso al suo interno – una serie di Polaroid[1]. Mediante un procedimento analogo, ma su una scala ben più ampia, in *Prima che sia notte* (2012) Andreotta Calò fa confluire all'interno del Museo MAXXI di Roma l'immagine del quartiere Flaminio. In entrambi i casi il risultato è un'istantanea del paesaggio urbano in costante mutamento, immortalato in una temporalità presente e contingente, con un dispositivo fotografico ormai obsoleto come quello della camera oscura.

Tuttavia, se da un lato la luce costituisce il mezzo che concorre a generare delle immagini, dall'altro essa rappresenta nella pratica dell'artista anche lo strumento che ne impedisce la manifestazione. Nel caso dell'intervento ambientale *Anastasis* (ἀνάστασις) (2018), infatti, Andreotta Calò ha completamente rivestito le vetrate della Oude Kerk, il più antico edificio religioso di Amsterdam, con un filtro rosso. Elemento generalmente usato in fotografia analogica per neutralizzare l'azione dei sali d'argento e l'apparizione di un'immagine sul materiale fotosensibile, la luce rossa richiama così i processi di rimozione e di iconoclastia che hanno segnato la storia di quell'edificio e dell'intera città.

La proprietà riflettente delle superfici d'acqua e il fenomeno ottico dello sdoppiamento del paesaggio della laguna di Venezia, così come di Amsterdam, hanno avuto un'influenza sulla visione dell'artista. La sua pratica scultorea, in questo senso, integra la luce come elemento catalizzatore della specularità e della riflessione tra due elementi. L'acqua in quanto superficie specchiante è spesso presente concretamente o richiamata concettualmente nei lavori per la sua potenzialità di conferire unità e organicità a una forma: come in *Volver* (2008/2019), o nelle *Clessidre* (1999 - in corso) che rimandano nella propria verticalità e simmetria all'orizzonte ideale del medio mare, oppure ancora in *Senza titolo (La fine del mondo)* (2017), installazione ambientale su due livelli realizzata per il Padiglione Italia in occasione della 57. Biennale di Venezia, che produce uno sdoppiamento visivo dello spazio, conducendo lo spettatore in una dimensione di sospensione e contemplazione. In modo analogo, il ruolo dell'acqua e il suo rapporto con la luce assumono un forte valore simbolico nel cinema di Andrej Tarkovskij – riferimento significativo per Andreotta Calò, tanto che un trittico di *Clessidre, Scolpire il Tempo* (2010), ha preso il titolo dal saggio del 1986 scritto dal regista russo: nelle scene di alcuni film come *Lo Specchio* e *Stalker*, spesso i pavimenti appaiono come bagnati, generando sulla propria

Conceived as an element that activates the landscape, light is one of the aspects that distinguishes Giorgio Andreotta Calò's practice on a perceptual and conceptual level, turning architecture into a temporary monument and an expression of the mutability of the surrounding urban context. In many of his works, for example the work he created for Castel Sant'Elmo and DAMM in Naples (2005), and the work for the Tower of Parliament in Sarajevo in *Dal Tramonto all'Alba* [From sunset to sunrise] (2006), for the Town Hall of Bologna in *Monumento ai Caduti* [War memorial] (2010), and for the Margherita Theater in Bari in *22 luglio 1911/22 luglio 2011* [*22 July 1911/22 July 2011*] (2011), the artist shapes this luminous element to evoke the rising sun, twilight, or flames breaking out in a fire. Inasmuch as it is a manifestation of the passing of time, in *Dal Tramonto all'Alba* light metaphorically transforms the constitutive verticality of architecture into a tool for measuring time, turning the Sarajevo Parliament Tower into a sundial.

While in these works Andreotta Calò has used light as a visible material—in the form of Fresnel lights and theatrical lighting equipment—over the years, he has also used light as a "trace". As with a "sculpture as a form of removal", Andreotta Calò uses light *in absentia*, employing the direct impression photographic procedure to investigate the potential of light to create and reveal images. In *Los Angeles Sunset Boulevard* (2010), for example, the artist transformed the trunk of a car driven through the streets of Los Angeles into a camera obscura, realizing a series of Polaroids while shut up inside.[1] Using the exact same procedure but on a much larger scale, in *Prima che sia notte* [Before night falls] (2012) Andreotta Calò introduced an image of the Flaminio district into the MAXXI Museum in Rome. In both cases, the result is a snapshot of the constantly-changing urban landscape, immortalized in a present yet contingent temporality, with a photographic device as obsolete as the camera obscura.

If, however, on the one hand light is the medium that helps generate images, on the other, in the artist's practice, it also represents the tool that prevents their manifestation. In the case of his *Anastasis (ἀνάστασις)* (2018) environmental intervention, Andreotta Calò completely covered the windows of the Oude Kerk, the oldest religious building in Amsterdam, with a red filter. An element generally used in analog photography to neutralize the action of silver salts and the appearance of an image on photosensitive material, red light recalls the processes of removal and iconoclasm that have marked the history of that building—and indeed the entire city.

The reflective property of water surfaces and the optical phenomenon of mirroring prompted by the landscape of the Venice lagoon—as the one of Amsterdam—have had an influence on the artist's vision. In this sense, Andreotta Calò's sculptural practice integrates light as a catalyst of specularity and reflection between two elements. Water as a reflecting surface is, for its potential to confer unity and organicity to form, often concretely or conceptually recalled in his works. Examples of this may be found in *Volver* (2008/2019), in *Clessidre* [Hourglasses] (1999 – ongoing) that, with their verticality and symmetry, hark back to the ideal horizon of the mean sea level, and again in *Senza titolo (La fine del mondo)* [Untitled (The end of the world)] (2017), an environmental installation on two levels created for the Italian Pavilion for the 57th Venice Biennale which generates a visual splitting of space that leads the viewer into a dimension of suspension and contemplation. Similarly, the role of water and its relationship with light take on a highly symbolic value in Andrei Tarkovsky's cinema—a significant reference for Andreotta Calò, so much so that a triptych of *Clessidre, Scolpire il Tempo* [Sculpting in time] (2010), takes its title from a 1986 essay by the Russian director: in the scenes of some films such as *Mirror* and *Stalker*, the floors often appear to be wet, generating on their surface a splitting of the characters and objects within the frame.[2]

In continuity with his previous research and reflection on light as a sculptural

superficie lo sdoppiamento dei personaggi e degli oggetti all'interno dell'inquadratura[2].

In continuità con le ricerche precedenti e proseguendo la riflessione sulla luce come materia scultorea, l'artista trasforma la mostra in Pirelli HangarBicocca in un dispositivo che muta in funzione delle condizioni atmosferiche nonché dello scorrere del tempo, inteso sia nella sua alternanza tra giorno e notte, sia nell'avanzare dei mesi dell'anno. Grazie alla presenza della luce naturale, che nelle ore diurne entra dal soffitto dello Shed attraverso i lucernari, e all'impiego di neon[3] che nelle ore di buio fanno risaltare un'atmosfera dai toni freddi e ovattati, Andreotta Calò concepisce metaforicamente lo spazio espositivo come una *Clessidra*: uno strumento generato dalla fusione di due temporalità speculari e complementari. Se la luce naturale, infatti, permette allo spettatore di soffermare l'attenzione sui dettagli delle opere che convivono nello spazio e sulle loro qualità materiche, l'illuminazione artificiale soffusa, percepibile nelle ore di maggiore oscurità, conferisce all'ambiente un aspetto più organico e acquatico, quasi trasponendo il visitatore nel *continuum* delle profondità marine. Nell'alternarsi di queste atmosfere, sul fondo dello spazio espositivo, si staglia *Città di Milano*, la grande stampa stenopeica realizzata tramite l'impressione diretta della luce, che fa emergere un'immagine in bianco e nero del paesaggio urbano. Il centro della composizione visiva diventa anche il punto di fuga in relazione al quale si sviluppa il progetto di mostra. A questo riguardo, il ricorso costante di Andreotta Calò a media quali la fotografia e il film si può leggere in relazione alla sua pratica di matrice scultorea: sono la traccia dalla luce sulla pellicola e l'emulsione fotosensibile a destare fascinazione nell'artista, nella cui visione il processo di trasformazione alchemica della materia costituisce un aspetto essenziale. Indipendentemente dal mezzo espressivo impiegato, la luce – filtrata, riflessa, modulata, proiettata, veicolo evanescente di mutamenti della materia – è per Giorgio Andreotta Calò un mezzo che dà forma all'esperienza dello spazio in relazione allo scorrere del tempo.

M.L.

1 La serie di Polaroid è successivamente divenuta parte di una pubblicazione: Giorgio Andreotta Calò, *SUNSET BOULEVARD*, Nero Editions, Roma 2016.

2 Le parole di *Primi incontri*, poesia di Arsenij Tarkovskij, in Andrej Tarkovskij, *Lo Specchio* (1975), acquisiscono una valenza significativa se lette in relazione al lavoro di Giorgio Andreotta Calò: "Dei nostri incontri ogni momento noi/ festeggiavamo come epifania,/soli nell'universo tutto./Tu più ardita e lieve di un battito d'ala/ su per la scala, come un capogiro/volavi sulla soglia, conducendomi/tra l'umido lillà, dentro il tuo regno/che sta dall'altra parte dello specchio./ Quando scesa la notte, a me la grazia/fu elargita, le porte dell'altare/si aprirono, nel buio prese luce/e lenta si chinò la tua nudità./[…] Alla luce tutto si trasfigurò, perfino/gli oggetti più semplici – il catino, la brocca – quando,/come a guardia, stava tra noi/l'acqua ghiacciata, a strati./Fummo condotti chissà dove./Si aprivano al nostro sguardo, come miraggi,/città sorte per incantesimo,/la menta si stendeva da sé sotto i piedi,/e gli uccelli c'erano compagni di strada,/e i pesci risalivano il fiume,/e il cielo si schiudeva al nostro sguardo... […]".

3 Per l'esposizione in Pirelli HangarBicocca l'artista ha espressamente utilizzato gli stessi neon impiegati per l'illuminazione delle Tese delle Vergini per l'installazione *Senza titolo (La fine del mondo)* (2017).

material, the artist transforms the exhibition at Pirelli HangarBicocca into a device that varies with changes in atmospheric conditions and the passage of time, understood both as an alternation between day and night and as the passage of the months during the year. Through the presence of natural light, which in daylight hours enters through the ceiling of the Shed through skylights, and the use of neon lights[3] that by night evoke an atmosphere of cold, muffled tones, Andreotta Calò has metaphorically conceived the exhibition space as an "hourglass": an instrument generated by the fusion of two specular yet complementary temporalities. While indeed natural light allows the viewer to focus attention on the details of the works cohabiting in space and on their material qualities, the soft artificial lighting, which may be perceived during the hours of greater darkness, imbues the environment with a more organic and aquatic appearance, practically transposing the visitor into the *continuum* of the sea depths. Within this succession of atmospheres, against the backdrop of the exhibition space, stands out the large pinhole print *Città di Milano* [City of Milan], made from a direct impression of light to generate a black-and-white image of the urban landscape. The center of this visual composition also becomes the vanishing point through which the exhibition project is developed. As in this case, Andreotta Calò's constant recourse to media such as photography and film may be interpreted in relation to his sculptural practice: the artist's interest is in the trace of light on film and photosensitive emulsion; the process of alchemical transformation of matter constitutes an essential aspect in his vision. Regardless of what means of expression is used, whether it be filtered, reflected, modulated, projected or an evanescent vehicle of changing of the material, for Giorgio Andreotta Calò light is a medium that shapes the experience of space in relation to the passage of time.

M. L.

1   The Polaroid series later featured in a publication: Giorgio Andreotta Calò, *SUNSET BOULEVARD*, Rome: Nero Editions, 2016.

2   The words of *First Meetings*, a poem by Arseny Tarkovsky, in Andrei Tarkovsky's *Mirror* (1975), acquire a significant value if read in relation to Giorgio Andreotta Calò's work:
"We celebrated every moment/Of our meetings as epiphanies,/Just we two in all the world./Bolder, lighter than a bird's wing/You hurtled like vertigo/Down the stairs, leading/Through moist lilac to your realm/Beyond the mirror./When night fell, grace was given to me,/The sanctuary gates were opened,/Shining in the darkness/Nakedness bowed slowly;/[…] Everything in the world was different,/Even the simplest things – the jug, the basin – When,/stratified and solid water/Stood between us, like a guard/We were led to who knows where./Before us opened up, in mirage,/Towns constructed out of wonder,/Mint leaves spread themselves beneath our feet,/Birds came on the journey with us,/Fish leapt in greeting from the river,/And the sky unfurled above… […]".

3   For the exhibition at Pirelli HangarBicocca, the artist has purposefully used the same neon lights as the ones for *Senza titolo (La fine del mondo)* installation (2017) at the Tese delle Vergini.

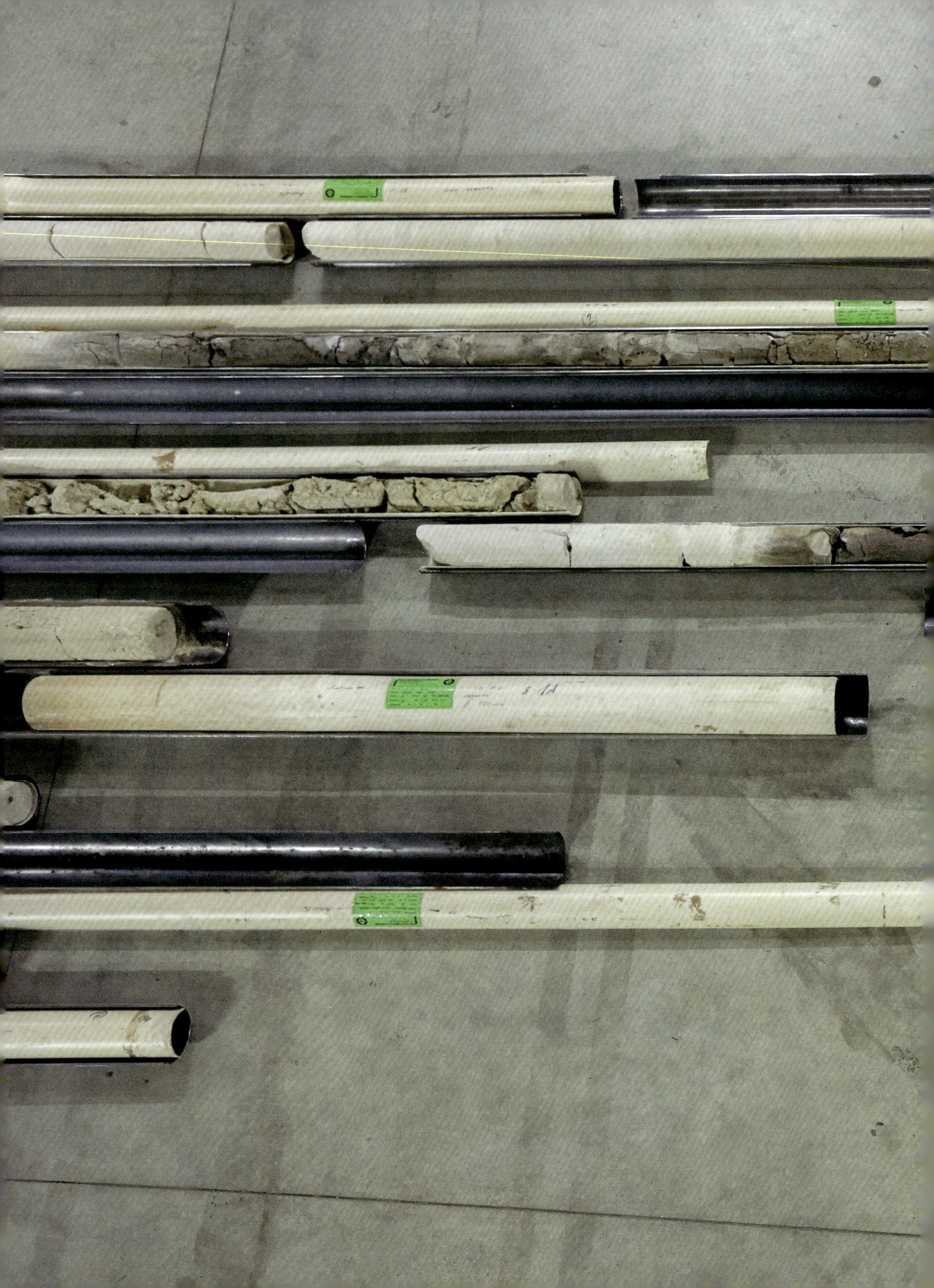

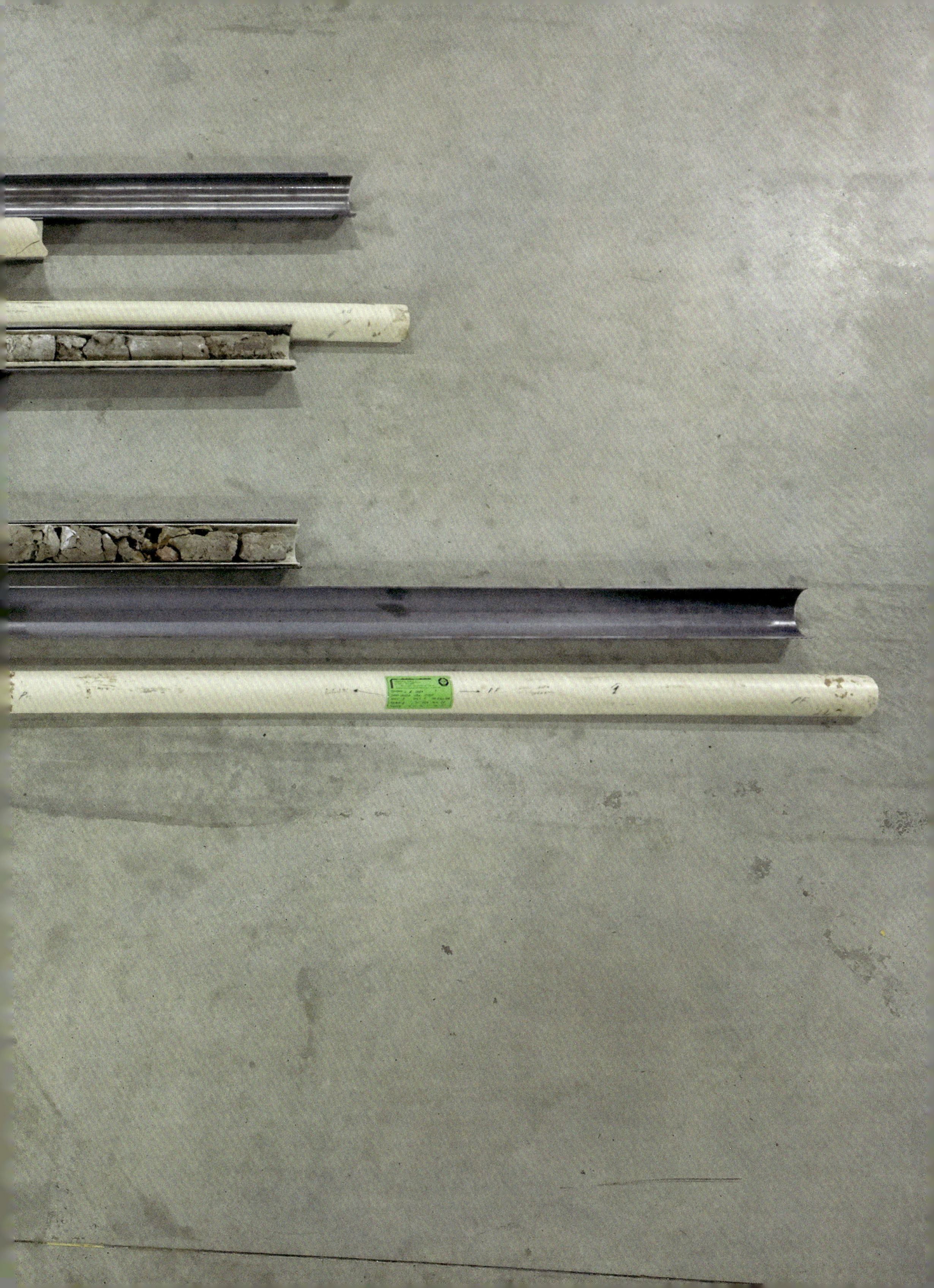

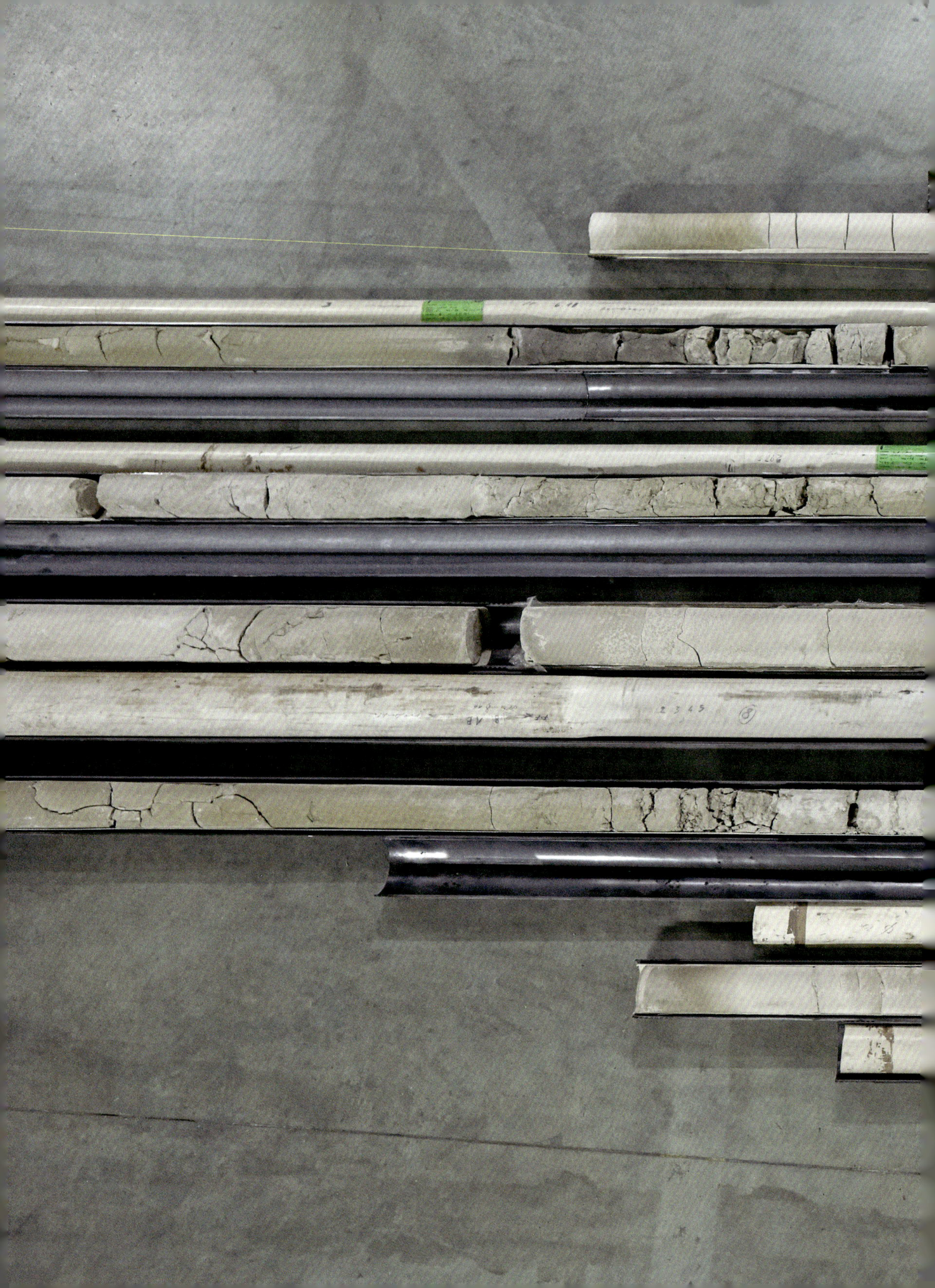

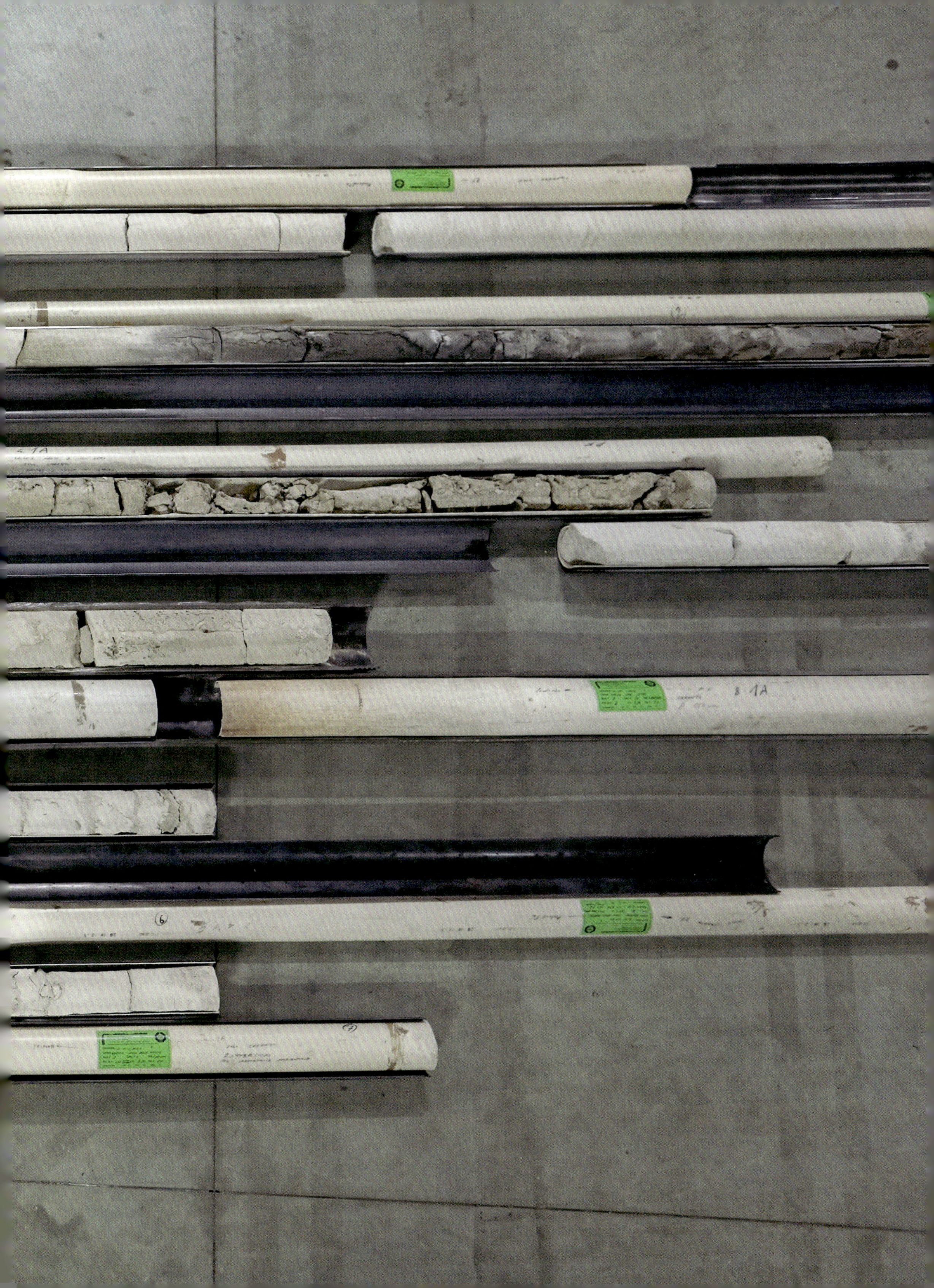

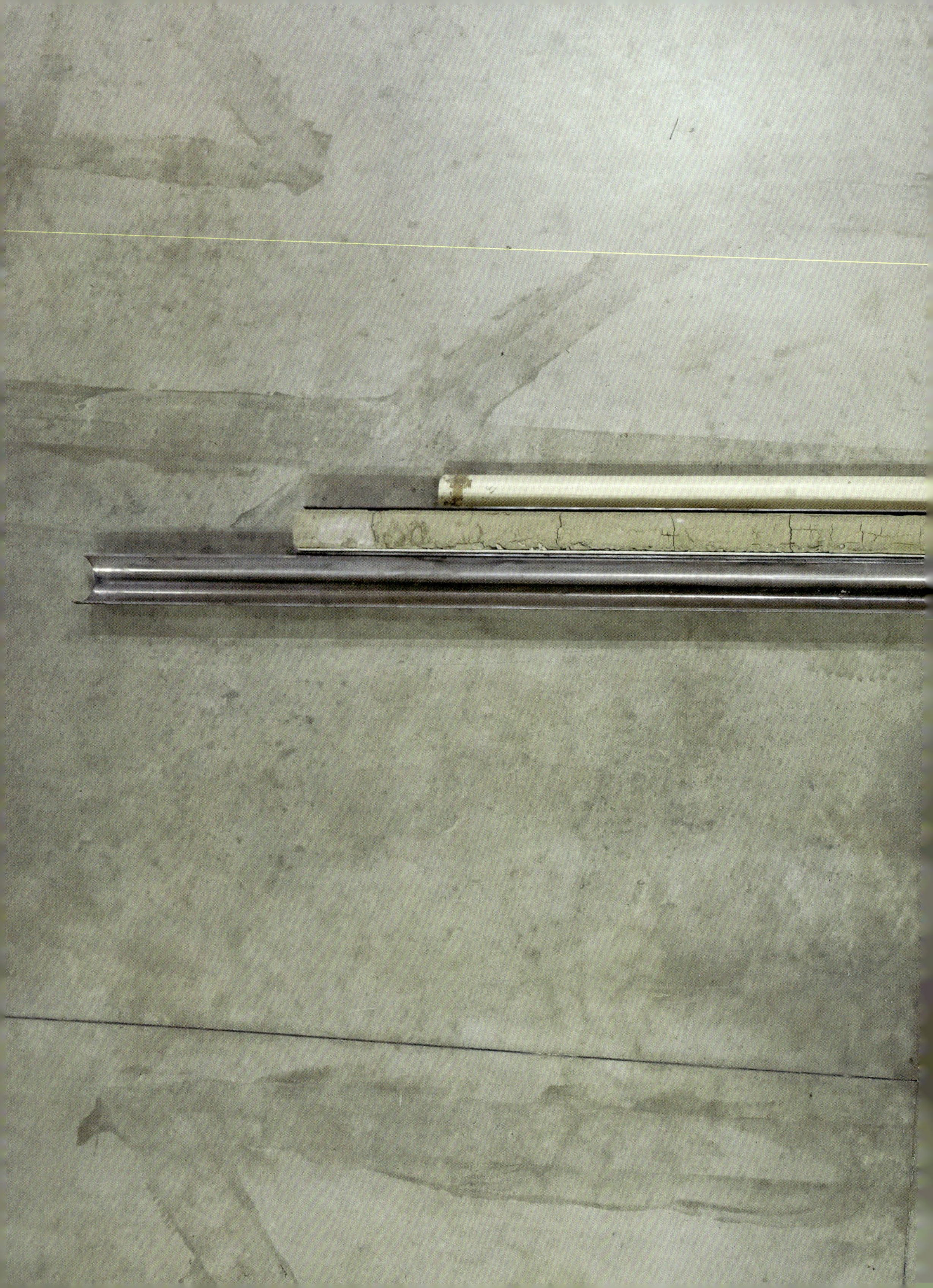

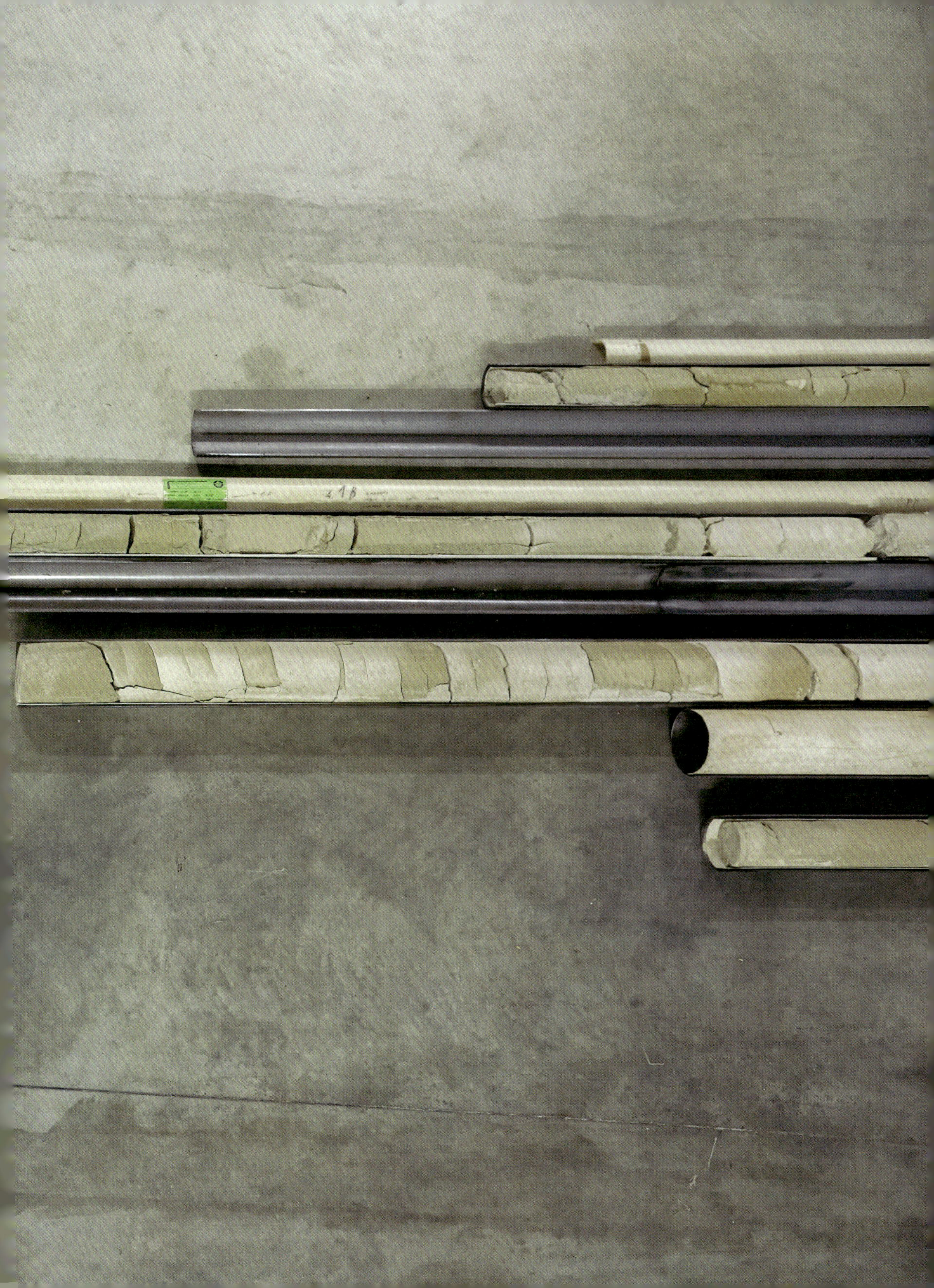

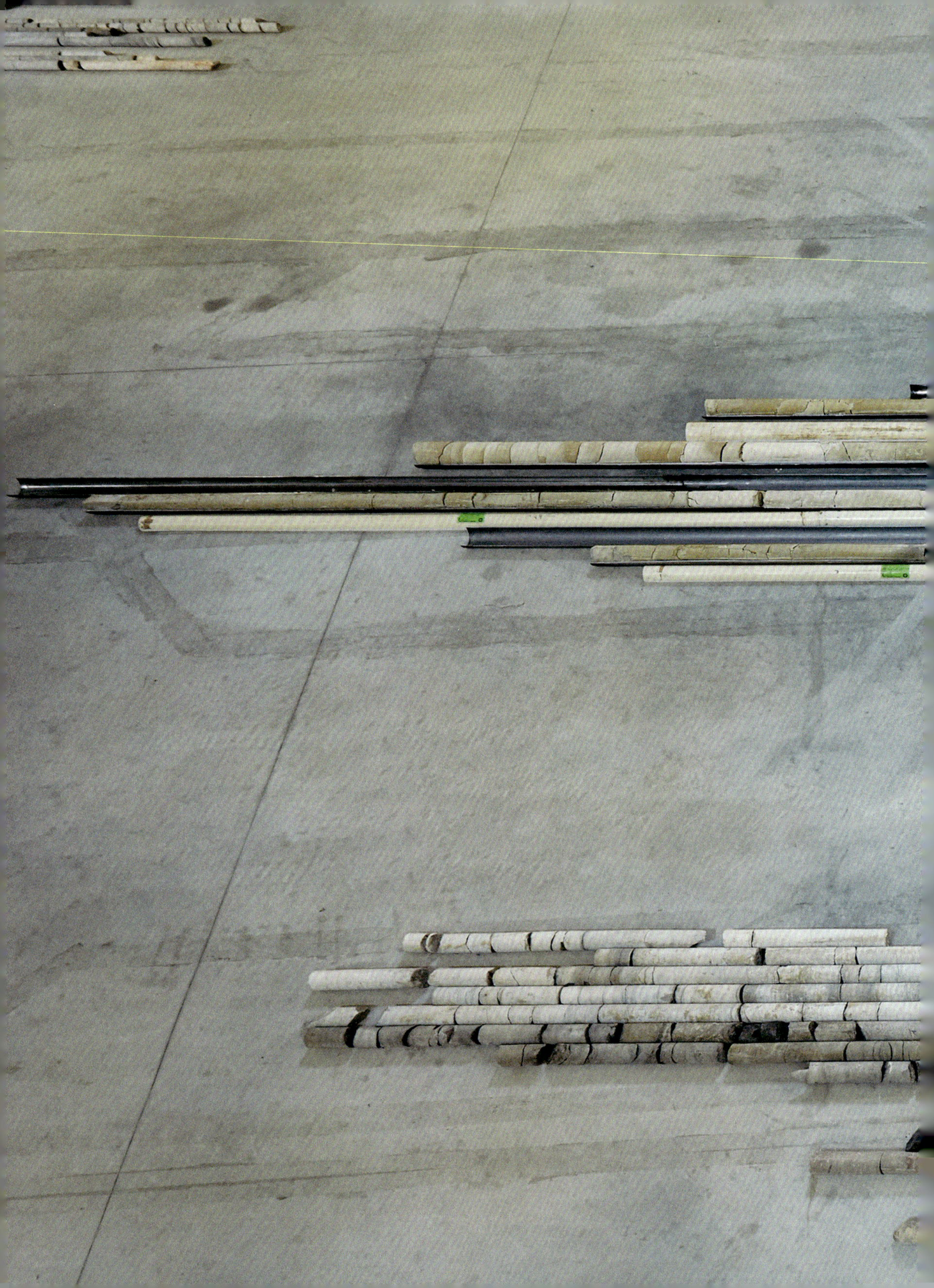

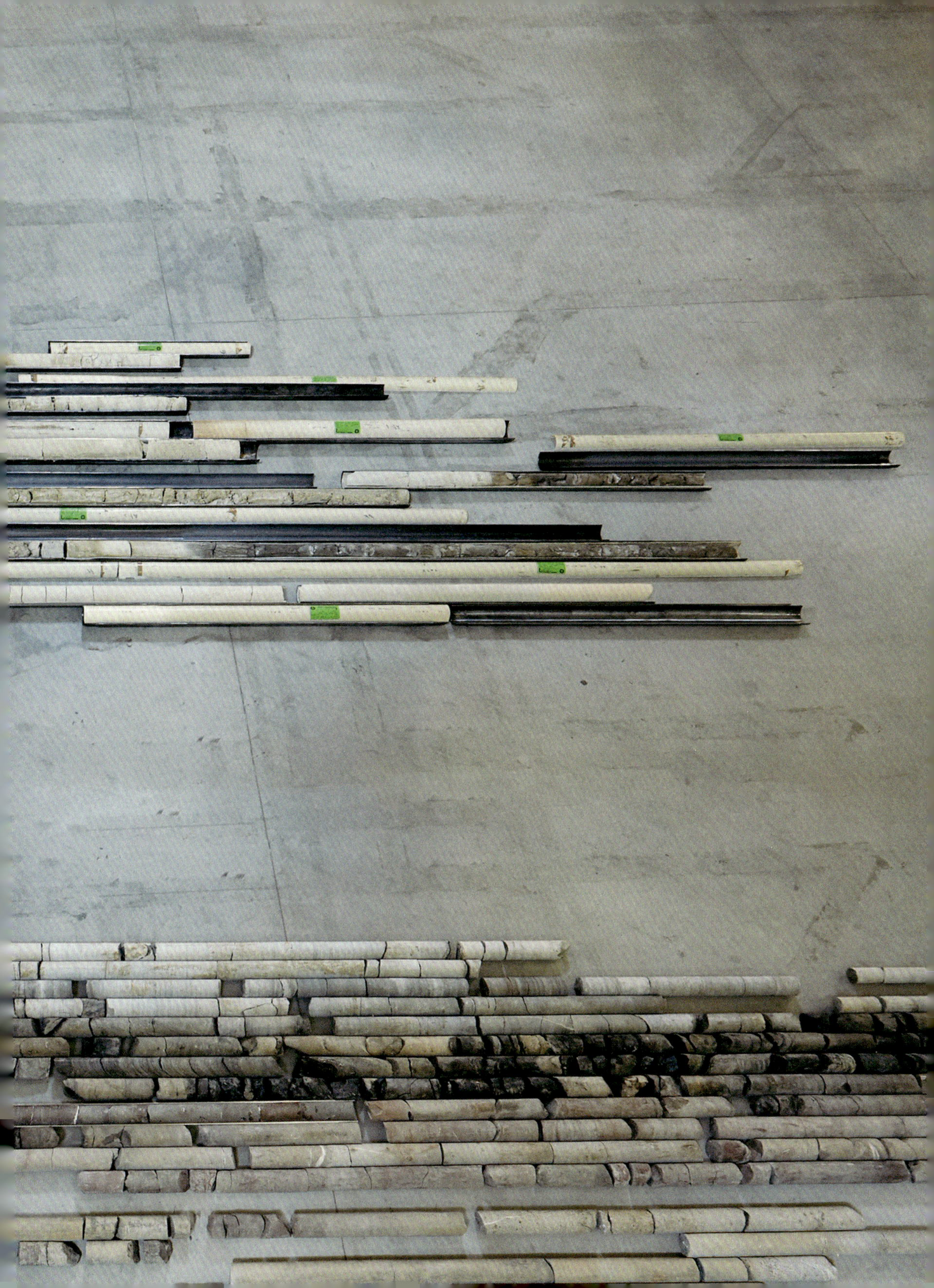

Carotaggi, 2014-17

Serie di sculture
Caranto dalla laguna di Venezia,
carotiere in acciaio e/o PVC
Dimensioni variabili

Il termine "carotaggio" designa in geologia
i sondaggi utilizzati per analizzare le
caratteristiche fisiche o chimiche di un terreno:
prelevati dal sottosuolo per mezzo di una trivella
cava, i campioni di materiale si caratterizzano
per una pressoché perfetta forma cilindrica. A
partire dal 2014 Giorgio Andreotta Calò utilizza
tali elementi come forme scultoree, in una serie
di lavori denominati per l'appunto *Carotaggi*, che
sembrano declinare in modo del tutto personale
il rigore minimalista e concettuale di opere
ambientali come *The Broken Kilometer* (1979) o
The Vertical Earth Kilometer (1977) di Walter De
Maria.

       Così come quelli più recenti
provenienti dal Sulcis Iglesiente in Sardegna, i
Carotaggi estratti da Andreotta Calò nella laguna
di Venezia portano alla luce strati di materiale,
fornendo una rappresentazione del tempo
geologico del territorio. Esposti per la prima volta
nel 2014 in occasione della mostra personale
"La scultura lingua morta (I)" presso la galleria
Wilfried Lentz di Rotterdam, gli elementi che
compongono la serie sono costituiti da singoli
carotaggi – esemplari di un unico sondaggio
verticale a loro volta suddivisi in più "carote"
– oppure da un gruppo di più campionamenti.
Dopo avere selezionato i campioni, l'artista li
presenta distesi sul pavimento secondo una
collocazione accuratamente studiata in cui i vari
carotaggi, adagiati parallelamente tra di loro,
vengono anche leggermente sfalsati secondo
una configurazione diagonale che riproduce
l'andamento degli strati di estrazione. La loro
disposizione longitudinale rispecchia infatti
la loro profondità originaria nel sottosuolo: la
verticalità del tempo geologico è trasposta quindi
in una dimensione orizzontale, lineare e dilatata
nello spazio. La provenienza da diversi livelli del
terreno è riscontrabile anche dalle sfumature e

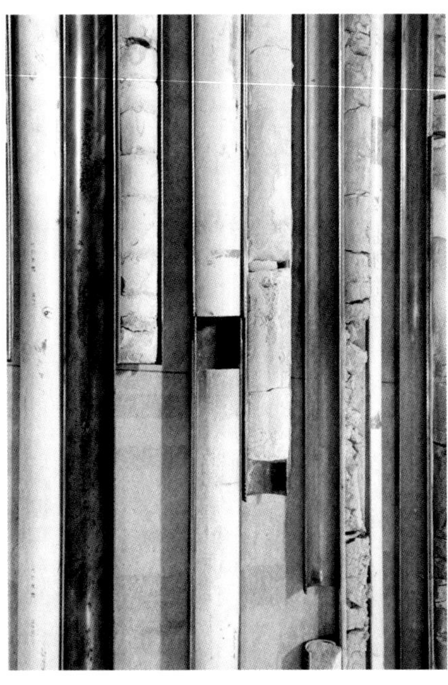

↑   *Carotaggi*, 2014-17
(particolare / *detail*)

Carotaggi, 2014–17

Sculpture series
Caranto clay from the Venice lagoon,
steel and/or PVC drilling tubes
Variable dimensions

In geology, the term "core sampling" refers to a method boring to analyze the physical or chemical characteristics of the earth. Extracted from underground using a hollow drill, the material samples are an almost perfect cylindrical shape. Since 2014, Giorgio Andreotta Calò has been using these elements as sculptural forms in a series of works called *Carotaggi* [Core samples]. In his personal way, these works appear to continue the minimalist, conceptual rigor of environmental works such as Walter De Maria's *The Broken Kilometer* (1979) and *The Vertical Earth Kilometer* (1977).

As well as the more recent pieces from Sulcis Iglesiente in Sardinia, the *Carotaggi* extracted by Andreotta Calò from the Venice lagoon bring to light layers of material offering a representation of the geological time of a specific area. Presented for the first time in 2014 in the solo exhibition "La scultura lingua morta (I)" [The dead language sculpture (I)] at the Wilfried Lentz Gallery in Rotterdam, the elements that make up this series are single cores (specimens from a single vertical survey, in turn split up into several "carrots") or a group of several samples. After having selected the samples, the artist presents them on the floor in a meticulously defined position. Arranged parallel to one another, the cores are slightly staggered to reveal a diagonal configuration that reproduces the progression of the extraction layers. Indeed, their longitudinal arrangement reflects their original underground depth: the verticality of geological time is therefore transposed into a horizontal and linear dimension that is spread out in space. The origin of the various levels of the soil may also be gleaned from the material's variety of shades and colors. Sometimes the artist further intervenes on the chromatic aspect, baking the clay in the cores. In some cases the *Carotaggi* are sheathed in steel or PVC pipes, the "environmental cores" used for extraction. The artist then slices them in half to reveal their contents. He has left the labels on each core sample with the information from its original cataloguing, including the date and the geolocalization (coordinates and depth of extraction).

Unlike the cores from Sardinia, which the artist selected from an existing archive, in Venice the artist commissioned a company specializing in geognostic and geotechnical surveys to extract the first series of cores, with the intention of probing for caranto clay beneath the lagoon seabed. Caranto (from the Latin *caris*, "stone"), the material of which these cores are largely composed, is a silty-sandy clay that is ocher-grey in color; it makes up the extremely compact layer on which Venice's foundations rest and has been sinking[1] for the last century. Because of the configuration of the material from which these cores are made—caranto—and their characteristic cylindrical shape, for the artist these *Carotaggi* are "a metaphor of the city's backbone and semantics",[2] an instrument for reading the lagoon context and the interaction between human activity and natural processes.

M. B.

1 Below the topmost layer of caranto is in fact a layer of fresh water, on which its upper levels "float". The phenomenon of subsidence—i.e. the sinking of the caranto layer and therefore of the entire city—has been significantly accelerated by human activity, mainly linked to the drainage of the aquifers (for the purpose of supplying the cooling systems of the industries of the Marghera petrochemical pole, nearby Venice, or irrigating the growing land in the surrounding area).

2 The original idea—never realized—which led to the creation of the series of Venice lagoon *Carotaggi* consisted in the creation of a baked clay column to be exhibited in the Corderie dell'Arsenale, with a reference to the two columns of the portico of the Temple of Solomon. Among these, it is said that there was a third one not visible to the human eye, as it was devoid of matter.

colorazioni eterogenee del materiale. Talvolta l'artista interviene ulteriormente sull'aspetto cromatico, cuocendo l'argilla di cui i carotaggi sono costituiti. In alcuni casi i *Carotaggi* sono alloggiati in tubi in acciaio o PVC, i cosiddetti "carotieri ambientali" utilizzati per l'estrazione, ma sezionati a metà dall'artista per mostrarne il contenuto. Su ciascun carotiere l'artista lascia l'etichetta che riporta informazioni sulla catalogazione originaria, tra cui la data e la geolocalizzazione (coordinate e profondità di estrazione).

A differenza dei carotaggi provenienti dalla Sardegna, selezionati da un archivio già esistente, a Venezia è stato l'artista stesso a commissionare a una società specializzata in indagini geognostiche e geotecniche l'estrazione della prima serie dei *Carotaggi*, con l'intento di sondare la presenza di caranto nel fondale lagunare. Il caranto (dal latino *caris*, "sasso"), materiale di cui essi sono in larga parte composti, è un'argilla limoso-sabbiosa di colore grigio-ocra che costituisce lo strato estremamente compatto che sostiene le fondamenta della città di Venezia, soggetto nell'ultimo secolo a un processo di sprofondamento[1]. Per la configurazione del materiale di cui si compongono – il caranto – e la caratteristica forma cilindrica, i *Carotaggi* divengono per l'artista "metafora della colonna portante e semantica della città"[2], strumento di lettura del contesto lagunare e dell'interazione tra attività antropica e processi naturali.

M.B.

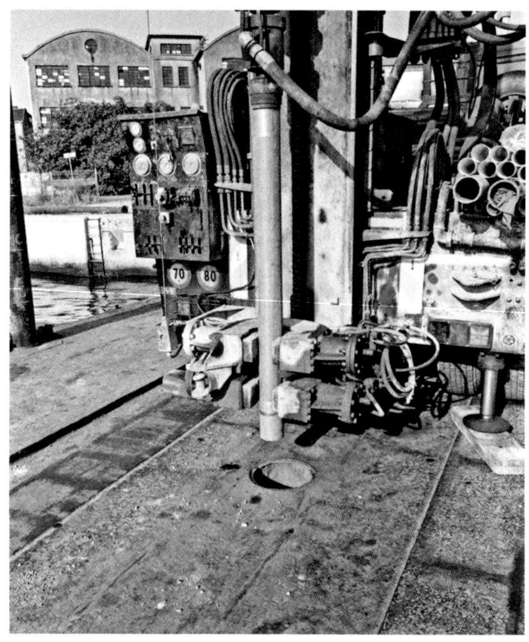

↑ Documentazione fotografica campagna
→ di estrazione / *Photographic documentation of the extraction campaign*, laguna di Venezia / *Venice lagoon*, agosto / *August* 2014

1   Al di sotto dello strato di caranto è infatti presente una falda di acqua dolce, sulla quale "galleggiano" i livelli superiori. Il fenomeno della subsidenza – ovvero lo sprofondamento dello strato di caranto e quindi dell'intera città – è stato sensibilmente accelerato dall'attività antropica, legata principalmente all'emungimento delle falde (ai fini di alimentare gli impianti di raffreddamento delle industrie del polo petrolchimico di Marghera o di irrigare i terreni di coltura della zona circostante).

2   L'idea originaria – mai realizzata – che ha portato alla creazione della serie dei *Carotaggi* della laguna di Venezia consisteva nella creazione di una colonna in argilla cotta per essere esposta nelle Corderie dell'Arsenale, con un rimando alle due colonne del portico del Tempio di Salomone. Tra queste si dice che ve ne fosse una terza non visibile all'occhio umano, in quanto priva di materia.

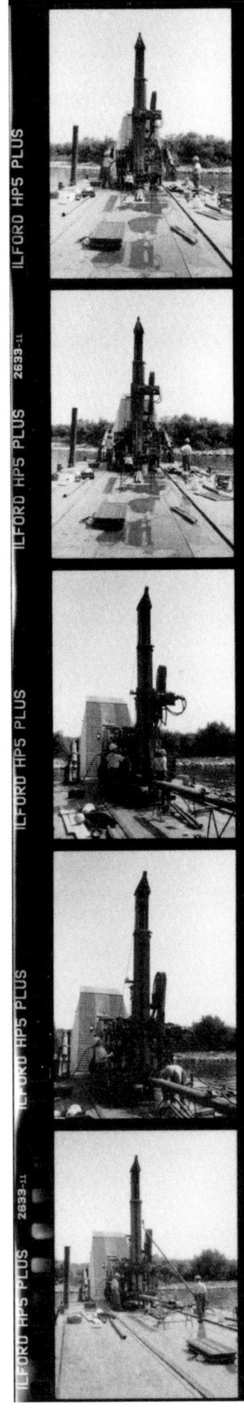
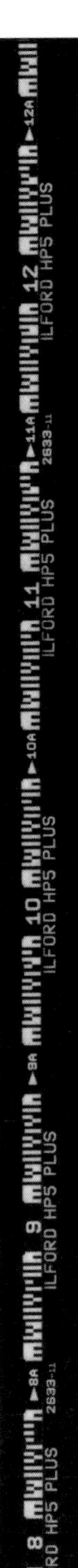
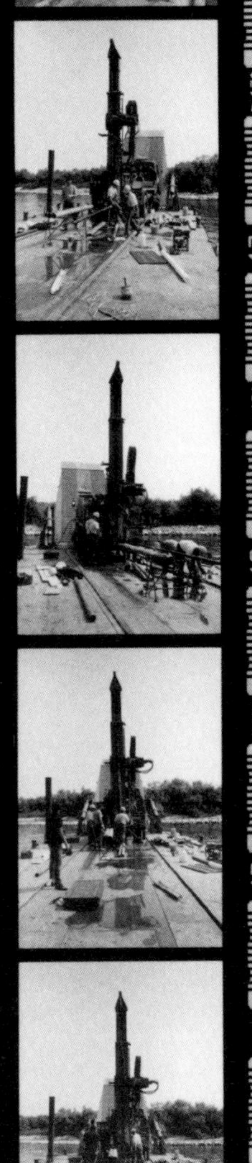
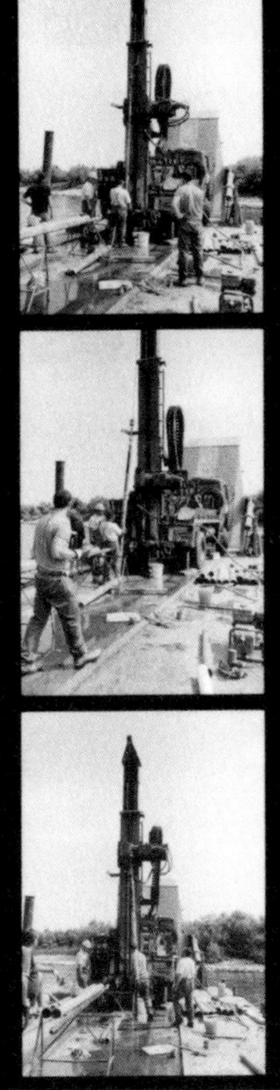

Carotaggi

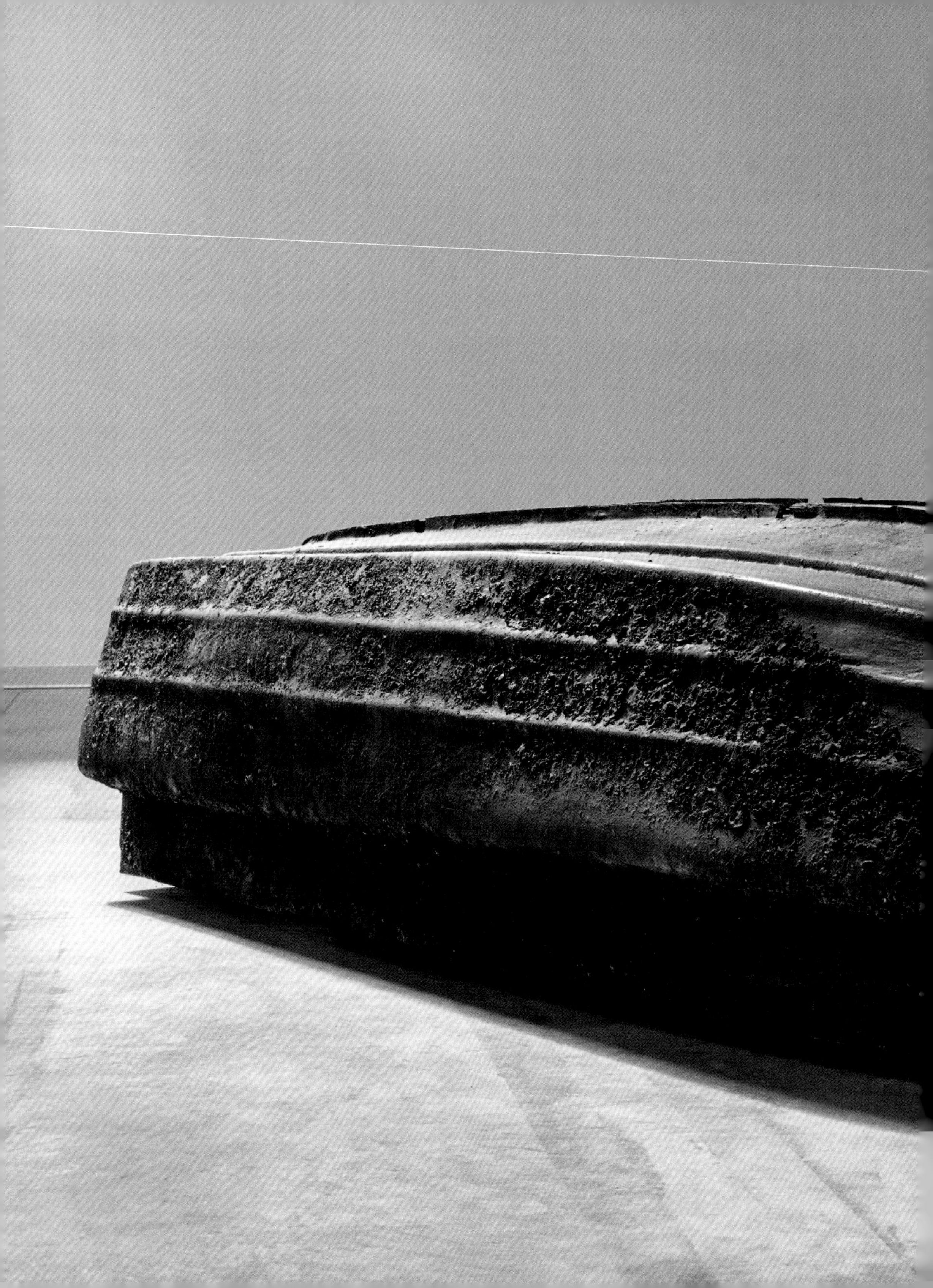

Volver, 2008 - 2008/2019

Volver, 2008/2019
Barca
73 × 400 × 400 cm (dimensioni installazione 2008)
73 × 115 × 400 cm (dimensioni installazione 2019)

Volver, 2008
44 diapositive a colori, loop

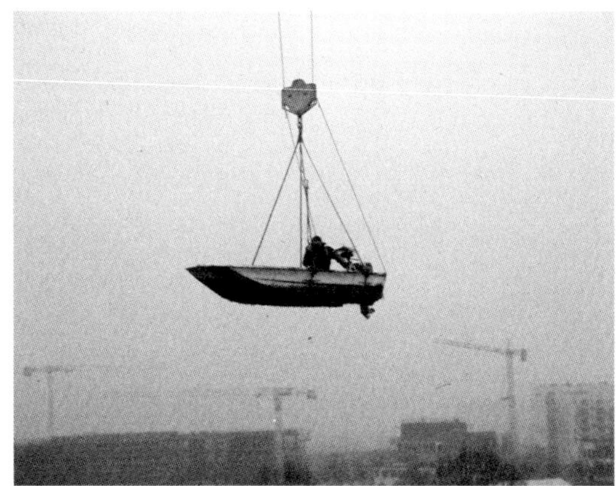

A più di dieci anni dall'azione performativa
compiuta per *Volver* (2008), lavoro realizzato da
Giorgio Andreotta Calò in occasione della sua
prima personale a Milano alla galleria Zero – in
quegli anni situata nel quartiere di Lambrate –
l'artista concepisce una nuova configurazione
dell'opera.
La barca originariamente utilizzata dall'artista
per percorrere la laguna di Venezia era stata
trasformata in un'installazione ed esposta sul
tetto della galleria Zero. Prima di conferire la
forma definitiva all'opera, l'artista, alla guida
dell'imbarcazione sospesa mediante una gru
sopra i tetti di Lambrate, aveva compiuto
un viaggio circolare, un volo ideale sopra
il paesaggio urbano. La visione dell'azione
documentata in un video anticipava quindi
l'esposizione della barca stessa sulla terrazza
della galleria. Terminata l'azione, l'imbarcazione
era stata sezionata longitudinalmente e collocata
con le due parti della chiglia leggermente aperte:
grazie ai riflessi dell'acqua piovana depositati sul
pavimento, le due metà sembravano ricomporsi
come in una grande conchiglia.
     All'interno di "CITTÀDIMILANO"
la barca di *Volver* è soggetta a un'ulteriore
metamorfosi nella forma e nel significato, anche
in relazione all'idea di navigazione che ricorre
in numerosi lavori dell'artista: in quest'ottica
Milano rappresenta uno dei luoghi cardine
dell'*arcipelago* secondo cui è concepita l'intera
mostra. Se sul tetto della galleria Zero l'acqua era
fisicamente presente e rifletteva le due metà della
barca collocate sul pavimento dando origine a
una forma aperta, nella nuova versione in Pirelli
HangarBicocca, invece, l'acqua è richiamata

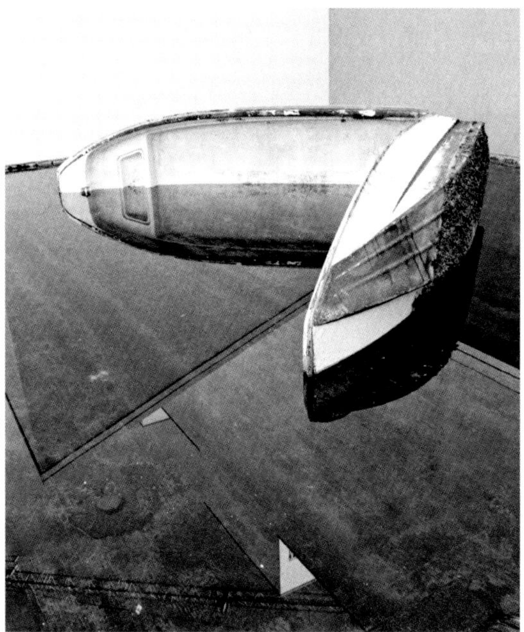

↑ *Volver*, 2008
Documentazione fotografica dell'azione /
Photographic documentation of the action,
Milano, 13 dicembre / December 2008

Volver, 2008
Veduta dell'installazione / *Installation view*,
galleria Zero, Milano, 2008

Volver, 2008/2019
Boat
73 × 400 × 400 cm (dimensions 2008 installation)
73 × 115 × 400 cm (dimensions 2019 installation)

Volver, 2008
44 color slides, loop

More than a decade after the performative work *Volver* (2008), which Giorgio Andreotta Calò realized for his first solo show in Milan at Zero gallery—back then, located in the Lambrate district—the artist has conceived a new configuration for the work.
The boat originally used by the artist on the Venice lagoon was subsequently transformed into an installation and exhibited on Zero gallery's roof. Before the work reached its final form, the artist piloted the boat on a circular journey, in an ideal flight over the urban landscape suspended by a crane over the roofs of Lambrate. A viewing of this act, documented in a video, thus anticipated the exhibition of the boat on the gallery's terrace. After he concluded the action, the boat was sectioned longitudinally and positioned to ensure that the two sides of the keel stood slightly apart: due to the reflections of rainwater on the floor, the two halves seemed to recompose into one big shell.
For "CITTÀDIMILANO", the boat has undergone a further metamorphosis in form and meaning, informed by the notion of navigation recurrent in many of the artist's works. From this perspective, Milan is one of the pivotal places in the *archipelago* on which the entire exhibition was conceived. On the roof of Zero gallery the water was physically present and reflected the two halves of the boat placed on the floor to create an open shape; in this new version at Pirelli HangarBicocca, the water element is only conceptually evoked. Its reflective property becomes an integral part of the conformation the sculpture takes on: the two elements, now painted black and turned upside down with respect to the longitudinal axis of the floor, are placed together symmetrically to create a volume closed in on itself.
To accompany the work, 44 slides documenting the 2008 action are projected onto a screen from a carousel, its movement recalling the circular route taken by the suspended boat and, in general, the cyclical conception of time that recurs in many of Andreotta Calò's projects.

M. L.

soltanto idealmente. La sua proprietà riflettente diventa parte integrante della conformazione assunta dalla scultura stessa: i due elementi, ora dipinti di nero e capovolti rispetto all'asse longitudinale del pavimento, vengono accostati in modo simmetrico, creando un volume chiuso su se stesso.

Ad accompagnare l'opera, 44 diapositive che documentano l'azione del 2008 vengono proiettate su uno schermo attraverso un carousel, il cui movimento richiama il tragitto circolare compiuto dalla barca sospesa e, in generale, la concezione ciclica del tempo che ricorre in numerosi progetti di Andreotta Calò.

M.L.

→ *Volver*, 2008
Documentazione fotografica dell'azione / *Photographic documentation of the action*, Milano, 13 dicembre / *December* 2008
L'azione è stata realizzata grazie alla preziosa collaborazione di / *The action has been realized thanks to the precious collaboration of* Mariano Pichler

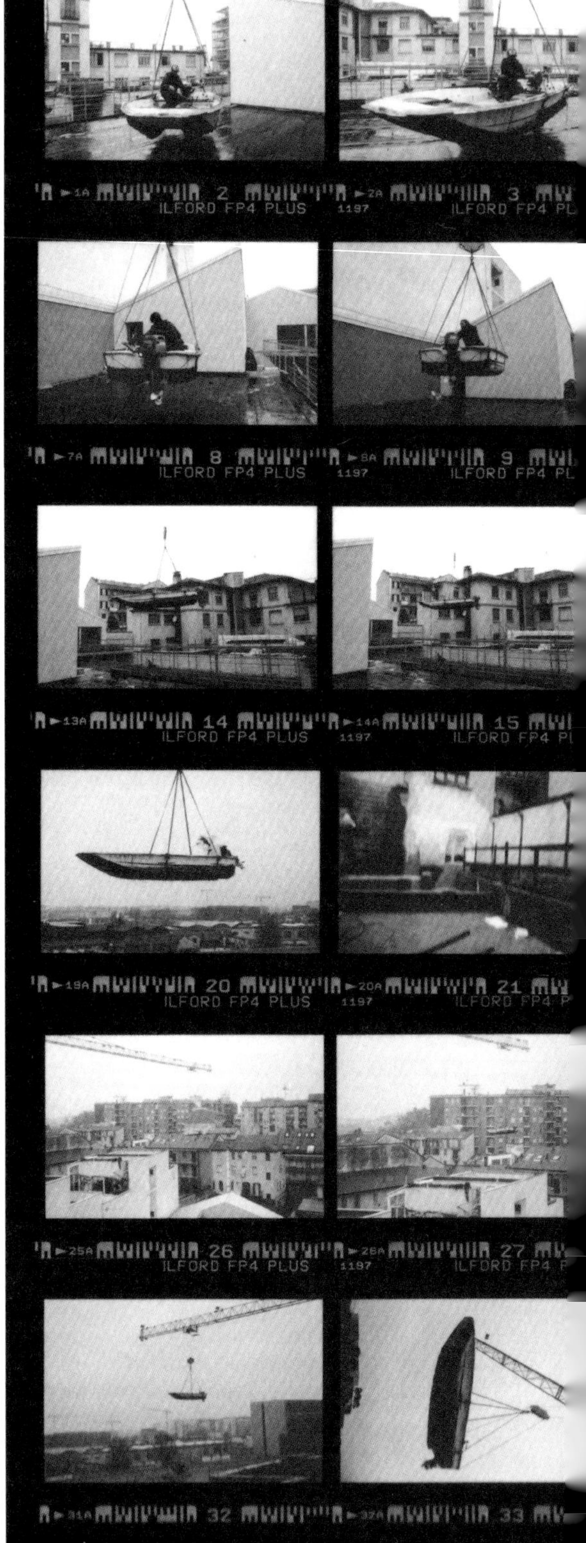

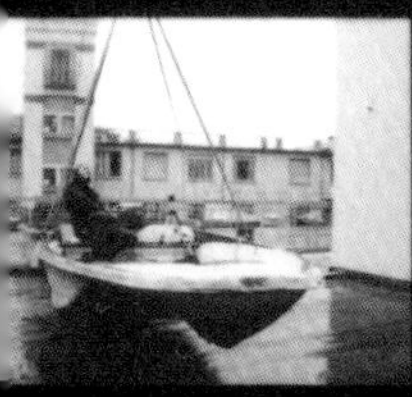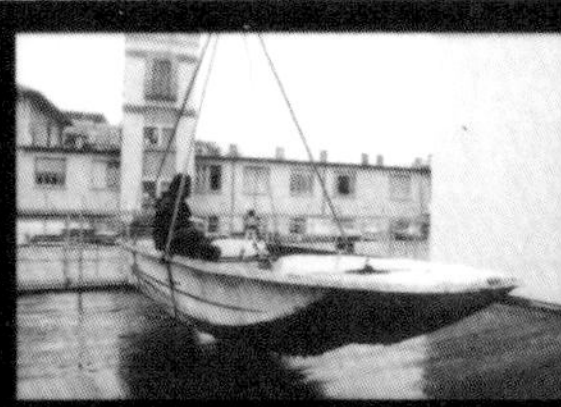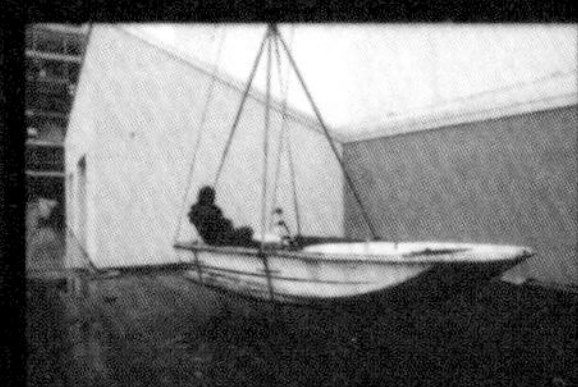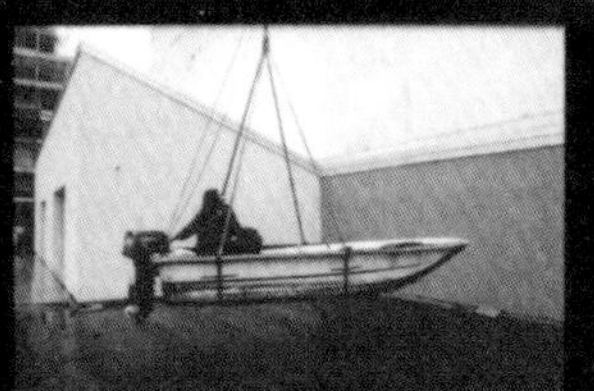
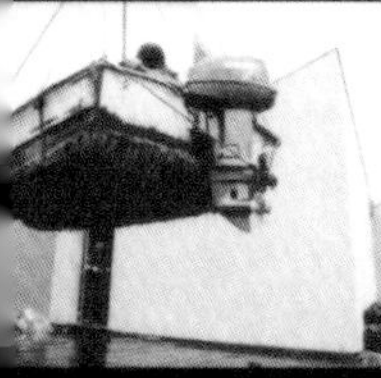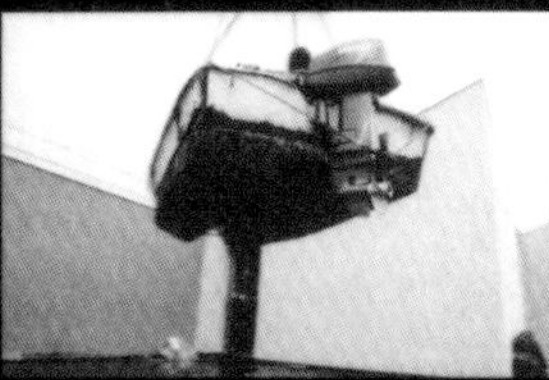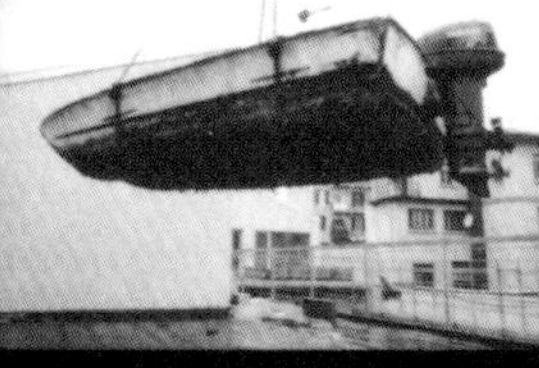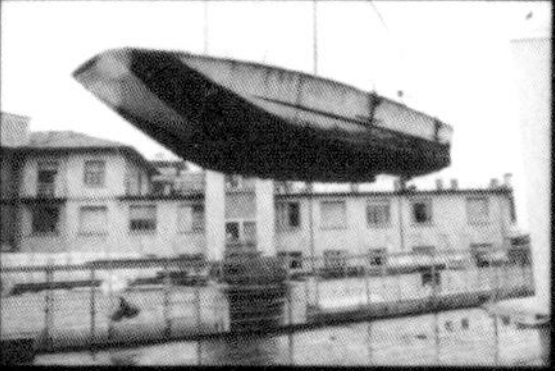
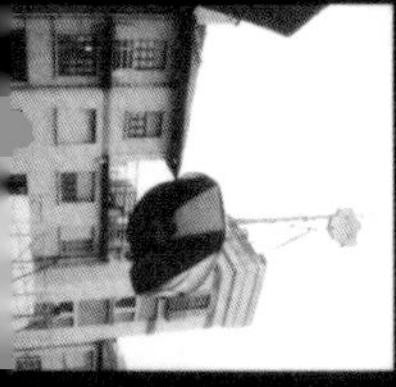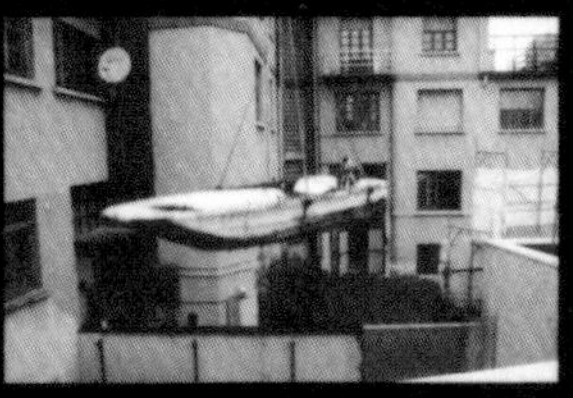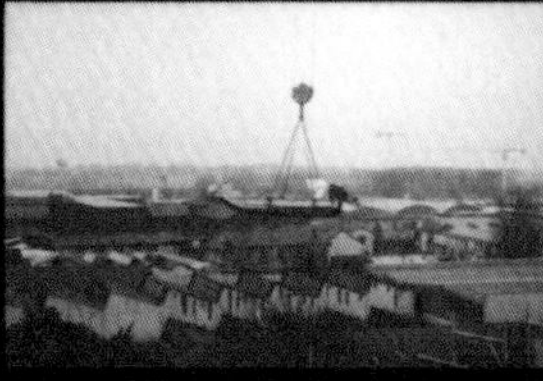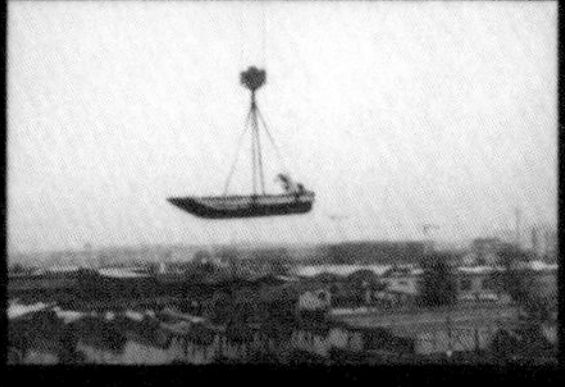
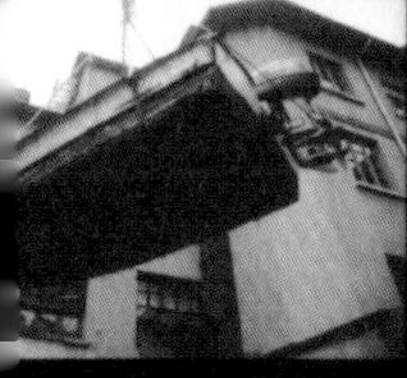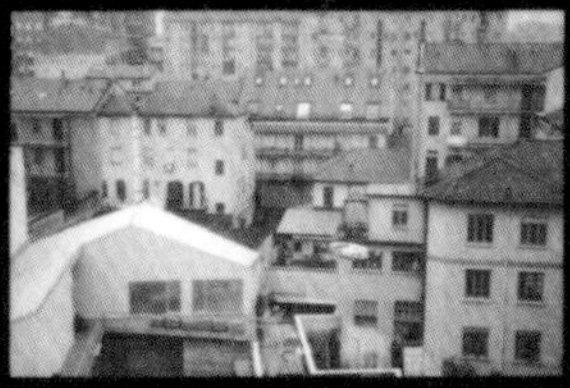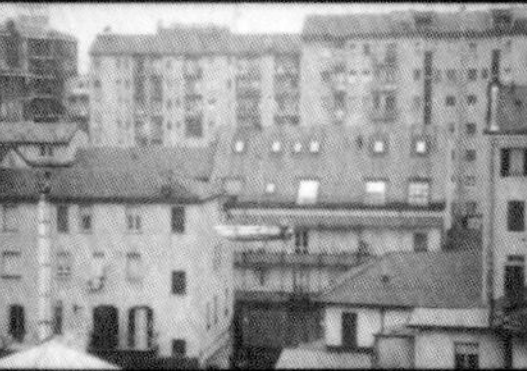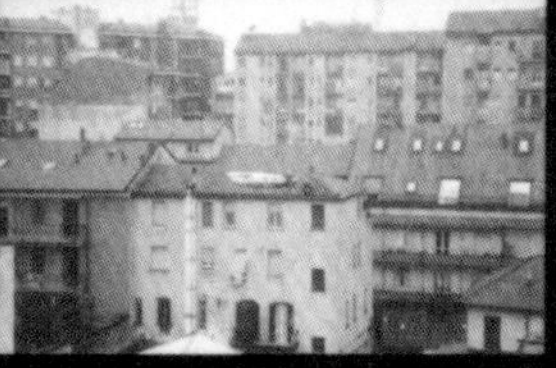
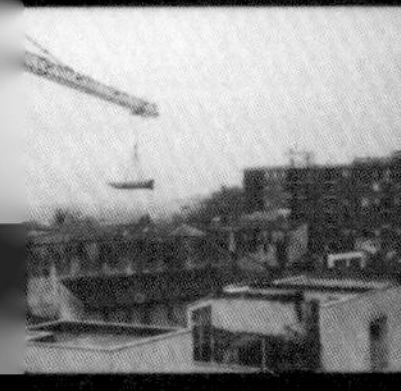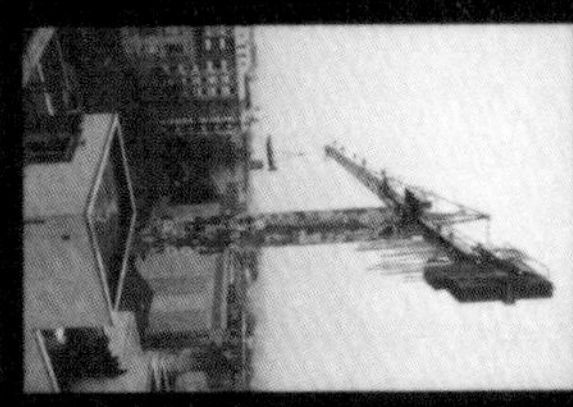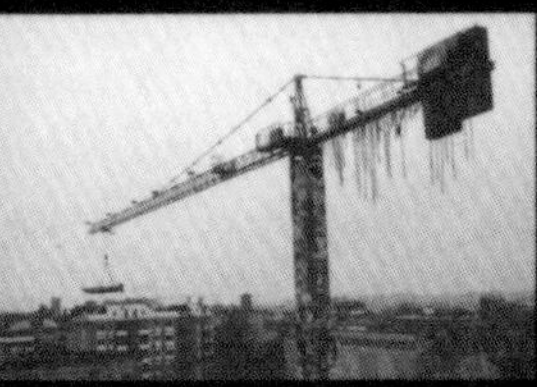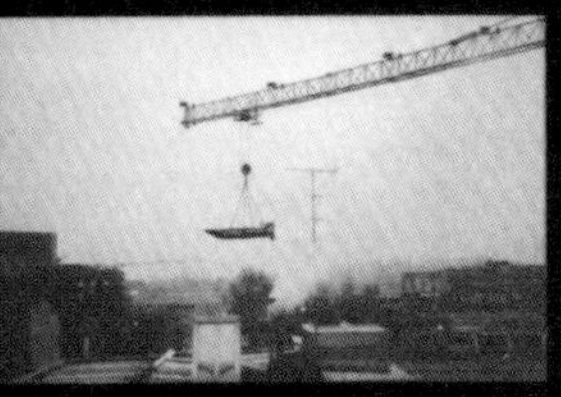
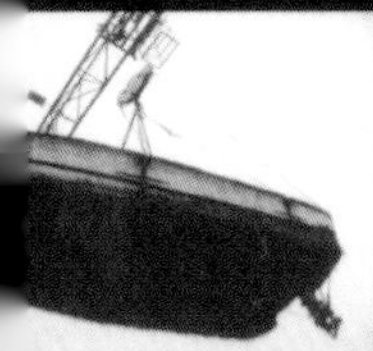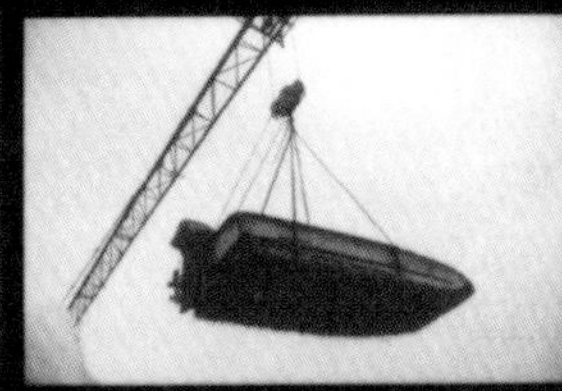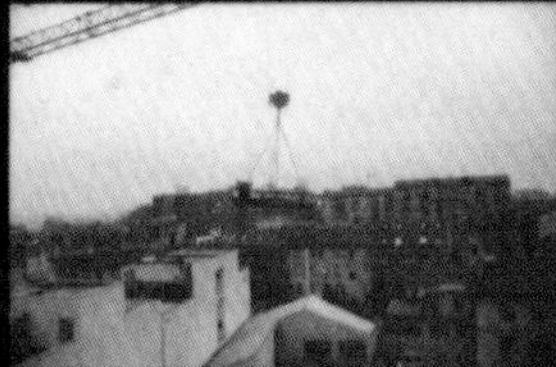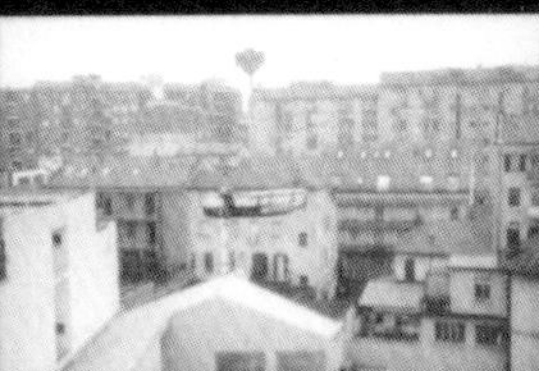

Atto terzo. Volver
Riflessioni a termine di un volo
Mara Ambrožič

Se la barca fosse fatta atterrare nella stanza e non nella terrazza, bisognerebbe pensare di aprire il tetto. Smontarlo temporaneamente per creare un'apertura ampia quanto basta per farci passare lo scafo. Isolando poi il pavimento con una specie di vasca di contenimento, potremmo sfruttare l'acqua piovana per fare in modo che questa si riempia. Sarebbe un fenomeno non indotto, cioè artificiale, ma naturalmente causato. Non più decollo ma un ritorno.
Giorgio Andreotta Calò, *Appunti di progetto*, 2008

La ricerca di Giorgio Andreotta Calò gravita intorno alla dimensione dell'attraversamento, intesa come un percorso di avvicinamento all'opera, che si sviluppa mediante un processo di prelievo di frammenti dalla realtà e di riappropriazione del paesaggio e della sua storia. Utilizzando come materia prima edifici abbandonati, materiali di recupero, oggetti esposti nel tempo agli agenti atmosferici, Andreotta Calò arriva a creare situazioni al limite tra operazioni partecipative e interventi architettonici diretti, spesso reminiscenti delle esperienze processuali e concettuali degli anni sessanta e settanta. L'opera che si presenta al pubblico perciò non è mai un oggetto *realizzato ad hoc* o semplicemente il risultato di un progetto, bensì l'insieme di un processo e di un tempo calati nella fisicità della materia, che ottiene la sua "forma" dall'ambiente con cui interagisce e dalle energie che si sprigionano al suo interno.

Nel suo percorso artistico, caratterizzato da un lasciare e riprendere, da cambiamenti stilistici bruschi e apparentemente incoerenti con i lavori precedenti, dall'uso sperimentale di tutti i mezzi possibili, Andreotta Calò indaga con estrema lucidità quelle visioni assurde e inaspettate, che sono spesso troppo vere o essenziali da ricadere semplicemente nel ventaglio delle "situazioni" comuni. Ed è forse il procedere apparentemente solitario dell'artista, che assegna alla sua poliedrica produzione quel tono romantico e spesso criptico, che avvolge i lavori sviluppati negli ultimi anni, come per esempio negli interventi *Dal Tramonto all'Alba*

(2007) [2006, *sic*], una torre abbandonata che funge da meridiana, e *Osservatorio* (2007), un luogo di raccoglimento costruito con materiali di recupero nel mezzo della laguna veneziana. Oppure in *Senza titolo, Laguna Sud* (2007), serie di autoritratti che documentano numerose azioni condotte dall'artista nel tentativo di riavvicinarsi al paesaggio urbano e alle tracce dell'uomo all'interno di esso, o nelle *Clessidre* (2001-08) [1999 - in corso, *sic*], "pali" di legno "scolpiti" dall'andamento della marea, dal flusso e riflusso dell'acqua marina che li ha levigati come farebbe uno scultore classico con il suo blocco di marmo. Più in generale, i lavori di Andreotta Calò possono essere interpretati come dei "residui attivi" di processi e azioni consumate, nelle quali le dimensioni temporali del futuro e del passato si rapportano l'una all'altra in un alternarsi continuo. È il cammino, nella sua accezione sia mentale sia fisica, lo strumento primo che permette all'artista di penetrare queste visioni e di indagare il modo in cui esse cambiano sembianze. In tal senso è da intendersi anche il progetto *Atto terzo. Volver*, parte integrante di un lavoro più ampio, *Il Prodigioso Cristo di Limpias*, iniziato con un cammino intrapreso dall'artista nell'estate del 2008, che l'ha portato a percorrere a piedi una distanza di circa 1600 chilometri tra Spagna, Francia e Portogallo. Nel suo insieme, l'opera *Il Prodigioso Cristo di Limpias*, suddivisa in capitoli volutamente sfasati da un punto di vista cronologico e geografico, riflette sul tempo del percorso, che non si srotola mai in modo uniforme, secondo una linea retta – benché disponga di una direzione e di un ordine di successione – ma procede piuttosto per salti, interruzioni e cesure. Tali intermittenze, tuttavia, non arrestano la continuità del viaggio rendendolo immobile e cristallizzato; al contrario, permettono al percorso di aprirsi e di intrecciarsi con altre vie, di animarsi con altri tempi e altre forme per assumere un'unità che nel suo compiersi è implicitamente eterogenea.

Atto terzo. Volver è dunque uno degli intervalli di quest'opera ancora incompiuta. È la fase, come si allude nel titolo, in cui il percorso *volge* all'ennesimo arresto e si apre a una nuova

Third Act: Volver
Reflections at the End of a Flight
Mara Ambrožič

If the boat were supposed to land in the room and not on the terrace, we would need to think about how to open the roof. Taking it off temporarily to create an opening just wide enough to let the hull through. Then by sealing off the floor with a kind of tank, we could take advantage of the rainwater in order to fill it up. It would not be an artificial phenomenon, but one naturally caused. It no longer deals with a take-off, but with a return.
Giorgio Andreotta Calò, *Project Notes*, 2008

Giorgio Andreotta Calò's research revolves around an intense crossover dimension as a way of approaching his work, developed through a process of withdrawing fragments from reality and the re-appropriation of architecture, landscape and his own history. His raw materials are abandoned buildings, recycled materials and objects exposed to the elements over time. Andreotta Calò comes to create works that cross the boundaries between sculpture, actions and direct architectural intervention. Therefore, the artwork presented to the public is never a specially-made object or simply the result of a project, but rather a time process immersed in physical matter and space, given its shape by the environment with which it interacts and the energies unleashed from within it.

This letting go and picking back up, the sharp and apparently incoherent style changes and an experimental use of all means possible are what characterize Andreotta Calò's artistic approach. He seeks out and pursues his visions with extreme lucidity, revealing how real and essential they are before tracing them back to everyday situations. Perhaps it is the artist's apparently solitary approach that casts a romantic and often cryptic light over his multifaceted production, including the works developed over the last few years. For example in his intervention *Dal Tramonto all'Alba* (2007) [2006, *sic*], an abandoned tower that serves as a sundial, and *Osservatorio* (2007), a gathering point built in the middle of the Venice lagoon, or in *Untitled, Laguna Sud* (2007), a series of self-portraits that document numerous actions carried out by the artist in an attempt to come closer to the urban scenery, as if it were an act of "territorialization" which signals the distance and marks the zone of action. In *Clessidre* (2001–08) [1999 – ongoing, *sic*], wooden poles are shaped by tidal currents, the ebb and flow of salt water smoothing them just as a classical sculptor would do with his block of marble. In more general terms, Andreotta Calò's artworks may be interpreted as "active residues" of processes and actions that have taken place in a specific time and space. It is primarily the pathway, in both its mental and physical sense, which allows the artist to penetrate these visions and to investigate the way in which they change their appearance.

Atto terzo. Volver is also to be considered an integral part of a more extensive work—*Il Prodigioso Cristo di Limpias*, which started with the path the artist walked along in the summer of 2008, leading over 1,600 kilometers through Spain, France and Portugal. As a whole, *Il Prodigioso Cristo di Limpias* is subdivided into chapters that are out-of-sync from a chronological and geographical point of view, reflecting the journey time and that of the action, which never unfolds in a regular fashion along a straight line: even though it has its own direction and order, it moves forwards in leaps, interruptions and pauses. Yet this intermittence does not prevent a sense of travel continuity, rendering it immobile; on the contrary, it allows the path to open up and intertwine with other paths, to take on the spirit of other times and other forms, assuming a malleable (and implicitly heterogeneous) conceptual unity. *Atto terzo. Volver* is thus one of the stages of this incomplete artwork. As the title suggests, it is the phase in which the pathway "reaches" the umpteenth halt and undergoes a new paradigm shift. Overall, this is a delicate operation in which the artist's boat, the means that allowed him to cross and discover unknown places, is removed from its usual context to allow for his last Pindaric flight, once again with the artist himself at the helm. Its rise to the sky comes to an end with its landing on the outer terrace of the building, where it is broken down and pieced back together thanks to the direct intervention of the artist and the elements.

riconfigurazione. Nel complesso, si tratta di un'operazione delicata, in cui la barca dell'artista, mezzo che gli ha permesso di attraversare e navigare luoghi estranei, viene prelevata dal suo contesto usuale per mettere in atto il suo ultimo volo pindarico. La sua ascesa al cielo si conclude nell'atterraggio sulla terrazza esterna della galleria, nella quale subisce una scomposizione e ricomposizione a rovescio grazie all'intervento diretto dell'artista e degli agenti atmosferici.

Le due fasi dell'operazione si ricongiungono in mostra in una videoproiezione che documenta il volo della barca, e in una scultura vagamente biomorfa, animata dai riflessi dell'acqua sottostante. Dislocati tra lo spazio esterno e interno della galleria, i resti di *Atto terzo* concorrono alla creazione di un'installazione ambientale, che non si manifesta come un "fenomeno indotto" in maniera artificiosa, ma si trasforma nel luogo dove i diversi tempi e materiali dell'operazione dialogano e confluiscono secondo una modalità quasi naturale. Ciò è reso ancor più evidente dalla presenza costante dell'acqua, elemento molto caro all'artista, specie se considerato in relazione al contesto lagunare di Venezia, la cui singolare *forma urbis* è da sempre agitata da giochi di luci ritmati, riflessi e vibrazioni sonore. Un simile effetto fluido e incessante è ravvisabile anche nei meravigliosi film del regista russo Andrej Tarkovskij, altro riferimento chiave per Andreotta Calò, dove la figura dell'acqua, che rappresenta il mutamento del tempo, piuttosto che separare le singole parti, agisce come il vero "conduttore dell'azione". Investita dal suono dell'ondeggiare e dalla presenza inquieta dell'acqua piovana che si raccoglie sotto la scultura, *Volver* appare così avvolta da un ritmo "fluviale", che suggerisce allo spettatore l'idea di una fluttuazione ciclica e perpetua, slegata dal tempo lineare.

Al fine di aver accesso a un tempo ciclico e perpetuo che non tenda verso una progressione, bisogna necessariamente liberarsi di un inizio e di una fine, della linearità del tempo meccanico e diacronico, ovvero del tempo dell'orologio. Uno stato sospeso, fluttuante può essere infatti raggiunto solo tramite l'interruzione della ricorsività che permette al flusso lineare di richiudersi su se stesso. È questo il presupposto chiave per la comprensione del *capovolgimento* che l'*Atto terzo* implica. Infatti, osservando in dettaglio la videoproiezione che restituisce allo spettatore il volo della barca e la sua paradossale attraversata sopra i tetti di Milano, si nota come l'andamento delle immagini sia corrispondente al movimento che il braccio della gru effettua nello spostare l'imbarcazione. Si tratta esattamente di un movimento circolare meccanico simile a quello che una lancetta d'orologio compierebbe nell'attesa di ritornare al punto d'avvio. È proprio l'atterrare della barca in galleria a interrompere questa linearità meccanica, ad arrestare il movimento e a segnare l'accesso della barca in un tempo sospeso. La virata eseguita dalla barca funge allora da asse che permette di penetrare l'estraneità, ne rappresenta il motore della trasformazione: è l'arco che separa il decollo dall'atterraggio, è il tempo delle oscillazioni dei desideri, il tempo del *volgere* ma è anche il tempo dell'avvicinamento all'opera.

Il volo della barca diventa *metafora* della durata di un sogno, il quale non svanisce nel momento in cui passa all'altro stato; "non si tratta di un decollo, ma di un ritorno", si *materializza* nella presenza formale di una traccia dell'esperienza svoltasi sulla soglia tra l'onirico e il reale. Nel passaggio dallo spazio espositivo interno verso la terrazza, vediamo la barca tagliata a metà, capovolta e adagiata sul letto d'acqua quasi fosse un sarcofago, un corpo inerme, che non osiamo toccare perché troppo reale e vicino, troppo vibrante e scivoloso per essere confuso con un oggetto qualsiasi. Ad agire sono nuovamente i riflessi dell'acqua, di questa realtà speculare che, provocando il lavorio dell'occhio, del pensiero e dell'immaginario dello spettatore, mettono a contatto i mondi lontani – il dentro e il fuori, il sotto e il sopra, la realtà e il sogno, la vita e la morte – e i sottosuoli delle nostre vite. È nella superficie riflettente, che ingloba la profondità del cielo, che la barca trova il suo epilogo; essa ritorna in *Volver* come un "residuo attivo" il quale incorpora in sé la logica del suo divenire e il ritmo della sua metamorfosi intrinseca.

Così, mutevole nella sua inerzia apparente, *Volver* è un'altra visione emersa da quella zona onirica, dimora delle nostre proiezioni mentali, che, come afferma il filosofo francese Georges Didi-Huberman, rivelano numerosi *luoghi dell'estraneità*, le quali altro non sono che soglie possibili, dove i diversi tempi si incontrano, entrano in collisione, si fondono plasticamente, si biforcano o si combinano gli uni con gli altri.

Questo testo è stato originariamente concepito come contributo critico per "Atto terzo. Volver", mostra personale di Giorgio Andreotta Calò presso la galleria Zero, Milano, 19 dicembre 2008 - 10 gennaio 2009.

These two phases of the operation are brought together in the exhibition in a video projection that documents this flight, and in a vaguely biomorphic sculpture animated by the reflection of the water below. Spread out between interior and exterior spaces around the building, the remains of *Atto terzo* contribute to create an environmental installation which is not shown as an "induced phenomenon" in an artificial way, but rather is transformed in the place where the various times and materials of the operation converge and blur together following an almost natural procedure. This is rendered more evident by the constant presence of water, an element biographically close to the artist, especially if considered in relation to the lagoon setting of Venice, of which the particular *forma urbis* has always been animated by shimmering light patterns, reflections and sound vibrations. A similarly endless flowing effect may also be noted in wonderful films by the director Andrei Tarkovsky, another of Andreotta Calò's key points of reference, in which water represents the changing of time: rather than separating out the single parts, it acts as a real "action conductor". Overcome by the rippling sound and the restless presence of rainwater gathering beneath the sculpture, *Volver* appears to be enveloped in a fluvial rhythm that gives viewers a cyclical and perpetual sense of floating, not tied down to the linear passage of time.

In order to access a time that does not tend towards a progression, we need to free ourselves of the notion of the start and the end, of the linearity of mechanical and diachronic time: that of the clock. Another stage may in fact only be achieved through the interruption of the recursion that allows a linear flow to close upon itself. This is the key to understanding the "upturning" that *Atto terzo* implies. As a matter of fact, by observing the video projection, which shows the spectator the flight of a boat and its paradoxical navigation above the rooftops of Milan, we may note how the shift in the image corresponds to the movement of the crane moving the boat. It is another circular mechanical movement, like that which the hand of a watch performs before returning to its starting point. Yet it is really in the landing that the mechanical linearity comes to a halt: when the movement stops the boat drifts into a kind of suspended time. The turn performed by the artist thus serves as an axis that makes it possible to penetrate the unknown and thus represent the powerhouse of transformation. It is the arch that separates; it is the time of oscillations, the time of "reaching" but also the time to come closer to the work.

The flight becomes a "metaphor" of the duration of a dream, of a vision, and it does not vanish during the transition; "it no longer deals with a take-off, but with a return", in other words, the "materialization" of a sculptural process in its environment. This is how an object, an architectural space and an action come together in an inextricable sculptural relationship. In the passage from the interior space towards the terrace, we see the boat cut in half turned upside down and lying on the water, almost like a sarcophagus, a defenseless body that we dare not touch because it is too real and close, too vibrant and slippery to be mistaken for any other object. It is the reflections of the water that move, showing this mirrored reality that provokes such rapid activity of the spectator's eye, thought and imagination. They bring distant worlds into contact, the inner and the outer, the insane and the rational, the plain and the abyss, light and shade, and the very substrata of our lives. It is in the reflective surfaces, enveloped in the depth of the sky and the night, that sculpture finds its epilogue. It returns in *Volver* as "active residues" which embody the logic of what is to come, and the rhythm of its intrinsic metamorphosis.

Volver, changeable in its apparent inertia, is another (real) vision that emerges from that zone of silence, home to our mind's eye which, as the French philosopher Georges Didi-Huberman states, reveals numerous "places of estrangement", which are nothing but possible thresholds where different times meet, crashing into one another, merging, branching off or coming together.

This text was originally conceived as a critical contribution to "Atto terzo. Volver", solo show by Giorgio Andreotta Calò at Zero gallery, Milan, 19 December 2008 – 10 January 2009.

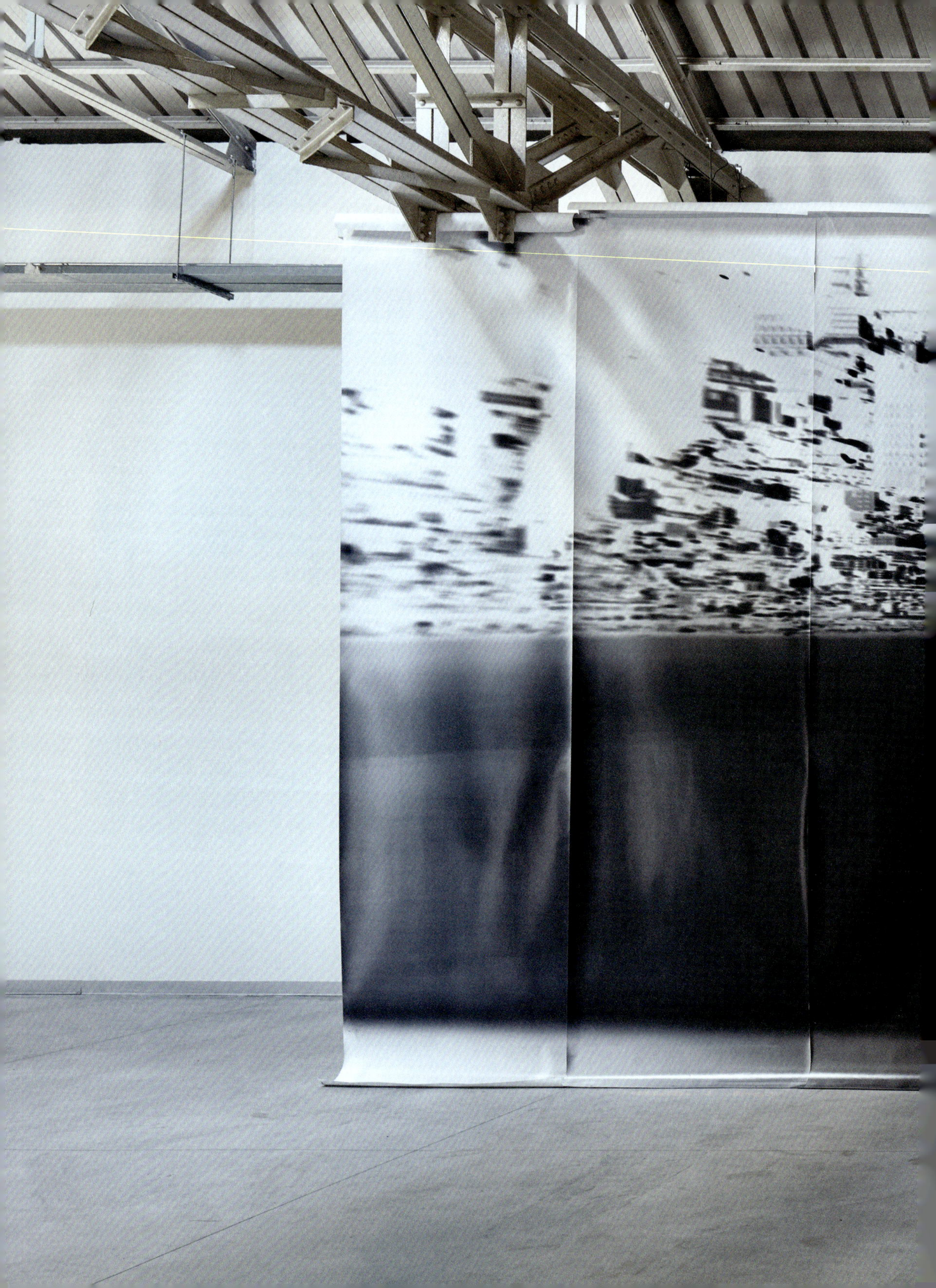

↑ *Città di Milano*, 2019
Costruzione della camera oscura / *Construction
of the camera obscura*, Grattacielo Pirelli,
Milano, 8 gennaio / *January* 2019

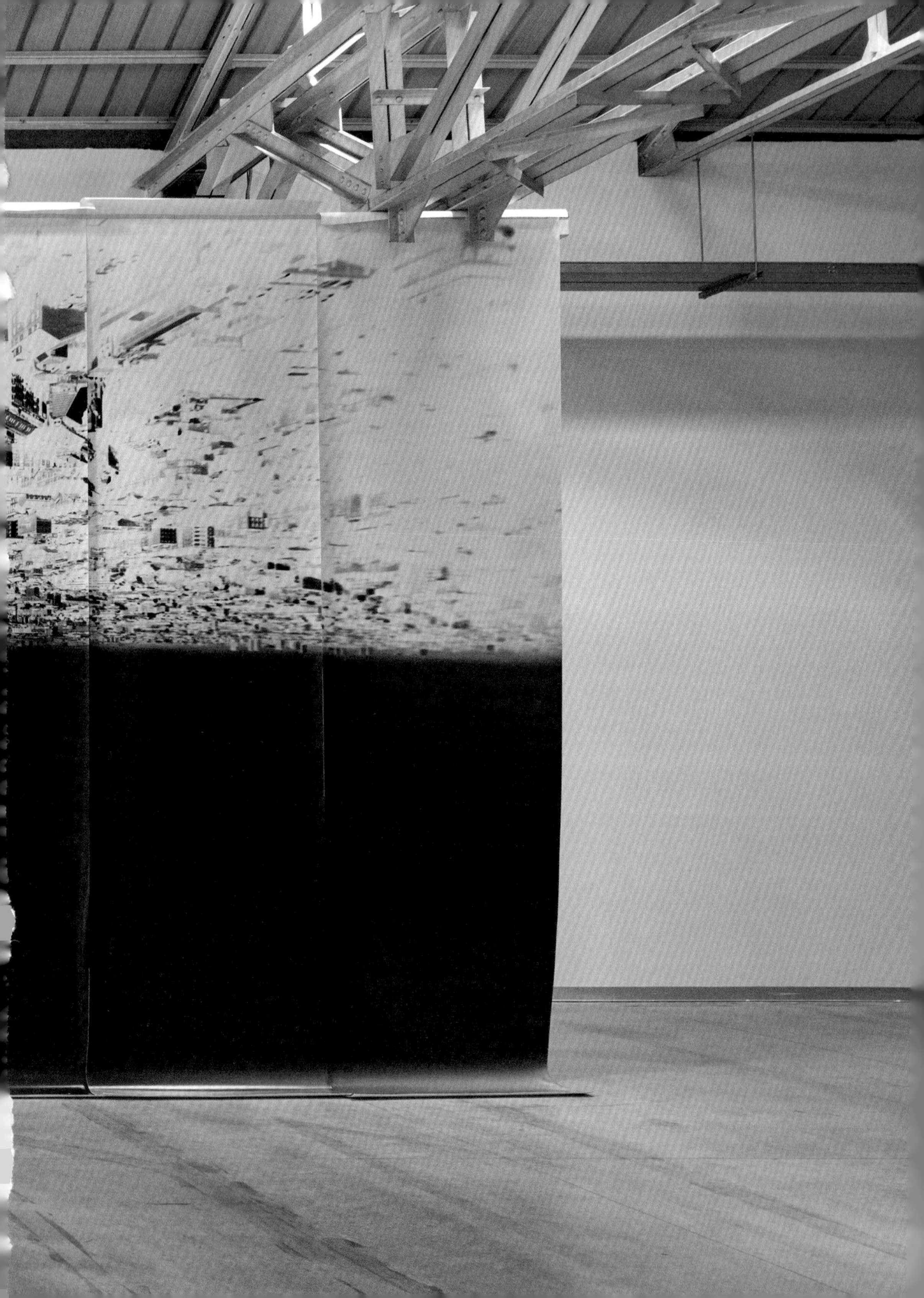

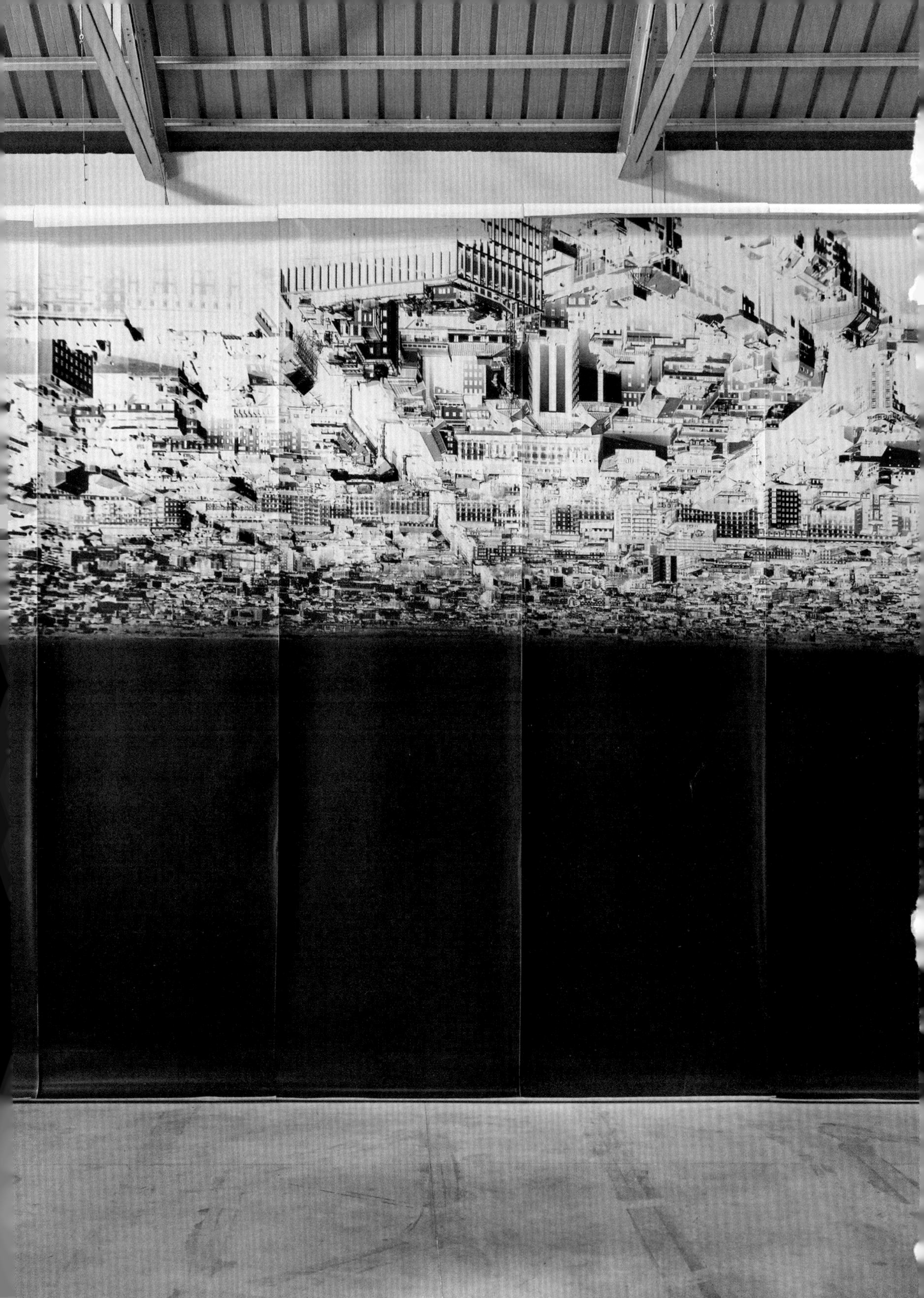

Città di Milano, 2019

Impressione diretta su carta fotosensibile
9 moduli, 500 × 127 cm ciascuno,
dimensioni complessive 500 × 1143 cm
Apparato ottico: Paolo Aldi
Direzione tecnica per la fotografia:
Simone Settimo

Città di Milano è una fotografia analogica in bianco e nero di dimensioni imponenti (circa 5 x 11 metri) realizzata tramite il processo della camera oscura. L'opera si compone di nove moduli di carta fotografica su cui l'immagine di un paesaggio è stata fissata tramite un'impressione diretta. Si tratta di una veduta della città di Milano orientata a est, in direzione del quartiere di Lambrate – area il cui tessuto urbano ha subìto meno trasformazioni architettoniche e urbanistiche rispetto a quelle che negli anni recenti hanno trasformato lo skyline della città e luogo in cui Giorgio Andreotta Calò aveva compiuto un'azione performativa con la sua imbarcazione (*Volver*, 2008).

Per la realizzazione dell'opera, Andreotta Calò è intervenuto sul trentunesimo piano del Grattacielo Pirelli, edificio iconico di Milano progettato da Gio Ponti e sino alla fine degli anni settanta sede della Pirelli, oscurandolo e trasformandolo in una camera oscura. La luce, filtrando attraverso un piccolo foro, ha impressionato la carta fotosensibile collocata all'interno della camera, dando origine a un'immagine al negativo del paesaggio visibile dall'edificio. La proiezione della città appare capovolta dall'alto al basso e rovesciata da destra a sinistra, in modo simile a ciò che avviene all'interno della retina dell'occhio umano.

L'opera si inserisce nella ricerca condotta dall'artista sulla luce e sul modo in cui essa genera immagini e possibili scenari, secondo una modalità che pone al centro la materialità della luce stessa e la relazione tra architettura e mezzo fotografico. L'artista ha utilizzato il principio della camera oscura in precedenti progetti, ad esempio in occasione del conseguimento del Premio Italia Arte Contemporanea nel 2012. In questo contesto Andreotta Calò rivelava il funzionamento del dispositivo costruendo una camera oscura accessibile al pubblico in una sala del Museo MAXXI di Roma: passando attraverso il foro stenopeico, la luce naturale rendeva visibile all'interno dell'edificio una veduta capovolta della città, ulteriormente ribaltata grazie alla presenza di uno specchio d'acqua sul pavimento. In questo modo il paesaggio urbano entrava osmoticamente all'interno del museo, creando un ambiente esperienziale fruibile soltanto in quel momento (*Prima che sia notte*, 2012).

Il titolo dell'opera, concepita appositamente per la mostra "CITTÀDIMILANO", stabilisce un legame con il piroscafo – utilizzato da Pirelli all'inizio del secolo scorso e naufragato al largo di Filicudi – che appare nel video *Senza titolo (Jona)* (2019), creando un rimando tra due luoghi distanti, qui allineati verticalmente lungo una stessa direttrice ascensionale e discensionale. L'allestimento della stampa fotografica richiama una quinta scenica e rappresenta una possibile prospettiva, ampliando la narrazione sull'intera mostra: il cielo, posto nella parte inferiore della stampa, sembra evocare il mare, mentre il volume degli edifici confluisce sulla linea dell'orizzonte. Come nell'opera *Volver*, l'artista gioca sull'ambiguità tra i confini e sul ribaltamento tra ciò che si trova in profondità e ciò che è emerso.

F.G.

↓ *Città di Milano*, 2019
Proiezione nella camera oscura /
Light projection inside the camera obscura,
Grattacielo Pirelli, Milano,
10 gennaio / *January* 2019

Città di Milano, 2019

Direct impression on photosensitive paper
9 modules, 500 × 127 cm each,
500 × 1143 cm overall dimensions
Optical device: Paolo Aldi
Photography technical direction:
Simone Settimo

Città di Milano is a black-and-white analog photograph of imposing dimensions (approximately 5 x 11 meters) realized by using the camera obscura process. The work consists of nine sheets of photographic paper on which the image of a landscape has been fixed by direct impression. The view of the city of Milan faces east, towards the Lambrate district, an area whose urban fabric has undergone less architectural transformations to the city's skyline than other parts of town in recent years, and the context where Giorgio Andreotta Calò previously presented a performative action with his boat (*Volver*, 2008).

For the realization of this work, Andreotta Calò intervened on the thirty-first floor of the Pirelli skyscraper, the iconic Milan building designed by Gio Ponti and, until the late 1970s, Pirelli's headquarters. The artist darkened the room to turn it into a camera obscura. Light that filtered in through a small hole struck photosensitive paper placed inside the room to create a negative image of the landscape visible from the building. The projection of the city appears upside down from top to bottom and reversed from right to left, much like the process inside the retina of the human eye.

This work is part of the artist's research into light and how it generates images and possible scenarios, in an approach that focuses on the materiality of light itself, on the relationship between architecture and the medium of photography. The artist has used the principle of the camera obscura in previous projects, for example when he was awarded the Premio Italia Arte Contemporanea in 2012. In this context, Andreotta Calò unvealed the mechanism of the optical device by creating a camera obscura accessible to the public in a room at the MAXXI Museum in Rome: natural light passed through the pinhole, making visible inside the building an upside-down view of the city, which then went through a further flipping process in a pool of water on the floor. The urban landscape thus osmotically transposed inside the museum, creating an experiential environment conceived to last for that occasion exclusively (*Prima che sia notte* [Before night falls], 2012).

The title of the work, conceived specifically for the exhibition "CITTÀDIMILANO", establishes a link with the steamship the Pirelli company used at the beginning of the last century, which was shipwrecked off the island of Filicudi, and which appears in the video *Senza titolo (Jona)* [Untitled (Jona)] (2019), creating a cross-reference between two distant places, here aligned vertically along the same ascending and descending route. The photographic prints acts as a scenic backdrop in the exhibition, offering a possible perspective that broadens its narrative over the whole show: the sky, in the lower portion of the print, seems to evoke the sea, while the volume of the buildings converges on the horizon line. As in the work *Volver*, the artist plays on the ambiguity between boundaries, overturning that which lies deep down and that which has emerged.

F. G.

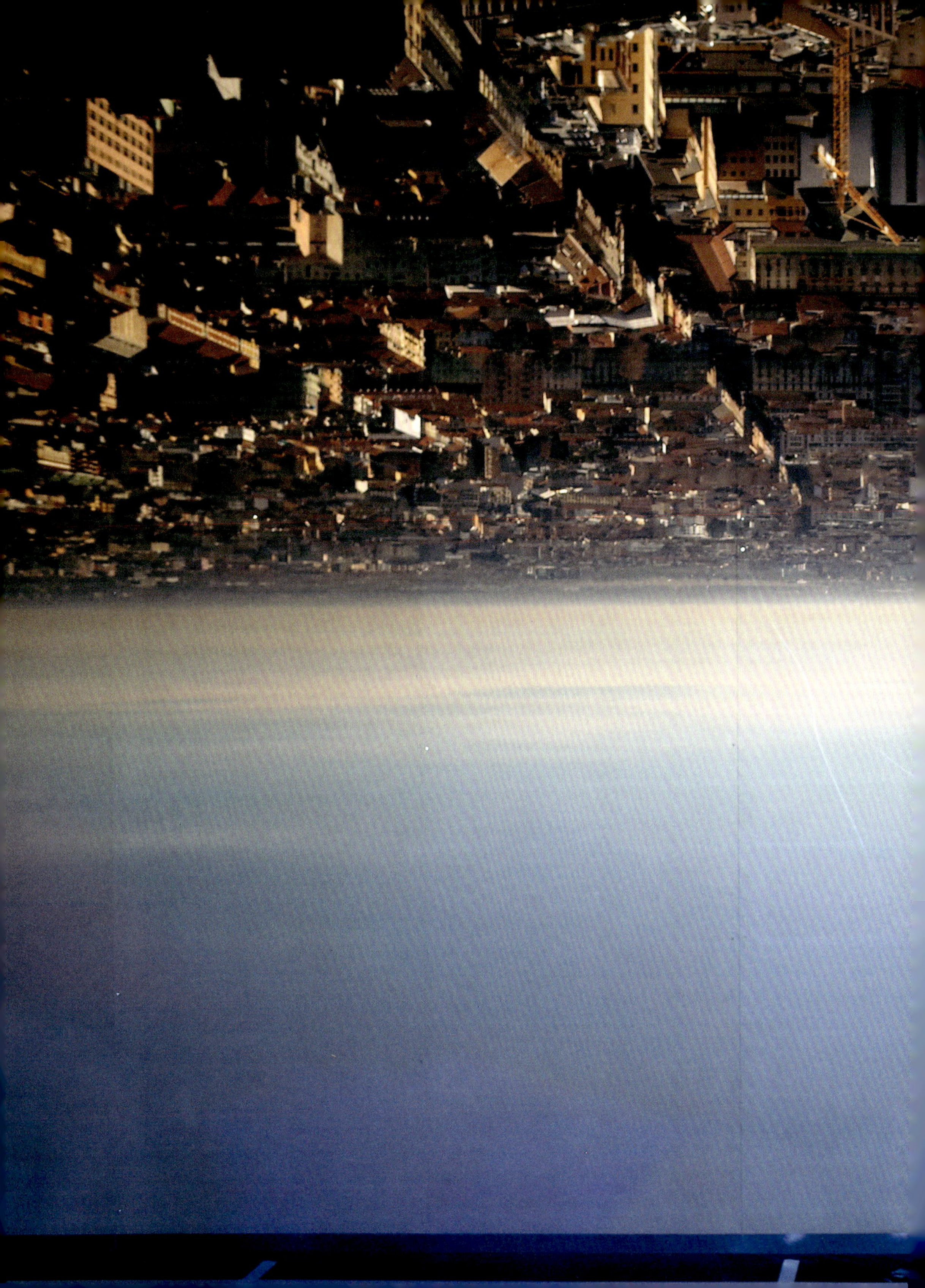

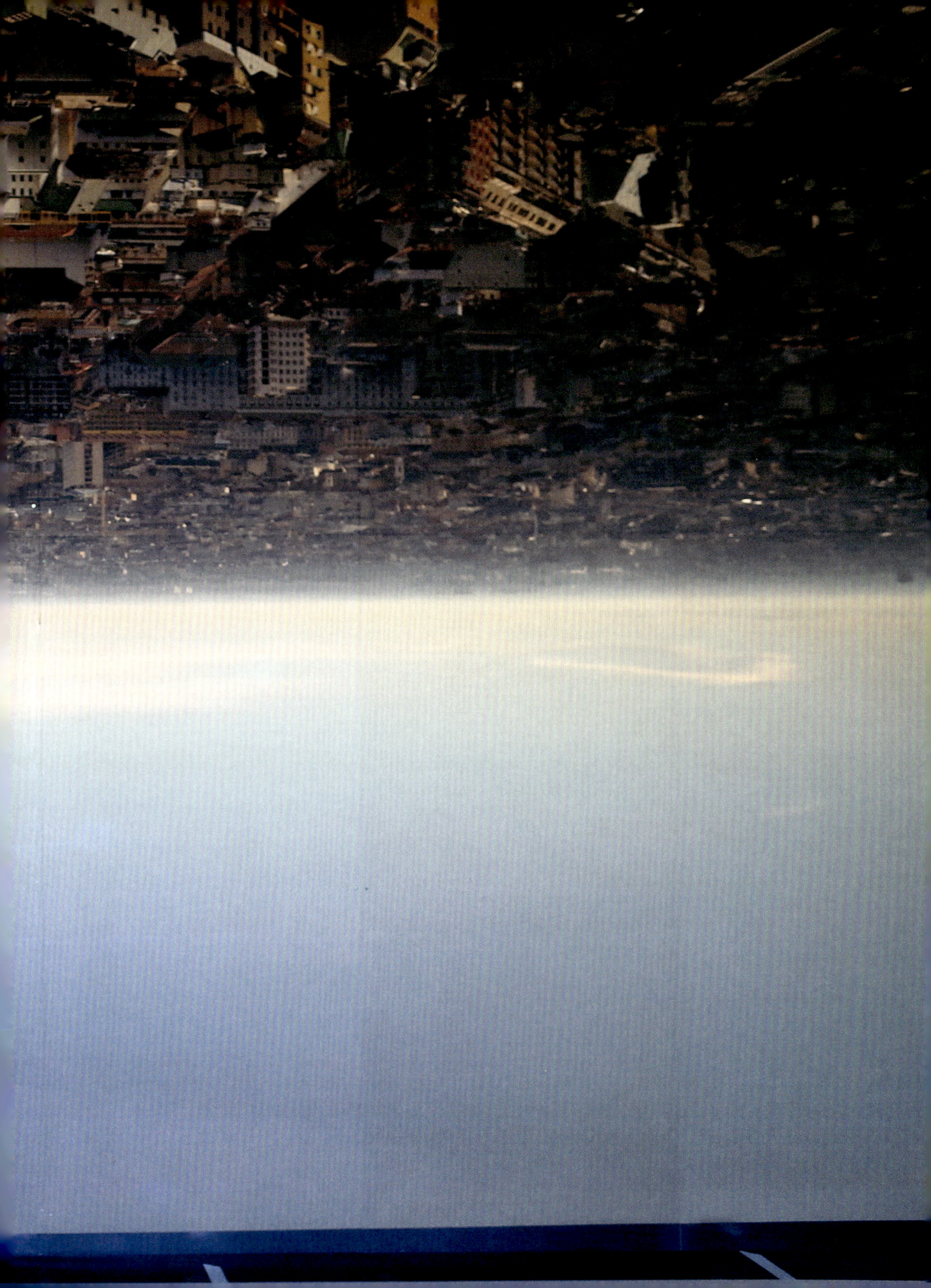

Senza titolo (Jona), 2019
Video, colore, silenzioso, 15' 18"
Commissionata e prodotta
da Pirelli HangarBicocca
pp. 56-57

Senza titolo (Cavi), 2019
Sezione di cavo sottomarino;
3 elementi, 1100 x Ø 9 cm ciascuno
Commissionata e prodotta
da Pirelli HangarBicocca
pp. 62-63

Produttivo, 2018-19
Installazione ambientale,
vulcaniti, siltiti, arenarie,
lumachelle, microconglomerati,
strati carboniosi, calcare
miliolitico. Profondità di
estrazione: -350-450 m s.l.m.
1500 m lineari, 130 x Ø 7,5 cm ca.
ciascuno, dimensioni
complessive variabili
Commissionata e prodotta da
Pirelli HangarBicocca

Opera suddivisa in 11 porzioni
e donata dall'artista a: GAMEC
- Galleria D'Arte Moderna e
Contemporanea
di Bergamo (Bergamo);
MA*GA - Fondazione Galleria
d'Arte Moderna e Contemporanea
Silvio Zanella (Gallarate);
Museo del Novecento (Milano);
Fondazione Torino Musei - GAM
- Galleria Civica d'Arte Moderna
e Contemporanea di Torino
(Torino); Fondazione Modena
Arti Visive, Galleria Civica
(Modena); Istituzione Bologna
Musei | MAMbo - Museo d'Arte
Moderna di Bologna (Bologna);
Centro per l'Arte contemporanea
Luigi Pecci, Fondazione per le
Arti Contemporanee in Toscana
(Prato); MAXXI Museo nazionale
delle arti del XXI secolo (Roma);
Fondazione Donnaregina per le
arti contemporanee - MADRE -
Museo d'Arte Contemporanea
Donnaregina (Napoli); MUSMA
- Museo della Scultura
Contemporanea Matera (Matera);

MAN - Museo d'Arte Provincia
di Nuoro (Nuoro)
pp. 66-73

In girum imus nocte, 2014
Film 16mm, bianco e nero
e colore, silenzioso, 13' 59"
Commissionata da Beyond
Entropy Mediterraneo. Prodotta
da Beyond Entropy srp, AGI
Verona Collection, Allara-Carlin
Collection
Courtesy ZERO..., Milano
Collezione INELCOM, Madrid
pp. 80-81

Dogod, 2014
Ossa, 20 x 20 x 30 cm

Dogod, 2015
Bronzo, 20 x 20 x 30 cm
Courtesy Wilfried Lentz
Rotterdam

Dogod, 2015-16
Bronzo bianco, 20 x 20 x 30 cm
Courtesy ZERO..., Milano

Senza titolo, 2016
Bronzo, legno; 2 elementi,
160 x Ø 3 cm ciascuno
Courtesy ZERO..., Milano
pp. 86-89

Pinna Nobilis

Pinna Nobilis (B), 2014
Conchiglia, 58 x 21,5 x 12 cm

Pinna Nobilis (B) 4, 2016
Bronzo bianco, 55 x 19 x 10 cm

Pinna Nobilis (C), 2016-17
Bronzo bianco, 57 x 17 x 12 cm
Collezione Simone Becchio

Pinna Nobilis (E), 2016-17
Bronzo bianco, 62 x 20 x 12 cm
Collezione Alessia Antinori
e Giorgio Gallenzi

Pinna Nobilis (Ǝ), 2016-17
Bronzo bianco, 60 x 20 x 10 cm
Collezione privata

Pinna Nobilis (H/H), 2016-17
Bronzo bianco, conchiglia,
40 x 14 x 12 cm

Pinna Nobilis (J/J), 2016-17
Bronzo bianco, conchiglia,
46 x 16 x 15 cm
Courtesy Wilfried Lentz
Rotterdam

Pinna Nobilis (K/K), 2016-17
Bronzo bianco, conchiglia,
45 x 17 x 20 cm

Pinna Nobilis (KJ), 2016-17
Bronzo bianco, 49 x 19,5 x 15 cm
Collezione Maramotti,
Reggio Emilia

Pinna Nobilis (L+H), 2016-17
Bronzo bianco, 49 x 17 x 15 cm

Pinna Nobilis (M), 2016-17
Bronzo bianco, 70 x 24 x 14 cm

Pinna Nobilis (N), 2016-17
Bronzo bianco, 62 x 27 x 13 cm

Pinna Nobilis (P), 2016-17
Bronzo bianco, 75 x 25 x 15 cm

Pinna Nobilis (Q), 2016-17
Bronzo bianco, 84 x 30 x 19 cm
Collezione De Iorio

Pinna Nobilis (R), 2016-17
Bronzo bianco, 47 x 18 x 15 cm
Courtesy Wilfried Lentz
Rotterdam

Pinna Nobilis (B) 5, 2017
Bronzo bianco, 74 x 30 x 13 cm
Courtesy Sprovieri, Londra

Pinna Nobilis (C/C), 2018
Bronzo, conchiglia, 56 x 18 x 7 cm
Commissionata e prodotta da
Pirelli HangarBicocca

Pinna Nobilis (N/N), 2018
Bronzo bianco, conchiglia,
77 x 28 x 17 cm

Senza titolo (Jona), 2019
Video, color, silent, 15' 18"
Commissioned and produced by
Pirelli HangarBicocca
pp. 56–57

Senza titolo (Cavi), 2019
Section of underwater cable;
3 elements, 1100 x Ø 9 cm each
Commissioned and produced by
Pirelli HangarBicocca
pp. 62–63

Produttivo, 2018–19
Environmental installation,
vulcanite, siltstone,
sandstone, lumachella
limestone, microconglomerate,
carbonaceous layers, miliolidae
limestone. Extraction depth:
-350-450 m a.s.l.
1500 linear m,
approx. 130 x Ø 7.5 cm each,
overall dimensions variable
Commissioned and produced by
Pirelli HangarBicocca

Work divided into 11 portions
and donated by the artist
to: GAMEC - Galleria D'Arte
Moderna e Contemporanea di
Bergamo (Bergamo); MA*GA
- Fondazione Galleria d'Arte
Moderna e Contemporanea
Silvio Zanella (Gallarate);
Museo del Novecento (Milan);
Fondazione Torino Musei - GAM
- Galleria Civica d'Arte Moderna
e Contemporanea di Torino
(Turin); Fondazione Modena
Arti Visive, Galleria Civica
(Modena); Istituzione Bologna
Musei | MAMbo - Museo d'Arte
Moderna di Bologna (Bologna);
Centro per l'Arte contemporanea
Luigi Pecci, Fondazione per le
Arti Contemporanee in Toscana
(Prato); MAXXI Museo nazionale
delle arti del XXI secolo (Rome);
Fondazione Donnaregina per le
arti contemporanee - MADRE -
Museo d'Arte Contemporanea
Donnaregina (Naples);
MUSMA - Museo della Scultura
Contemporanea Matera (Matera);

MAN - Museo d'Arte Provincia di
Nuoro (Nuoro)
pp. 66-73

In girum imus nocte, 2014
16mm film, black and white
and color, silent, 13' 59"
Commissioned by Beyond
Entropy Mediterraneo. Produced
by Beyond Entropy srp, AGI
Verona Collection, Allara-Carlin
Collection
Courtesy ZERO..., Milano
INELCOM collection, Madrid
pp. 80–81

Dogod, 2014
Bones, 20 x 20 x 30 cm

Dogod, 2015
Bronze, 20 x 20 x 30 cm
Courtesy Wilfried Lentz
Rotterdam

Dogod, 2015–16
White bronze, 20 x 20 x 30 cm
Courtesy ZERO..., Milan

Senza titolo, 2016
Bronze, wood; 2 elements,
160 x Ø 3 cm each
Courtesy ZERO..., Milan
pp. 86–89

Pinna Nobilis

Pinna Nobilis (B), 2014
Shell, 58 x 21.5 x 12 cm

Pinna Nobilis (B) 4, 2016
White bronze, 55 x 19 x 10 cm

Pinna Nobilis (C), 2016–17
White bronze, 57 x 17 x 12 cm
Collezione Simone Becchio

Pinna Nobilis (E), 2016–17
White bronze, 62 x 20 x 12 cm
Collezione Alessia Antinori
e Giorgio Gallenzi

Pinna Nobilis (Ǝ), 2016–17
White bronze, 60 x 20 x 10 cm
Private collection

Pinna Nobilis (H/H), 2016–17
White bronze, shell,
40 x 14 x 12 cm

Pinna Nobilis (J/J), 2016–17
White bronze, shell,
46 x 16 x 15 cm
Courtesy Wilfried Lentz
Rotterdam

Pinna Nobilis (K/K), 2016–17
White bronze, shell,
45 x 17 x 20 cm

Pinna Nobilis (KJ), 2016–17
White bronze, 49 x 19.5 x 15 cm
Collezione Maramotti,
Reggio Emilia

Pinna Nobilis (L+H), 2016–17
White bronze, 49 x 17 x 15 cm

Pinna Nobilis (M), 2016–17
White bronze, 70 x 24 x 14 cm

Pinna Nobilis (N), 2016–17
White bronze, 62 x 27 x 13 cm

Pinna Nobilis (P), 2016–17
White bronze, 75 x 25 x 15 cm

Pinna Nobilis (Q), 2016–17
White bronze, 84 x 30 x 19 cm
Collezione De Iorio

Pinna Nobilis (R), 2016–17
White bronze, 47 x 18 x 15 cm
Courtesy Wilfried Lentz
Rotterdam

Pinna Nobilis (B) 5, 2017
White bronze, 74 x 30 x 13 cm
Courtesy Sprovieri, London

Pinna Nobilis (C/C), 2018
Bronze, shell, 56 x 18 x 7 cm
Commissioned and produced by
Pirelli HangarBicocca

Pinna Nobilis (N/N), 2018
White bronze, shell,
77 x 28 x 17 cm

Pinna Nobilis (R/R), 2018
Bronzo, conchiglia,
46 x 16 x 16 cm
Collezione Flaminia Cerasi

Pinna Nobilis (T/T), 2018
Bronzo bianco, conchiglia,
53 x 17 x 14 cm

Pinna Nobilis (Z/Z), 2018
Bronzo, conchiglia,
60 x 16,5 x 19,5 cm
Courtesy ZERO..., Milano
pp. 94-97

Meduse

Medusa (A), 2014
Legno, 86 x Ø 38 cm

Medusa (B), 2014
Legno, 100 x Ø 44 cm

Medusa (A), 2015
Bronzo, 86 x Ø 38 cm

Medusa (AC), 2016
Bronzo, 92 x Ø 28 cm

Medusa (AC), 2016
Bronzo, 92 x Ø 28 cm
Collezione Privata, Roma

Medusa (A), 2018
Bronzo bianco,
84,5 x Ø 38 cm

Medusa (B), 2018
Bronzo, 100 x Ø 44 cm
Commissionata e prodotta da
Pirelli HangarBicocca
pp. 102-107

Clessidre

Scolpire il Tempo, 2010
Clessidra (M, N, O)
Bronzo; 3 elementi, 158 x Ø 27 cm;
134 x Ø 22,5 cm; 137 x Ø 24 cm
Nomas Foundation

Clessidra (B), 2011
Bronzo, 167 x Ø 26 cm

Clessidra (U), 2012
Bronzo, 169 x Ø 24 cm
Collezione Giuliani, Roma

Clessidra (AB), 2013
Bronzo, 230 x Ø 30 cm
pp. 112-113

Carotaggi

Carotaggio, 2014
Caranto, carotiere in acciaio
e PVC; 1 elemento,
157 x Ø 10 cm

Carotaggio, 2014
Caranto, carotiere in acciaio
e PVC; 8 elementi, dimensioni
variabili

Carotaggio, 2014-15
Caranto, carotiere in acciaio
e PVC; 1 elemento,
173 x Ø 13,2 cm
Courtesy Sprovieri, Londra
Collezione Pietro Rossi

Carotaggio, 2014-17
Caranto, carotiere in acciaio
e PVC; 1 elemento,
150 x Ø 10 cm
pp. 136-143

Volver, 2008/2019
Barca, 73 x 115 x 400 cm
Courtesy ZERO..., Milano

Volver, 2008
44 diapositive a colori, loop
Copia espositiva 2019
pp. 148-149

Città di Milano, 2019
Impressione diretta su carta
fotosensibile realizzata tramite
foro stenopeico; 9 moduli,
dimensioni complessive 500 x
1143 cm
Commissionata e prodotta da
Pirelli HangarBicocca
Si ringrazia la Regione Lombardia
per il supporto alla realizzazione
dell'opera
Opera donata dall'artista al
Museo del Novecento, Milano
pp. 158-160

Per tutte le opere:
Courtesy
Giorgio Andreotta Calò

Pinna Nobilis (R/R), 2018
Bronze, shell, 46 x 16 x 16 cm
Collezione Flaminia Cerasi

Pinna Nobilis (T/T), 2018
White bronze, shell,
53 x 17 x 14 cm

Pinna Nobilis (Z/Z), 2018
Bronze, shell,
60 x 16.5 x 19.5 cm
Courtesy ZERO…, Milan
pp. 94–97

Meduse

Medusa (A), 2014
Wood, 86 x Ø 38 cm

Medusa (B), 2014
Wood, 100 x Ø 44 cm

Medusa (A), 2015
Bronze, 86 x Ø 38 cm

Medusa (AC), 2016
Bronze, 92 x Ø 28 cm

Medusa (AC), 2016
Bronze, 92 x Ø 28 cm
Private Collection, Rome

Medusa (A), 2018
White bronze, 84.5 x Ø 38 cm

Medusa (B), 2018
Bronze, 100 x Ø 44 cm
Commissioned and produced by
Pirelli HangarBicocca
pp. 102–107

Clessidre

Scolpire il Tempo, 2010
Clessidra (M, N, O)
Bronze; 3 elements,
158 x Ø 27 cm; 134 x Ø 22.5 cm;
137 x Ø 24 cm
Nomas Foundation

Clessidra (B), 2011
Bronze, 167 x Ø 26 cm

Clessidra (U), 2012
Bronze, 169 x Ø 24 cm
Giuliani Collection, Rome

Clessidra (AB), 2013
Bronze, 230 x Ø 30 cm
pp. 112–113

Carotaggi

Carotaggio, 2014
Caranto clay, steel and PVC
drilling tube; 1 element,
157 x Ø 10 cm

Carotaggio, 2014
Caranto clay, steel and PVC
drilling tube; 8 elements, variable
dimensions

Carotaggio, 2014–15
Caranto clay, steel and PVC
drilling tube; 1 element,
173 x Ø 13.2 cm
Courtesy Sprovieri, London
Collezione Pietro Rossi

Carotaggio, 2014–17
Caranto clay, steel and PVC
drilling tube; 1 element,
150 x Ø 10 cm
pp. 136–143

Volver, 2008/2019
Boat, 73 x 115 x 400 cm
Courtesy ZERO…, Milan

Volver, 2008
44 color slides, loop
Exhibition copy 2019
pp. 148–149

Città di Milano, 2019
Direct impression on
photosensitive paper through
a pinhole; 9 modules,
overall dimensions
500 x 1143 cm
Commissioned and produced
by Pirelli HangarBicocca
Thanks to Regione Lombardia
for supporting the realization
of the artwork
Work donated by the artist to the
Museo del Novecento, Milan
pp. 158–160

For all works:
Courtesy
Giorgio Andreotta Calò

Giorgio Andreotta Calò
CITTÀDIMILANO
Pirelli HangarBicocca
14.02 – 21.07.2019
pirellihangarbicocca.org

Mostra a cura di
Exhibition curated by
  Roberta Tenconi

Assistente Curatore
Assistant Curator
  Fiammetta Griccioli

Allestimenti
Installation
  Valentina Fossati
con / *with*
  Matteo De Vittor

Prestatori
Lenders
  Massimo Adario
  & Dimitri Borri;
  Studio Giorgio
  Andreotta Calò, Venezia;
  Collezione Alessia Antinori
  e Giorgio Gallenzi;
  Carlo Clerici;
  Collezione De Iorio;
  Rodolfo Dordoni;
  Renato Ferri Pacini;
  Collection Nicoletta Fiorucci,
  London;
  Collezione Giuliani, Roma;
  Wilfried Lentz Rotterdam;
  Collezione Maramotti,
  Reggio Emilia;
  Nomas Foundation;
  Sprovieri, London;
  YUANART COLLECTION;
  ZERO..., Milano
e tutti coloro che preferiscono
rimanere anonimi
*and all those who prefer to remain
anonymous*

Comunicazione e Ufficio Stampa
Communication and Press Office
  Angiola Maria Gili
con / *with*
  Alessandro Cane,
  Francesca Trovalusci

Out-of-home communication
  M&C Saatchi

Public Program
A cura di / *Curated by*
  Giovanna Amadasi

Tracce di navigazione
Giorgio Andreotta Calò
in conversazione con
in conversation with
Barbara Casavecchia
14.03.2019

Vicissitude (Milan)
Sound installation di / *by*
BJ Nilsen
A cura di / *Curated by*
Pedro Rocha
15.05.2019

*Diventare geologici.
Discesa nella materia*
Lecture di / *by*
Riccardo Venturi
30.05.2019

Tra le stelle di Milano capovolta
Lecture di / *by*
Antonio Riccardi
20.06.2019

Allestimento
Installation
  2M; Paolo Aldi;
  ANDEC Filmtechnik;
  Attitudine Forma;
  Claudio Domini; Eletech;
  ENGIE Program;
  Marialuisa Prestini;
  Simone Settimo; Way

Supporto e Assistenza Tecnica
Technical Support
  Alessandro Longoni

Progetto Esecutivo e Sicurezza
*Executive Project, Safety
and Permits*
  Francesco Barcella

Progetto Tecnico Strutturale
Technical and Structural Project
  Studio Mosae

Conservazione e Registrar
Conservation and Registrar
  Dario Leone

Graphic Design
  Leftloft

Fotografia
Photographs
  Agostino Osio

Documentazione Video
Video
  Francesco Margaroli

Assicurazione
Insurance
  Lloyd's

Trasporti
Transports
  Liguigli Fine Arts Service

Studio Giorgio Andreotta Calò
  Mirco Bimbi
  Kirsten de Graaf
  Stefano Elli
  Marialuisa Prestini
  Grazia Sechi

Si ringrazia la Regione Lombardia
per il supporto alla realizzazione
dell'opera
*Thanks to Regione Lombardia
for supporting the realization
of the artwork*
Città di Milano, 2019

Sponsor

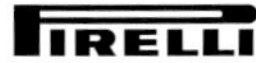

Giorgio Andreotta Calò
CITTÀDIMILANO

Catalogo a cura di
Catalog edited by
 Roberta Tenconi

Managing Editor
 Mariagiulia Leuzzi

Project Editor
 Fiammetta Griccioli

Testi di
Texts by
 Mara Ambrožič
 Mirco Bimbi
 Fiammetta Griccioli
 Mariagiulia Leuzzi
 Emanuele Quinz
 Roberta Tenconi
 Riccardo Venturi

Graphic Design
 Zaven

Coordinamento editoriale
Editorial Coordination
 Vincenza Russo

Editing
 Anna Albano

Traduzioni
Translations
 Gordon Fisher, Traduzioni
Liquide
Per il testo di / *For the text by*
Mara Ambrožič, *Atto terzo. Volver
Riflessioni a termine di un volo*:
Bennett Bazalgette (dall'italiano
all'inglese / *Italian to English*)

First published in Italy in 2020 by
Skira editore S.p.A.
Palazzo Casati Stampa
via Torino 61
20123 Milano
Italy
www.skira.net

Nessuna parte di questo libro può
essere riprodotta o trasmessa in
qualsiasi forma o con qualsiasi
mezzo elettronico, meccanico
o altro senza l'autorizzazione
scritta dei proprietari dei diritti e
dell'editore.
*No part of this book may be
reproduced or utilized in any
form or by any means, electronic
or mechanical, including
photocopying, recording, or any
information storage and retrieval
system, without permission in
writing from the publisher.*

Il testo a p. 154 *Atto terzo.
Volver Riflessioni a termine di
un volo* di Mara Ambrožič è stato
originariamente concepito come
contributo critico alla mostra "Atto
Terzo. Volver" di Giorgio Andreotta
Calò presso la galleria Zero,
Milano (2008) e successivamente
pubblicato in una versione
rivista ed espansa: M. Ambrožič,
"Atto Terzo. Volver. Riflessioni a
termine di un volo", in A. Cataldo,
G. d'Amaro (a cura di), *Cos'è
il Contemporaneo? 2*, Edizioni
Cleup, Padova 2009, pp. 43-48.
*The text reproduced on p. 155
Third Act: Volver. Reflections
at the End of a Flight by Mara
Ambrožič was originally conceived
as a critical contribution to the
exhibition "Atto Terzo. Volver" by
Giorgio Andreotta Calò at Zero
gallery, Milan (2008), and later
published on a reviewed and
extended version: M. Ambrožič,
"Third Act: Volver. Reflections
at the End of a Flight", in A.
Cataldo, G. d'Amaro (eds.),* Cos'è
il Contemporaneo? 2, *Padua:
Edizioni Cleup, 2009, pp. 43–48.*
Per la versione originaria /
For the original version
Courtesy Giorgio Andreotta Calò
e / *and* ZERO..., Milano

Printed and bound in Italy.
First edition

ISBN: 978-88-572-4225-5

Distributed in USA, Canada,
Central & South America by
ARTBOOK | D.A.P. 75 Broad Street
Suite 630, New York, NY 10004,
USA.
Distributed elsewhere in the
world by Thames and Hudson
Ltd., 181A High Holborn, London
WC1V 7QX, United Kingdom.

Pirelli HangarBicocca e Skira
ringraziano sentitamente tutti
coloro che hanno concesso le
fotografie e i diritti di riproduzione
su testi e immagini, e restano a
disposizione di tutti i proprietari
di diritti sulle immagini nel caso
non si fosse riusciti a reperirli per
chiedere debita autorizzazione.
*Pirelli HangarBicocca and Skira
sincerely thank all those who
have granted the photographs
and reproduction rights on texts
and images, and remain at the
disposal of all owners of rights
on the images in case they could
not find them to ask for proper
authorization.*

La pubblicazione ha ricevuto
supporto aggiuntivo da / *This
publication has received
additional support from*
ZERO..., Milano; Sprovieri, London

Ringraziamenti
Acknowledgments

Vorremmo innanzitutto ringraziare
*First and foremost we wish to
thank*
Giorgio Andreotta Calò
per la sua visione e il suo
inestimabile contributo
nella realizzazione sia della
mostra sia del presente libro
*for his invaluable vision
and contribution both in the
realization of the exhibition
and of this book.*

Vorremmo inoltre
ringraziare lo Studio:
*We would also like
to thank his Studio:*
Mirco Bimbi, Kirsten de Graaf,
Stefano Elli, Marialuisa Prestini,
Grazia Sechi.

Vorremmo esprimere
la nostra gratitudine ai prestatori
della mostra:
*We would like to express
our gratitude to the lenders
of the exhibition:*
Massimo Adario
& Dimitri Borri
Studio Giorgio Andreotta Calò,
Venezia
Collezione Alessia Antinori
e Giorgio Gallenzi
Carlo Clerici
Collezione De Iorio
Rodolfo Dordoni
Renato Ferri Pacini
Collection Nicoletta Fiorucci,
London
Collezione Giuliani, Roma
Wilfried Lentz Rotterdam
Collezione Maramotti,
Reggio Emilia
Nomas Foundation
Sprovieri, London
YUANART COLLECTION
ZERO..., Milano
e tutti coloro che preferiscono
rimanere anonimi
*and all those who prefer to remain
anonymous.*

La mostra e la presente
pubblicazione non sarebbero
state possibili senza l'aiuto di
*The exhibition and this
publication would not have been
possible without the valuable
help of*
Paolo Aldi
Mara Ambrožič
Rolando Anselmi
Luisa Basiricò
Angelo Bigoi
Johanna Bishop
Alice Brugnerotto
Enrico Carrera
Jago Cherubini
Claudia Ciaccio
Giulia Cirlini
Nicole Colombo
Francesco Confalonieri
Gianbattista Contini
Giulia Corradi
Gloria de Risi
Giusi Di Giovanni
Roberto Dipasquale
Rachele D'Osualdo
Adrienne Drake
Federico Elia
Alessandro Ferrari
Andrea Ferrari
Fonderia Artistica Battaglia
Valeria Frisolone
Filippo Grasso
Lia Grigoletti
Philip Larratt-Smith
Marina La Verghetta
Wilfried Lentz
Piero Lenzu
Alessandro Longoni
Livia Luzzago
Michele Maddalo
Massimiliano Mangione
Silvio Manighetti
Marco Marelli (Prysmian)
Francesco Margaroli
Dario Moalli
Nikita Mosca
Giuditta Muzzi
Carolina Nizza
Stefano Pagano

Luca Palezza
Sara Piccinini
Emanuele Quinz
Rodrigo Rossi
Hong Sang Hee
Giorgio Sardu
Alberto Scodro
Marco Secondin
Nicola Settimo
Simone Settimo
Francesco Spiaggiari
Niccolò Sprovieri
Bronsgieterij Stijlaart
Antonio Terrano
Massimiliano Vaj
Angela Zanda
Paolo Zani